Errettung, Heilung, Erfolg: Unser dreifacher Segen in Christus

Paul Yonggi Cho

CHRISTLICHE GEMEINDE KÖLN

Errettung, Heilung, Erfolg:
Unser dreifacher Segen
in Christus

Titel der Originalausgabe: *Salvation, Healing and Prosperity: Our Threefold Blessings in Christ*

Herausgeber: Christliche Gemeinde Köln, Postfach 42 01 09, 5000 Köln 41

Aus dem Englischen übersetzt von Maria und Christiane Scheytt
Umschlaggestaltung: Steven Gertiser
Satz: Typo Schröder, Dernbach/Dierbach
Druck: Druckhaus Gummersbach
ISBN: 3-926784-06-7

Inhalt

Vorwort

Wenn ich Ihnen heute Dr. Chos Buch vorstelle, ist es mir ein Herzensanliegen, Ihnen mit allem Nachdruck zu sagen und Sie daran zu erinnern, daß Gott ein guter Gott und der Teufel ein böser Teufel ist.

Gott ist durch und durch gut; der Teufel ist durch und durch böse. In Gott ist nichts Böses, und im Teufel nichts Gutes.

Außerdem ist der falsche Eindruck entstanden, daß das Predigen von Hölle und Verdammnis Menschen zur Buße führt. Wir haben jedoch den unwiderlegbaren Beweis, daß Seelen gewonnen werden, wenn wir Gott in Seinem göttlichen Wesen und als den Gott verkündigen, der Seinen Sohn gesandt hat, „daß sie das Leben und Leben im Überfluß haben" *(Joh. 10,10).*

Der Apostel Paulus schreibt nachdrücklich, daß es die Güte Gottes ist, die die Menschen zur Buße leitet (Röm. 2,4).

Doch sagt das Wort Gottes ganz klar, daß ein Tag des Gerichts kommen wird, an dem wir entweder zur Hölle verdammt sein oder in den Himmel kommen werden. Jede echte Verkündigung des Wortes Gottes muß den Menschen die fürchterliche Strafe der Sünden und die Folgen, wenn wir als Sünder sterben, aufzeigen.

Jesus selbst sagte: „Des Menschen Sohn ist nicht gekommen, um die Menschen zu verderben, sondern um sie zu retten" *(Lk. 9,56).*

Hunderte von Bibelstellen, vom 1. Buch Mose bis zur Offenbarung, reden von der Güte Gottes, der seinen Kindern in geistlicher, körperlicher und finanzieller Hinsicht größeres Gelingen schenken möchte. Zusammen mit diesen Verheißungen und dem unumstößlichen Versprechen der Auferstehung nach dem Tod, ist Chos Betonung des Schriftwortes aus 3. Johannes 2 für jeden Menschen von größter Wichtigkeit: „Geliebter, ich wünsche, daß es dir in allem wohlgehe und du gesund seist, ebenso wie es deiner Seele wohlgeht." Dieser Vers gilt besonders denjenigen unter uns, die dringend klare Aussagen Gottes darüber brauchen, daß Er uns, noch bevor wir in den Himmel kommen, gute Wege führen will und uns in jedem Lebensbereich Gutes tun möchte.

Schon im Jahr 1947, als ich mich als Student, später als junger Pastor mit meiner Frau und meinen zwei kleinen Kindern durchschlug und versuchte, meiner Generation in Gottes Auftrag seine Heilungskraft zu bringen, hat es mich fast zerrissen, daß Menschen in der Kirche glaubten, daß Gott ein Gott des Gerichts und nicht ein guter Gott ist.

Ich hatte das Neue Testament mehr als hundertmal und die gesamte Bibel dutzendmal durchgelesen. Ich kannte die Evangelien Matthäus, Markus, Lukas, Johannes und die Apostelgeschichte fast auswendig. Diese Bücher enthalten die einzige ursprüngliche Information über das Leben und den Dienst Jesu, über seine ersten Jünger und die frühen Christen.

Es war mir beinahe gelungen, einen weltweiten Heilungsdienst in Gang zu setzen. Ich war erfüllt vom Wort Gottes, erfüllt mit dem Heiligen Geist, voll Glauben und Mitleid. Aber irgendetwas fehlte, etwas, das so klein und unwichtig schien. Ich benötigte ein Wort von Gott, Erkenntnis über etwas, das mir noch fehlte.

Eines Tages öffnete ich die Bibel aufs Geratewohl, und mein Blick fiel auf 3. Johannes 2. Ich erinnerte mich nicht, diesen Vers jemals gelesen zu haben, doch genau diese Worte waren die fehlenden Teile, die Schlüsselworte, für mich.

Meine Frau Evelyn und ich lasen sie immer wieder, weinend und jubelnd, und wir fühlten Gottes Gegenwart wie eine Meereswoge. Dies war es, was wir gebraucht hatten, um in die göttliche Welt einzudringen und in der Kraft Jesu Seelen zu gewinnen, Kranke zu heilen, Dämonen auszutreiben, leidenden Menschen zu zeigen daß Gott ein guter Gott ist und möchte, daß es ihnen in allen Bereichen ihres Lebens gut gehen soll.

Ich ahnte nicht, daß tausende von Meilen entfernt in dem kleinen Korea ein junger Mann mit dem Namen Paul Yonggi Cho lebte, der dazu bestimmt war, ganz Asien und die Welt mit dem wirkungsvollsten Gemeindewachstumsdienst der Geschichte bekanntzumachen.

Als ihm in den späten Fünfzigerjahren meine Bücher und Kassetten in die Hände fielen, waren die Menschen nach dem Koreanischen Krieg so arm, daß sie sogar Baumrinde kochten, um nicht zu verhungern.

Paul Yonggi Cho erfaßte die Befreiungsbotschaft Jesu Christi und nahm sie in Besitz: 3. Johannes 2 brannte sich in seinen Geist, hob seine Gemeindeglieder und ihn selbst aus geistlicher, körperlicher und finanzieller Armut heraus.

Asien war der Teil der Welt, der das Evangelium am schwersten aufnahm. Dort hat der junge Paul Yonggi Cho, der später Dr. Cho wurde, die mit nun über 500 000 Mitgliedern größte Gemeinde der Welt gegründet, die bald eine Million Mitglieder haben wird.

Nie in meinem Leben bin ich einer solchen Kirche begegnet: Solch einer betenden Kirche, einer gebenden und zeugnis-gebenden Kirche, einer Kirche mit einer ganz Asien erfassenden, weltweiten Vision.

Cho hat diese Leute gelehrt, Saat-Glauben zu praktizieren, Gott zu glauben und ihn an die erste Stelle in ihrem Leben zu setzen. Gott segnet sie nun und gibt ihnen Wohlstand – denselben Menschen, die meist bettelarm waren, als sie zu seinen Gottesdiensten kamen.

Die einzigartige und wichtigste Tatsache ist, daß diese koreanischen Christen aus Chos Gemeinde ihren gottgegebenen Wohlstand dazu benutzen, ihre Nachbarn zur Gemeinde hinzuführen und buchstäblich ihren Weg durch jedes satanische Hindernis hindurchbeten.

Das Buch, das Sie nun lesen werden, betont nachdrücklich 3. Johannes 2. Damit lüftet der Autor für Sie den Schleier von der Botschaft des ganzen Wortes Gottes, nämlich, daß Gott Ihnen in jedem Lebensbereich Wohlstand schenken möchte, damit Sie wie nie zuvor für andere ein Segen werden.

Es ist mir eine Ehre, Ihnen Paul Yonggi Chos Buch vorzustellen, denn ich liebe diesen Mann Gottes. Sein ihm von Gott verordneter und gesalbter Dienst bedeutet mir und Millionen Menschen in der Welt sehr viel.

Ihr Oral Roberts
September 1986

Einleitung

Das Wort Gottes steht fest in alle Ewigkeit. Jedoch kann sich der von uns betonte Aspekt des Wortes im Wandel der Zeiten und Umstände verändern.

Die Republik Korea kämpft heute darum, in die Reihen der fortschrittlichen Länder der Welt aufgenommen zu werden. Daher kann der Aspekt des Evangeliums, den wir heute hervorheben, nicht derselbe sein wie der der vergangenen Generationen, die 36 Jahre lang von japanischen Kolonialherren beherrscht wurden.

Heute nun, da unsere Nation dieses Ziel erreicht hat und ihren Beitrag zur Weltgeschichte leistet, sollten koreanische Christen eine noch produktivere, kreativere und positivere Haltung entwickeln.

Es ist mir eine besondere Freude, Ihnen dieses Buch mit dem Titel *Errettung, Heilung, Erfolg: Unser dreifacher Segen in Christus* vorzustellen. Es ist die Antwort auf den Ruf unserer Zeit und unseres Landes. Die Wahrheit des dreifachen Segens Christi ist das Fundament, auf dem mein Glaube gewachsen ist. Diese Wahrheit war auch gleichzeitig die philosophische Basis für meine Predigten. Ich bete, daß dieses Buch eine große Verbreitung finden und vielen Menschen den wunderbaren, siegreichen Weg weise möge – ein Weg, der voller Leben und Freude ist.

Ich lobe und preise den dreieinigen Gott, der mich gesegnet hat, Ihnen dieses Buch vorstellen zu können.

Paul Yonggi Cho
Pastor der Yoido Full Gospel Church
Seoul, Korea
30. November 1987

Kapitel 1
Gott ist ein guter Gott

Als ich vor zwanzig Jahren meinen Dienst mit einem Zelt in Pulkwang-dong begann, wälzte ich in meinem Kopf so viele widersprüchliche Gedanken, daß es kaum zu ertragen war. Die Menschen, denen ich das Evangelium weiterzugeben versuchte, befanden sich in einem armseligen Zustand geistlicher Dürre. Sie sahen nichts als Verzweiflung. Sie waren so arm, daß sie kaum genug zu essen bekommen konnten.

Während ich ihnen das Wort predigte, bildete sich in mir ein großer Widerspruch, denn der Gott, den ich in der Bibelschule kennengelernt hatte, schien nur ein Gott der Zukunft zu sein. Ich konnte den Gott der Gegenwart, den ich den Menschen bringen wollte, die in dieser Armut und Verzweiflung lebten, nicht finden. Wo in Korea war der Gott der Gegenwart? Diese Frage beunruhigte mein Herz. Hätte ich ihnen den Gott der Vergangenheit gepredigt, wären diese Menschen kaum beeindruckt gewesen; auf der anderen Seite hielt mich ihre damalige, hoffnungslose Situation davor zurück, über den Christus der Zukunft zu sprechen. So flehte ich zu Gott. Ich rief nicht nur wegen dieser Menschen zu ihm, sondern deshalb, weil diese Frage meine eigene Frage war. „O mein Herr! Wo ist der Gott der Gegenwart? Womit kann ich diesen hungernden, verzweifelten und ärmlich gekleideten Menschen wirklich Hoffnung bringen? O Herr! Wo bist Du gerade jetzt, der Du ihr und auch mein Gott bist?“

Tagaus, tagein betete, weinte und suchte ich mit allem Ernst den Herrn. Nachdem ich viel Zeit im Gebet verbracht hatte, sprach Gott endlich zu meinem Herzen. Seine warmen und hoffnungsvollen Worte waren eine Offenbarung für mich. Die Worte des Herrn enthielten die Wahrheit des dreifachen Segens, den wir in Jesus haben – Errettung, Gesundheit und Erfolg aus 3. Johannes 2: „Mein Lieber, ich wünsche dir in allen Stücken Wohlergehen und Gesundheit, wie es deiner Seele wohlgeht."

Seitdem ist diese Wahrheit die Grundlage aller meiner Predigten und meines Dienstes geworden. Als ich die Heilige Schrift im Licht der Wahrheit dieses Verses betrachtete, offenbarte sich Gott nicht nur als der Gott der Vergangenheit und der Zukunft, sondern auch als der Gott der Gegenwart, der täglich erfahrbar ist. Außerdem wurde unsere Gemeinde zu einer internationalen Gemeinde, die weiterhin sehr stark wächst.

Tatsächlich stehen die Menschen weltweit vielen Problemen gegenüber, die durch ein Gefühl der Wertlosigkeit, durch Armut und den Fluch hervorgerufen wurden; getrieben von der Furcht vor Krankheit und Tod hören wir fortwährend ihr Schreien. Diese Menschen brauchen dringend den dreifachen Segen Jesu. Während meiner 30 Reisen in die Vereinigten Staaten, nach England, nach Deutschland und in die skandinavischen Länder erkannte ich deutlich, daß sich die Menschen überall nach der Offenbarung dieser Segnungen sehnten. Als ich ihnen diese Botschaft gegeben hatte, erlebten sie viele wunderbare Veränderungen, und das Feuer der Errettung begann zu brennen.

Wenn wir die ganze Bedeutung des dreifachen Segens verstehen, können wir die Heilige Schrift vom ersten Buch Mose bis zum Buch der Offenbarung auf die Grundlage der Verse stellen, die von dieser Wahrheit sprechen. Dadurch wird uns die Wahrheit der Bibel ganz neu vor Augen gestellt und scheint im Licht eines neuen Lebens. So verstehen wir die Wahrheit des dreifachen Segens viel besser. Wie blinde Menschen die Form eines Elefanten durch Betasten erahnen, werden diejenigen von uns, die die Bibel ohne diese Grundlage lesen, nur unvollständig verstehen und mangelhaft wiedergeben können, was sie lesen. Wenn wir die Bibel in dieser theologisch fundierten Art und Weise lesen, verbindet sich die Heilige Schrift mit dieser Grundlage und offenbart das Handeln des lebendigen Gottes.

Bevor ich genauer über Errettung, Gesundheit und Erfolg spreche, möchte ich Sie in die Empfangshalle des Hauses der dreifachen Segnungen führen. Diese Halle trägt den Namen: „Unser guter Gott".

Unser guter Gott

Die erste Person, die wir in der Empfangshalle treffen müssen, ist unser Gott. In der heutigen Zeit sind die Menschen nicht von Gottes Güte überzeugt. Sie betrachten Gott als ein übernatürliches Wesen, das Furcht und Bedrohung auf sie legt und ihnen die Freude raubt. Oder sie kennen Gott als jemanden, der sich nicht für sie interessiert.

Auf einer Evangelisation in Hamburg kam eine Frau mittleren Alters aus Essen zu mir und bat um ein Gespräch. Sie war als Waise in sehr schwierigen Umständen aufgewachsen und hatte viel Leid erfahren. Später heiratete sie einen japanischen Arzt, der die deutsche Staatsangehörigkeit angenommen hatte. Ihr Ehemann, mit dem sie drei Kinder hatte, liebte sie sehr. Ihr Leben war erfüllt und angesehen; die Familie lebte in einem schönen Haus und auch ihre Kinder waren gesund. Es schien wirklich eine glückliche Familie zu sein. Dennoch hatte sich tief in ihr Herz Furcht eingegraben. Sie befürchtete, daß Gott in irgendeinem Augenblick all das von ihr nehmen würde, an dem sie Freude hatte. Sie meinte, daß sie leiden müsse, damit ihr Glaube bewiesen würde. Weil sie so glücklich war, erwartete sie ständig, daß Gott nun herabkommen und ihren Ehemann oder ihre Kinder von ihr reißen würde, oder aber ihr Glaube würde durch finanzielle Probleme in der Familie geprüft werden.

Ihre Furcht ließ sie nicht mehr zur Ruhe kommen. Auch ihr Ehemann, der Psychiater war, konnte sie durch die Psychoanalyse nicht von ihrer Furcht befreien. Schließlich kam sie zu mir und fügte dem, was ich soeben geschildert habe, noch folgendes hinzu: „Pastor Cho, früher oder später wird sich das Unglück wie eine schwarze Wolke über mir ausdehnen. Ich war ein Waisenkind und habe viel Schweres erduldet. Jetzt geht es mir gut, aber wie könnte ich wagen, mein Glück zu genießen? Pastor Cho, was soll ich nur tun?"

„Schwester, Sie machen einen großen Fehler", antwortete ich. „Gott ist gut. Der Teufel kommt, um zu stehlen, zu töten und um zu zerstören; aber Jesus, der Sohn Gottes, ist gekommen, damit wir ein Leben im Überfluß führen können."

„Herr Pastor, ich kann mir das kaum vorstellen", erwiderte sie.

Ich erläuterte der Frau, weshalb Gott ein guter Gott ist. Ich bat sie, ihre Bibel zu öffnen. „Im ersten Buch Mose wird berichtet, wie Gott die Erde und den Himmel und alle die anderen Dinge schuf. Alles Erschaffene zeigt den Charakter seines Schöpfers. Am ersten Schöpfungstag schuf er das Licht. War es gut, als Gott es sah?"

„Gott sah, daß es gut war."

„Was wurde am zweiten Tag der Schöpfung, als das Firmament geschaffen worden war, gesagt?"

„Es wird nicht gesagt, daß es gut war."

„Weil das Firmament der Ort war, an dem der Teufel nach dem Sündenfall die Macht über die Luft an sich reißen würde, sagte Gott nicht, daß es gut war. Nur die Werke an diesem Ort wurden nicht gelobt. Als am dritten Tag das trockene Land geschaffen worden war, steht dort nicht auch, daß Gott sah, daß es gut war?"

„Doch, das stimmt!"

Gott sah, daß seine Werke am vierten, fünften und sechsten Tag, als er die Tiere und den Menschen geschaffen hatte, sehr gut waren. Wenn Gott nicht ein guter Gott gewesen wäre, hätte er all diese guten Dinge nicht erschaffen können. Ich erklärte dieser Frau: „Von Anfang an schuf Gott nur gute Dinge. Wir erkennen einen Baum an seiner Frucht. Weil alles, was Gott erschaffen hatte, „gute Frucht" war, sollte dieser Baum – oder Gott – dann nicht auch gut sein?"

Die Frau schüttelte ihren Kopf und konnte es immer noch nicht glauben. „Hören Sie, Schwester", fuhr ich fort,. „hat ein Mensch jemals Gott gesehen?"

„Nein."

„Wer sah ihn?"

„Nur Jesus sah ihn."

„Jawohl! Jesus hatte Gott gesehen. Was Jesus gesagt und getan hatte, geschah alles durch Gott in ihm. Jetzt werden wir das Leben Jesu betrachten. Tat Jesus Gutes oder Böses? Er tat nur Gutes, trieb unreine Geister aus, gab denen Frieden, die aus Furcht und Unruhe zitterten und erweckte Tote. Können Sie an Jesu Werken etwas Schlechtes finden? Selbst seine Feinde, die ihn an das Kreuz nagelten, gaben zu, daß er andere gerettet hatte.

Weil Jesus so viel Gutes getan hatte, wie könnte Gott, der durch Jesus handelte, ein schlechter Gott sein? Jesus selbst hatte doch gesagt, ‚Oder ist unter euch ein Mensch, der, wenn sein Sohn ihn um Brot bittet, ihm einen Stein gäbe, oder, wenn er um einen Fisch bittet, er ihm eine Schlange gäbe? Wenn nun ihr, die ihr arg seid, euren Kindern gute Gaben zu geben versteht, wieviel mehr wird euer Vater im Himmel denen Gutes geben, die ihn bitten' *(Mt. 7,9-11).*

Verstehen Sie, sagte Jesus nicht ganz deutlich: ‚Euer Vater im Himmel gibt euch gute Dinge'? Betrachten Sie doch das Universum; ist das, was Sie sehen, schön und ordentlich? Öffnen Sie das Buch der Offenbarung und schlagen Sie das 21. Kapitel auf. Sind die neue Erde und der neue Himmel, die Gott erschaffen wird, gut oder schlecht? Die Heilige Schrift sagt: ‚Siehe da, die Hütte Gottes bei den Menschen! Und er wird bei ihnen wohnen, und sie werden sein Volk sein, und Gott selbst wird bei ihnen sein, ihr Gott. Und Gott wird abwischen alle Tränen von ihren Augen, und der Tod wird nicht mehr sein, noch Leid, noch Geschrei, noch Schmerz wird mehr sein; denn das Erste ist vergangen' *(Offb. 21,3.4).*

Wir lesen dort, daß Gott nicht nur unsere Umgebung, sondern auch unseren schwachen Körper durch einen starken Körper, einen sterblichen durch einen unsterblichen Körper erneuern wird. Wie können Sie sich weigern zu glauben, daß Gott, der nur gute Frucht hervorbringt, nicht auch ein guter Gott ist?"

Nachdem ich ihr dies alles gesagt hatte, nickte sie schließlich: „Ja, Herr Pastor, Sie haben mir so viel über einen guten Gott erzählt, daß ich Gott nun als einen guten Gott erkennen kann."

„Es ist der Teufel, der Ihnen einflüstert, daß Gott Ihre Freude rauben wird", erläuterte ich ihr.

Der Teufel säte Furcht in das Herz des Hiob, über den im Alten Testament berichtet wird. Weil er der Furcht und der Bedrohung in seinem Herz Raum gegeben hatte, geriet er in größte Bedrängnis. „Denn was ich gefürchtet habe, das ist über mich gekommen, und wovor mir graute, das hat mich getroffen" *(Hiob 3,25)*. Wegen seiner Furcht verlor Hiob seinen ganzen Besitz: 10 Kinder, 700 Schafe, 3000 Kamele, 500 Joch Ochsen sowie seine Sklaven und Sklavinnen.

Der Teufel flüsterte in den Verstand des Hiob: „Gott ist kein guter Gott. Bald wird er dir deine Kinder und deine Frau nehmen und sie töten." Sobald Hiob von Satans Stimme betrogen worden war und das Bild Gottes aus den Augen verloren hatte, zitterte er vor Angst. Der Teufel klagte Hiob wegen seiner Furcht vor dem Thron Gottes an und ließ ihn sehr bestrafen. Die Bibel erklärt ausdrücklich: „Furcht ist nicht in der Liebe, sondern die völlige Liebe treibt die Furcht aus, denn die Furcht macht Pein" *(1. Joh. 4,18)*.

Als Hiob seinen Glauben zurückerhielt und bekannte, daß er seinen Glauben behalten würde, obwohl Gott ihn zerstört habe, gab Gott ihm den doppelten Besitz zurück.

Der Glaube ist wie der Gang in einem Auto. Ist der Vorwärtsgang eingelegt, fährt der Wagen nach vorn. Der Rückwärtsgang läßt den Wagen mit derselben Kraft rückwärts fahren. Wenn Sie also glauben, daß Gott ein guter Gott ist, werden Sie Erfolg haben; sind Sie davon nicht überzeugt, werden Sie mit Furcht, Unruhe und Verzweiflung zu kämpfen haben. Ihr Glaube kann positiv oder negativ sein. Dies hängt von Ihnen ab. Positiver Glaube bringt positiven Glauben, negativer Glaube erzeugt negativen Glauben.

Bevor Sie den dreifachen Segen empfangen können, müssen Sie all ihren negativen Glauben ablegen und völlig überzeugt sein, daß Gott, der Jesus für Sie kreuzigen ließ, ein guter Gott ist. „Welcher sogar seines eigenen Sohnes nicht verschont, sondern ihn für uns alle dahingegeben hat, wie sollte er uns mit ihm nicht auch alles schenken" *(Röm. 8,32).*

Dieser Gott, der uns mit der ganzen Breite und Tiefe seiner Liebe liebt, ist wirklich ein guter Gott.

Sooft wir sagen, daß Gott gut ist, verwunden wir den Feind, Gott jedoch wird dadurch geehrt. Heute wird Gott von so vielen Kanzeln herab falsch dargestellt. Einige Pastoren stellen ihn als einen Gott dar, der nur darauf wartet, daß die Sünder einen Fehler machen und er sie dann hart und furchtbar richten kann. Der ärmste Christ ist derjenige, der ohne Hoffnung ist. Menschen, die diesen Glauben haben, sind wie der ältere der beiden Söhne in dem Gleichnis des verlorenen Sohnes. In seiner Vorstellung war Gott ein Gott, der ihm für eine Feier mit seinen Freunden nie einen jungen Bock geben würde (Lk. 15,29).

Im Wort Gottes steht: „Euch geschehe nach eurem Glauben" *(Mt. 9,29).*

Gott, der ein guter und reicher Gott ist, wird denen, die nicht an seine Güte glauben, nicht begegnen. Obwohl der verlorene Sohn so weit von seinem Vater entfernt war und seinen ganzen Besitz verpraßt hatte, kehrte er zu seinem Vater zurück und vertraute, daß sein Vater ihn willkommen heißen würde. Sein Vater zog ihm die beste Kleidung an, steckte ihm einen Ring an den Finger und zog ihm neue Schuhe an. Danach befahl er seinen Knechten, zu Ehren seines Sohnes ein gemästetes Kalb zu schlachten. Der verlorene Sohn war voller Freude und Zufriedenheit.

Die beiden Söhne hatten den selben Vater, aber der ältere Sohn hatte noch nicht einmal einen jungen Bock erhalten, während der andere Zugang zu allen Reichtümern seines Vaters hatte. Warum waren die beiden Söhne so verschieden? Weil sie ihren Vater mit unterschiedlichen Augen sahen und unterschiedliche Erwartungen hatten.

Die, die glauben, daß Gott ein guter Gott ist, werden einen positiven Sinn erhalten. Im Römerbrief steht: „Wir wissen aber, daß denen, die Gott lieben, alles zum Besten mitwirkt, denen, die nach dem Vorsatz berufen sind" *(Röm. 8,28).*

Weil Sie an einen guten Gott glauben, werden Ihnen gute Dinge begegnen. Selbst wenn Sie manchmal von Situationen überrascht werden, die Sie nicht verstehen, können Sie sie annehmen, weil Sie wissen, daß Gott das Beste aus allem machen wird. Deshalb ist Ihr Glaube immer positiv.

Das Kreuz und die Errettung durch Jesus

Wenn unsere Sinne mit dem Bild eines guten Gottes erfüllt sind, ist der nächste Schritt der, das Mißverständnis über die Gnade der Errettung durch das Kreuz Jesu zu klären.

Bis jetzt haben wir nur den geistlichen Aspekt der Errettung betrachtet. Wir verstehen unter Errettung meistens, daß unsere gerettete Seele bei unserem Tod in den Himmel gelangt. Die Errettung, die wir durch den Kreuzestod und die Auferstehung unseres Herrn Jesus erfahren, reicht viel tiefer und weiter. Durch seinen Tod am Kreuz und durch seine Auferstehung erlöste Jesus uns von der eigentlichen Sünde, die durch den Ungehorsam und den Abfall Adams verursacht wurde. Dennoch war der Abfall Adams nicht nur ein geistlicher Abfall. Der Fluch und der Tod waren Ereignisse, die sich im natürlichen Bereich ereigneten, und lediglich die Folge des geistlichen Todes waren. Der Fluch Gottes traf Adam und vertrieb ihn aus dem Garten Eden. Sein körperlicher Leib wurde der Gefährte des Todes.

Deshalb hat die Errettung Jesu Christi, die uns vom Abfall und der Sünde Adams befreite, größere Bedeutung. Sie veränderte nicht nur unsere Seelen, sondern unser Leben des Fluchs wurde ein Leben des Segens. Diese Errettung verwandelte den Leib der Krankheit und des Todes in einen Leib des Lebens. Genau dies ist die Botschaft des dreifachen Segens. Damit wir die Errettung durch Jesus Christus noch besser verstehen, müssen wir den Auszug des Volkes Israel aus

Ägypten, der im Alten Testament beschrieben wird, genau untersuchen.

Eines Abends fand im Land Goschen in Ägypten Entscheidendes statt. In jedem hebräischen Haushalt wurde das Blöken von Lämmern gehört. In jedem Haus wurde ein Lamm geschlachtet und das Blut in einer Schale aufgefangen. Das jeweilige Familienoberhaupt tauchte einen Ysopzweig in das Blut und bestrich die Oberschwelle und die Pfosten der Haustüre mit Blut.

Alle jüdischen Familienväter im Land Goschen taten dieses in Eile. Als es draußen dunkel wurde, traf jede Familie die Vorbereitungen für eine lange Reise. Das geschlachtete Lamm wurde am Feuer gebraten, wobei kein Knochen des Lammes gebrochen werden durfte. Dann aß jede Familie ihr Lamm mit ungesäuertem Brot und bitteren Kräutern.

Um Mitternacht wurde ganz Ägypten von lautem Geschrei erschüttert. Der Racheengel Gottes ging durch Ägypten und tötete jede Erstgeburt in den Häusern, deren Türschwellen und Türpfosten nicht mit Blut bestrichen waren. „Und alle Erstgeburt in Ägypten soll sterben; von dem Erstgeborenen des Pharao, der auf dem Throne sitzt, bis an den Erstgeborenen der Magd, die hinter der Mühle ist; auch alle Erstgeburt unter dem Vieh" *(2. Mo. 11,5).*

Wie ein Schwarm Heuschrecken verließen die Kinder Israel das Land Ägypten, in dem sie mehr als 430 Jahre wie Fremdlinge gelebt hatten. Sie traten die Reise ins Land Kanaan an, in ein Land, das Gott ihrem Vorfahren Abraham schon versprochen hatte.

Das Lamm, das die Kinder Israel getötet hatten, war ihr Passahlamm. Jesus Christus wurde zu unserem Passahlamm. Wie der Racheengel an den Häusern vorüberging, deren Türen mit Lammblut bestrichen worden waren, genauso werden die Menschen, die sich auf das Blut Jesu verlassen und zu ihm kommen, vor Versuchungen und Anklagen Satans beschützt und nicht gerichtet. Wenn wir das Wort Gottes lesen und den Leib Jesu essen, wie die Kinder Israel das Fleisch des Lammes aßen, werden wir Kraft und Weisheit haben, die Welt zu überwinden und den Sieg zu erringen.

Gott, der die Kinder Israel durch das Blut des Passahlammes erlöste, führte sie tagsüber durch eine Wolkensäule, die ihnen Schatten gab, als die Sonne auf sie herunterbrannte. Nachts zeigte Er ihnen in einer Feuersäule den Weg durch die Dunkelheit.

Gott teilte das Rote Meer, damit die Kinder Israel in die Wüste gelangen konnten. Er brach den Felsen auf, damit sie frisches Wasser hatten und versorgte sie mit Manna und Wachteln. Als sie ihren Feinden gegenübergestanden, wurde Gott für sie der Gott der Heerscharen. Gott, der niemals schläft noch schlummert, wachte über ihnen, bis sie den Jordan überquert und das verheißene Land Kanaan erreicht hatten.

In dem Bericht ihres Auszugs aus Ägypten erkennen wir die tiefere und weiterreichende Bedeutung der Erlösung, die wir durch Jesus Christus erhielten. Kanaan, das Land der Verheißung, stellt für uns Christen das Königreich des Himmels dar. Erst wenn wir Christen werden und in das Königreich Gottes eintreten, empfangen wir die Errettung, die uns Gesundheit und in allen Bereichen unseres Lebens Erfolg schenkt. Wir sind seine Kinder. Deshalb nennt uns Gott seine „Geliebten". Wir gehören ihm, und er liebte uns so sehr, daß er seinen Körper für uns an dieses grausame Kreuz nageln ließ. Der „gute Gott" stimmte der Kreuzigung seines einzigen Sohnes zu, weil er wußte, daß dies der einzige Erlösungsweg für uns war. Er möchte, daß wir erfolgreich und gesund sind, wie auch unsere Seele keinen Mangel haben soll.

Ich denke nun, daß Sie das klare Bild des guten Gottes in Ihre Gedanken aufgenommen, falsche fromme Vorstellungen und Vorurteile abgelegt und die Erlösung durch Jesus Christus angenommen haben. Jetzt sollten Sie die Tür zur Empfangshalle öffnen und das Haus des dreifachen Segens betreten. Heben Sie Ihre Augen empor und sehen Sie sich um! Direkt vor uns ist der Raum, der den Namen trägt: „Wie es Deiner Seele wohlgeht." Es ist der Raum der ersten Segnung. Wir wollen die Tür zu diesem Raum öffnen und gemeinsam hineingehen.

Kapitel 2
Wie es Deiner Seele wohlgeht

Warum steht in der Bibel: „Wie es deiner Seele wohlgeht?" Diese Schriftstelle deutet an, daß zu einer bestimmten Zeit unseres Lebens etwas mit unserer Seele nicht in Ordnung war. Was war verkehrt, und wie kam es dazu? Was bedeutet „Wohlergehen der Seele"? Was geschieht, wenn es unserer Seele nicht wohlgeht? Was können wir tun, damit es unserer Seele jetzt wohlgeht? Die Antworten hierzu finden Sie in diesem Kapitel.

Der Mensch: Ein Geschöpf aus Geist, Seele und Leib

„Da bildete Gott, der HERR, den Menschen aus Staub vom Erdboden und hauchte in seine Nase Atem des Lebens; so wurde der Mensch eine lebende Seele" *(1. Mo. 2,7)*. „Und Gott sprach: Laßt uns Menschen machen in unserem Bild, uns ähnlich! Sie sollen herrschen über die Fische des Meeres und über die Vögel des Himmels und über das Vieh und über die ganze Erde und über alle kriechenden Tiere, die auf der Erde kriechen! Und Gott schuf den Menschen nach seinem Bild, nach dem Bild Gottes schuf er ihn; als Mann und Frau schuf er sie *(1. Mo. 1,26.27)*.

Als Gott die Himmel und die Erde und alles darauf erschuf, schuf er alles durch sein Wort, mit Ausnahme des Menschen. Mit seinen eigenen Händen formte er den Menschen nach seinem Bild aus dem Staub des Bodens und blies den Atem des Lebens in die Nase des Menschen. Das hebräische Wort für den Atem, den Gott in den Menschen blies, ist *ruach,* was Wind oder Geist bedeutet. Als Gott den Atem des Lebens in den Menschen hauchte, wurde dieser eine lebende Seele. *Nephesh* ist das hebräische Wort für Seele. So entstand also in dem aus Staub geformten Menschen durch den Atem Gottes die Seele.

Gott selbst ist die Dreieinigkeit des Vaters, des Sohnes und des Heiligen Geistes; und ebenso bestehen wir, die wir nach seinem Abbild geschaffen sind, aus drei Teilen: Geist, Seele und Leib. „Er selbst aber, der Gott des Friedens, heilige euch völlig; und vollständig möge euer Geist und Seele und Leib untadelig bewahrt werden bei der Ankunft unseres Herrn Jesus Christus“ *(1. Thess. 5,23).* Geist, Seele und Leib, die nach dem Bild Gottes geschaffen wurden, haben verschiedene Funktionen.

Der Geist ist das Gefäß für Gott. Deshalb können wir Gott nicht erkennen, außer durch den Geist. Durch unseren Geist loben wir Gott, beten zu ihm, beten ihn an und können seinen Willen erkennen. Menschen, die Gott nicht kennen, sagen, daß es keinen Gott gibt, weil ihr Geist tot ist. Außerdem ist der Geist der Sitz des Gewissens, das uns den rechten Weg des Lebens zeigt. Das Gewissen kennt intuitiv die Wahrheit Gottes. Deshalb ist unser Geist der einzige Weg, über den wir mit Gott in Verbindung sind.

Unsere Seele enthält die Elemente, die die Persönlichkeit eines Menschen bilden, nämlich Verstand, Gefühl und Wille, durch die der Mensch Weisheit und Verständnis erhält, Gefühle wie Freude, Ärger, Sorge oder Spaß empfindet und Entscheidungen trifft. Auch das Selbstbewußtsein hat seinen Sitz in der Seele. Deshalb ist die Seele unsere Persönlichkeit. Die Bibel bezeichnet das menschliche Wesen als Seele.

Der Leib hat fünf Sinne. Er kann sehen, hören, riechen, schmecken und fühlen. Der Geist erkennt die Welt immer über den Körper. Deshalb bedeutet die Schriftstelle „wie es deiner Seele wohlgeht“, daß die Seele nur dann gedeiht, wenn zwischen Geist, Seele und Leib eine Ausgewogenheit besteht und sie alle gut funktionieren. Unter Ausgewogenheit verstehen wir, daß der Geist nach dem Willen Gottes über die Seele herrscht und die Seele über den Körper. Der Leib gibt alle Lust des Fleisches auf und gehorcht dem, was der Geist und die Seele ihm auftragen.

In der Person Adams können wir diese schöpferische Ausgewogenheit unserer dreifachen Natur erkennen. Da Adam vor dem Sündenfall Gott in seinem Geist hatte, war er in Verbindung mit Gott, hörte Seine Stimme, lebte entsprechend den Weisungen eines reinen Gewissens und genoß die überfließenden Segnungen Gottes. Weil seine Seele von seinem Geist regiert wurde, der dem Willen Gottes gehorchte, war sein Verstand mit dem Wissen Gottes erfüllt. Seine Gefühle wurden vom Heiligen Geist erfüllt. Er machte keine Fehler, weil er seine Entscheidungen gemäß dem Willen Gottes traf. Weil sein Leib vom Geist regiert wurde, der mit der Weisheit Gottes erfüllt war, konnte er seine Wünsche zügeln und fiel nicht seinen Begierden zum Opfer. Adam lebte geistlich und war in ständiger Verbindung mit Gott. Er wußte, woher er kam, wohin er ging und wozu er lebte. Seine fünf Sinne sagten ihm, daß seine Welt schön und vollkommen war und daß Gott ein guter Gott war. Gott, der Vater, war der persönliche Schöpfer-Gott, der mit den Menschen eine liebevolle Gemeinschaft haben wollte. Der Mensch war dazu geschaffen, Gott zu dienen und den Weisungen des Geistes Gottes entsprechend zu leben.

Der Mensch mit Geist, Seele und Leib hatte die Funktion eines Gefäßes. „Aber Gott hat, obwohl er seinen Zorn erweisen und seine Macht kundtun wollte, mit viel Langmut die Gefäße des Zorns ertragen, die zum Verderben zubereitet sind, damit er den Reichtum seiner Herrlichkeit an den Gefäßen der Begnadigung kundtue, die er zur Herrlichkeit vorher bereitet hat, nicht allein aus den Juden, sondern auch aus den Nationen" *(Röm. 9,22-24).*

Ein Gefäß an sich hat wenig Wert. Es ist erst dann wertvoll, wenn es etwas enthält. Da wir als Gefäße geschaffen wurden, können wir unseren Wert nicht wissen. Nur wenn wir Gott in uns haben, sind wir wertvoll.

Ein Gefäß bleibt nie leer, es füllt sich unausweichlich mit irgendetwas, sei es mit Speise, Vorräten oder mit Staub und Schmutz. Wir Menschen sind empfänglich, und so nehmen wir entweder den Heiligen Geist Gottes in unserer Seele auf oder den Geist des Bösen.

Manche Leute sagen: „Ich habe weder den Heiligen Geist, noch den Geist des Bösen, ich bin neutral." Das beweist nur ihre Unwissenheit. Es geschieht zwangsläufig, daß der Mensch entweder den Heiligen Geist oder den bösen Geist in sich hat. Wenn der Heilige Geist in unserem irdenen Gefäß wohnt, hat unser Leben Freude, Lebendigkeit und Würde. „Wir haben aber diesen Schatz in irdenen Gefäßen, damit die überragende Größe der Kraft Gott zugehöre und nicht uns" *(2. Kor. 4,7).*

Der Mensch wurde geschaffen, um der Tempel Gottes zu sein. „Wißt ihr nicht, daß ihr Gottes Tempel seid und der Geist Gottes in euch wohnt?" *(1. Kor. 3,16).* Weil der Mensch als Tempel Gottes geplant war, sollte er Gott in sich haben und leben, um Gott anzubeten. Wenn nun Gott nicht in dem menschlichen Tempel wohnt, wird sogleich ein böser Geist eindringen und den Tempel zu seiner Behausung machen. Der Mensch war dazu bestimmt, in seinem Geist mit Gott zu leben und Gottes Willen zu gehorchen. Unglücklicherweise brach der Mensch die Schöpfungsordnung und fiel in Sünde.

Das Leben des gefallenen Menschen

Das Wort „Eden" bedeutet Freude, und tatsächlich war der Garten Eden der Garten der Freude, in dem alles, was Adam und Eva brauchten, aus Schönste vorbereitet war. Gott sagte Adam, daß er alles im Garten essen könne, ausgenommen die Früchte vom Baum der Erkenntnis. „Aber vom Baum der Erkenntnis des Guten und Bösen, davon darfst du nicht essen, denn an dem Tag, da du davon ißt, mußt du sterben!" *(1. Mo. 2,17).*

Durch die List des Teufels ließ Adam sich von Eva verführen, die Frucht vom Baum der Erkenntnis zu essen, und der Mensch wurde von Gott zum Tode verurteilt. Sterben ist etwas anderes als Verschwinden. Nichts in dieser Welt verschwindet einfach. Wenn ein Stück Papier verbrennt, dann verändert es sich in dieselbe Menge von Gas und Asche, gemäß dem Gesetz über den Erhalt der Masse. Es löst sich nicht ins Nichts auf.

Der Mensch ist mit diesem Papier vergleichbar. Wenn er stirbt, hört nur der Dialog zwischen ihm und anderen Menschen auf. Er verschwindet nicht. Sein Körper bleibt zurück, aber er kann nicht mehr mit anderen reden und Gefühle der Freude oder des Ärgers ausdrücken. Tod bedeutet Unterbrechung eines Dialogs. In dem Augenblick, als Adam in Sünde fiel, starb sein Geist, und der Dialog zwischen Gott und ihm hörte auf.

Als Adams Geist starb, wohnte Gott nicht mehr im Menschen. Seitdem war der Mensch von Gott abgeschnitten und konnte keine Erkenntnis von Gott mehr erhalten. Die Verbindung war unterbrochen. Der Mensch wußte nicht mehr, woher er kam, wohin er ging, oder wie er leben sollte. Seit dem geistlichen Tod Adams, haben diejenigen seiner Nachkommen, die nicht an Jesus Christus glauben, keine Zwiesprache mit Gott mehr, denn ihr Geist ist tot. Sie können die Gnade Gottes nicht empfinden, obwohl sie das Wort Gottes hören, ihr Herz kann vom Heiligen Geist nicht bewegt werden, und sie können die Liebe Jesu und das Geschehen am Kreuz nicht begreifen, bis sie bereuen. Nach dem Fall war nicht nur Adams Geist gestorben, er wurde zudem aus dem Garten Eden vertrieben. „Und Gott, der HERR, schickte ihn aus dem Garten Eden hinaus, den Erdboden zu bebauen, von dem er genommen war". *(1. Mo. 3,23).*

Auch heute werden die Menschen, die nicht an Jesus Christus glauben, aus Gottes Gegenwart und dem Land der Segnungen vertrieben. Es mag ihnen materiell an nichts fehlen. Trotzdem irren sie während ihres Lebens wie verlorene Seelen umher, die weder ihre Bestimmung kennen, noch den Weg, den sie gehen sollen.

Es gibt nichts Tragischeres, als ein Ausgestoßener zu sein. Ein Ausgestoßener lebt wohl eine bestimmte Zeit, aber sein

Ende kann man mit einem Blatt vergleichen, das der Wind davonträgt. Der Fall Adams endete nicht einfach mit dem Tod seines Geistes und der Verbannung aus dem Garten Eden. Weil Adam und Eva nach dem Bild Gottes geschaffen waren, hätten sie gehorsame Diener Gottes sein sollen. Sie weigerten sich jedoch, dem Wort Gottes zu gehorchen und wurden vom Teufel betrogen. Dadurch wurden sie Diener des Teufels. Der Heilige Geist verließ den Menschen, der als Gefäß geschaffen war, und ein böser Geist nahm den Platz des Heiligen Geistes ein. In 1. Johannes 3,8 steht: „Wer die Sünde tut, ist aus dem Teufel, denn der Teufel sündigt von Anfang an."

So gehörten Adam und Eva nach dem Sündenfall dem Teufel. Sie wurden seine Diener. Das Gefäß, in dem Gott gewohnt hatte, wurde zur Behausung des Teufels, der nun sein Werk in ihm begann. Das Werk Gottes ist, seinen Schafen Leben zu geben und Leben im Überfluß. Das Werk des Teufels besteht darin, zu stehlen, zu töten und zu zerstören. Adam und Eva wurden aus dem Garten Eden mit dem Baum des Lebens in die Welt der Dornen und Disteln in eine Welt der Sorge, der Bedrängnis und der Verzweiflung getrieben.

Wenn ein Mensch zum Diener des Teufels wird, gelangt der Geist des Teufels in ihn hinein und nimmt Besitz von ihm. „Auch euch hat er auferweckt, die ihr tot ward in euren Vergehungen und Sünden, in denen ihr einst wandeltet, gemäß dem Fürsten der Macht der Luft, des Geistes, der jetzt in den Söhnen des Ungehorsams wirkt" *(Eph. 2,1.2)*.

Wenn der Geist Satans in einen Menschen eindringt, wird dieser Geist seinen Verstand und seinen Körper besetzen und bewirken, daß der Mensch Gott ungehorsam wird. Er lehnt sich gegen Gott auf und wendet sich von Ihm ab. Durch Ungehorsam und Gedankenverwirrung lehnt er den Weg der Wahrheit ab und wählt den breiten Weg, der zur Zerstörung führt.

Die Erfahrung zeigt, daß es schwierig ist, einen Ungläubigen zu Jesus zu führen, weil ihn ein böser Geist in seinen Gedanken und in seiner Seele betrügt. Wenn wir den Menschen bekehren wollen, müssen wir zuerst den innewohnenden, bösen Geist im Gebet binden.

Die Bibel sagt: „Wenn ein Starker gewappnet seinen Palast bewacht, so bleibt das Seine in Frieden. Wenn aber ein Stärkerer über ihn kommt und überwindet ihn, so nimmt er ihm seinen Harnisch, darauf er sich verließ, und teilt den Raub aus" *(Lk. 11,21.22)*.

Alle Menschen, die von der Ursünde beherrscht sind, sind Knechte des Teufels und des Todes geworden. Deshalb leben sie alle wirklich unter der dauernden Kontrolle des Teufels, auch wenn sie lieber frei wären von der Sünde. Wir selbst geben dem Teufel über die Begierde, die Lust der Augen und den Stolz den Zutritt zu uns. Menschen, die Knechte des Teufels geworden sind, kämpfen gegen die Macht der Begierde und leben in Furcht und Schrecken. In Hebräer 2,14-15 steht: „[Jesus kam], um durch den Tod den zunichte zu machen, der die Macht des Todes hat, das ist den Teufel, und um alle die zu befreien, die durch Todesfurcht das ganze Leben hindurch der Knechtschaft unterworfen waren." Das heißt, daß Jesus kam, um die zu befreien, die sich in der Sklaverei des Teufels befanden.

Die Folgen eines Lebens in der Knechtschaft des Teufels sind Gottes Zorn und sein Gericht. Mit dem Tod des menschlichen Geistes und dem Ende des Dialogs mit Gott verlor der Mensch das fundamentale Wissen über den Zweck und das Ziel seines Lebens. Ein solcher Mensch wird ausschließlich von seinen Gefühlen, seinem menschlichen Wissen und seinen Erfahrungen abhängig und trifft seine Entscheidungen aus rein egoistischen Motiven. Seine Seele wird sich immer durchzusetzen suchen, und so wird er durch und durch selbstsüchtig. Ein Beispiel dafür ist Kain, der seinen Bruder Abel tötete. Die Bibel sagt: „Denn unser Kampf ist nicht gegen Fleisch und Blut, sondern gegen die Gewalten, gegen die Mächte, gegen die Weltbeherrscher dieser Finsternis, gegen die Geister der Bosheit in der Himmelswelt" *(Eph. 6,12)*. Deshalb ist Predigen immer geistlicher Kampf. Die Tatsache, daß wir an Jesus glauben, ist der Beweis dafür, daß wir in diesem geistlichen Kampf gesiegt haben.

Eines Tages bat mich eine Dame um ein seelsorgerliches Gespräch. Unter Tränen sagte sie: „Pastor Cho, ich habe alles für meinen Sohn getan, und ich glaube, daß ich ihm eine gute und aufopfernde Mutter gewesen bin. Er erhält reichlich Taschengeld. Trotzdem stiehlt er Gegenstände aus unserem Haus und verkauft sie, weil er meint, sein Taschengeld sei nicht ausreichend. Er schwänzt die Schule, und manchmal kommt er tagelang nicht nach Hause. Als ich mich weigerte, ihn weiter zu unterstützen, wurde er gewalttätig. Wie kann ich dieses Problem lösen?"

„Die eigentliche Ursache des Problems ist nicht, daß ihr Sohn so schlecht ist", antwortete ich. „Ein böser Geist hat die Kontrolle über seine Seele gewonnen und läßt ihn sich so benehmen. Da böse Geister nicht ausfahren, außer durch Gebet und Fasten, müssen sie fasten und beten, um ihren Sohn aus der Bindung zu dem bösen Geist zu befreien. Dann wird er sich ändern."

Die Macht, die zahllose Menschen in tiefe Verzweiflung stürzt, ist der Geist Satans. Es ist die Macht, die stiehlt und zerstört. Satan rühmt sich, daß alle Menschen seit Adams Fall seine Knechte geworden sind. Wie oft entstand aus Habgier Streit, der in Kämpfen zwischen einzelnen Menschen oder in blutigen Kriegen zwischen Völkern endete! Leidenschaft ist die treibende Kraft bei jeder größeren menschlichen Aktivität. Aus einer leidenschaftlichen Erregung heraus wurden sogar Menschen erschlagen. In 1. Mose 4,23 lesen wir die erschreckenden Sätze: „Ada und Zilla hört meine Stimme! Frauen Lamechs, horcht auf meine Rede! Fürwahr, einen Mann erschlug ich für meine Wunde und einen Knaben für meine Strieme."

Menschen, die nicht an Gott glauben, leben zügellos, wie an ihre Gier gebundene Tiere, und werden dem Zorn Gottes und seinem Gericht nicht entfliehen. Die Bibel sagt, daß das Ende der Gott ungehorsamen Menschen furchtbar sein wird, weil das Böse, das sie kontrolliert, so gewalttätig ist.

„Wer an den Sohn glaubt, hat ewiges Leben, wer aber dem Sohn nicht gehorcht, wird das Leben nicht sehen, sondern der Zorn Gottes bleibt auf ihm" *(Joh. 3,36)*. „Aber den Feigen und

Ungläubigen und mit Greueln Befleckten und Mördern und Unzüchtigen und Zauberern und Götzendienern und allen Lügnern ist ihr Teil in dem See, der mit Feuer und Schwefel brennt, das ist der zweite Tod" *(Offb. 21,8)*. „Denn der Lohn der Sünde ist der Tod, die Gnadengabe Gottes aber ewiges Leben in Christus Jesus, unserem Herrn" *(Röm. 6,23)*. „Und so ist der Tod zu allen Menschen durchgedrungen, weil sie alle gesündigt haben" *(Röm. 5,12)*.

Wie schwach der Stolz ist, erkennen wir bei Menschen, die im seelischen Bereich leben. Als Gott auf die Menschen herabsah, die nach ihren Begierden lebten, bereute er, daß er den Menschen geschaffen hatte: „Mein Geist soll nicht ewig im Menschen bleiben, da er ja auch Fleisch ist" *(1. Mo. 6,3)*.

Mit der Sintflut zerstörte Gott alles Lebende, außer Noahs Familie. Sie war jedoch immer noch geistlich tot. Deshalb lebten Noahs Nachkommen weiter ihr selbstsüchtiges Leben ohne Gott. Als sie sich vermehrten und immer zahlreicher wurden, begannen sie, den Turm von Babel zu bauen, der ein Symbol ihres Egoismus war. „Wohlan, wir wollen uns eine Stadt und einen Turm bauen, und seine Spitze bis an den Himmel! So wollen wir uns einen Namen machen, damit wir uns nicht über die ganze Fläche der Erde zerstreuen" *(1. Mo. 11,4)*.

Gott sah ihren Stolz und richtete sie, indem er ihre Sprache verwirrte. Auch heute leben die Menschen ebenso selbstsüchtig, von Habgier und Stolz geleitet, die den Zorn Gottes und sein Gericht nach sich ziehen, das näher ist, als manche von ihnen denken.

Viele Menschen, die im seelischen Bereich leben, leiden und werden bereits auf dieser Welt bestraft. Böses statt Gutes, Tod statt Leben, Sorge statt Freude, Schmerz statt Vergnügen, Einsamkeit statt guter Beziehungen beschreiben die Hölle, in der sie sich jetzt schon befinden.

Wir wollen uns daran erinnern, daß unser Gott wünschte, daß es unseren Seelen wohlergehen sollte, weil unser Geist tot und das liebevolle Zwiegespräch mit Gott unterbrochen war. Wir wurden aus dem Garten des Segens hinausgetrieben. Gott hatte unser Herz verlassen, und der Teufel war hineingekommen und hatte uns versklavt. Menschen, deren Geist tot ist und die nur ihrer seelischen Natur entsprechend leben, werden bereits jetzt gerichtet. Auf sie wartet am Ende das letzte Gericht und der Feuersee.

Gott blickt auf diese elenden menschlichen Wesen und sagt zu ihnen: „Geliebte!“ Es ist dieselbe Stimme der Liebe, die seit der Erschaffung der Welt nach uns ruft. Dieser Gott wünscht, daß es unseren Seelen wieder wohlgeht. Er wünscht dies mit solcher Liebe, daß er seinen eigenen eingeborenen Sohn nicht verschonte, um die Schöpfungsordnung wiederherzustellen, damit er in unseren menschlichen Gefäßen wohnen kann. Wie in den alten Zeiten, als Gott mit Adam umherging und sich mit ihm unterhielt, so möchte er heute in unser Herz kommen, um uns zu begleiten, mit uns zu sprechen und unser Leben zu verändern, damit es uns gutgehe und wir gesund seien, wie es unserer Seele wohlgeht. Dann werden wir Leben und Leben im Überfluß haben. Gerade jetzt steht er vor der Tür unseres Herzens und klopft an. Sollen wir die Tür öffnen?

Leben für den toten Geist

Gott sagte über den Menschen: „Denn ich habe ihn zu meiner Ehre geschaffen“ *(Jes. 43,7)*. Deshalb ist das höchste Ziel des Lebens, daß an uns Gottes Herrlichkeit sichtbar wird und wir Gott die Ehre geben. Nachdem Adam und Eva die Frucht vom Baum der Erkenntnis gegessen hatten, verloren beide die Herrlichkeit Gottes und ihr Lebensziel. „Denn wie durch des einen Menschen Ungehorsam die vielen in die Stellung von Sündern gesetzt worden sind, so werden auch durch den Gehorsam des einen die vielen in die Stellung von Gerechten gesetzt werden“ *(Röm. 5,19)*.

Als der Mensch der Sklave des Teufels wurde, wurde er so belastet, daß er nicht aus eigener Kraft oder Werken heil werden konnte. Er konnte seinen früheren Zustand nicht wieder erreichen. Bildung, Politik, Humanismus, nichts konnte ihn wiederherstellen. Wir sind alle Söhne Adams und brauchen einen Retter – Jesus Christus.

Glauben an Jesus Christus

Der Name „Jesus" bedeutet Retter: „Und sie wird einen Sohn gebären, und du sollst seinen Namen Jesus nennen; denn er wird sein Volk erretten von seinen Sünden" *(Mt. 1,21).*

Der Name „Christus" bedeutet der Gesalbte. Könige und Priester wurden besonders eingesetzt, indem ihr Haupt mit Öl gesalbt wurde. Deshalb ist Jesus Christus unser Retter, König und Hoherpriester.

„Denn der Sohn des Menschen ist gekommen, zu suchen und zu erretten, was verloren ist" *(Lk. 19,10).* „Gleichwie der Sohn des Menschen nicht gekommen ist, um bedient zu werden, sondern um zu dienen und sein Leben zu geben als Lösegeld für viele" *(Mt. 20,28).* Jesus kam, um uns zu retten. Was müssen wir tun, um gerettet zu werden? Wir müssen nur im Glauben zu Gott kommen, uns auf die Kraft seines Blutes verlassen und ihn bitten, uns zu retten und in unser Leben einzutreten.

Wir können nicht zu Gott kommen ohne den Verdienst des vergossenen Blutes Jesu (3. Mo. 17,11). Wir können weder durch Religion, noch durch Christentum errettet werden. Allein durch das kostbare Blut Jesu erhalten wir Vergebung und Errettung. „Wenn wir aber im Licht wandeln, wie er im Licht ist, haben wir Gemeinschaft miteinander, und das Blut Jesu, seines Sohnes, reinigt uns von jeder Sünde" *(1. Joh. 1,7).* „Denn ihr wißt, daß ihr nicht mit vergänglichen Dingen, mit Silber oder Gold, erlöst worden seid von eurem eitlen, von den Vätern überlieferten Wandel, sondern mit dem kostbaren Blut Christi als eines Lammes ohne Fehler und Flecken" *(1. Petr. 1,18.19).*

Viele Kirchen predigen heute nicht das Blut Jesu. Sie sprechen viel über die Lehren und das Leben Jesu, bezeugen und rühmen jedoch nicht das Blut Jesu. Kein Sünder kann ohne das Blut Jesu zur Vergebung und Errettung geführt werden. Ohne den Glauben an das kostbare Blut sind Anbetungsgottesdienste, Zeremonien und Rituale ohne Inhalt. „Ohne Blutvergießen gibt es keine Vergebung" *(Hebr. 9,22).* Durch das Blut Jesu haben wir Gemeinschaft mit ihm. Deshalb können wir singen: „Was wäscht uns rein von Sünde? Nichts als das Blut Jesu!" Wenn wir unser Vertrauen in dieses Blut setzen, können wir in die Gegenwart Gottes treten. Wir siegen über die Angriffe des Teufels, und unser Tun gefällt Gott. Wenn wir das Blut Jesu Christi als schöpferisches Bekenntnis in unserem Leben anwenden, so wie die Kinder Israel im Alten Testament das Blut des Passahlammes auf die Türrahmen strichen, flieht der Teufel wie von Sinnen. Wenn wir das erlösende Blut Jesu Christi glaubend erfassen, erleben wir das Wunder der Errettung. „Denn so sehr hat Gott die Welt geliebt, daß er seinen eingeborenen Sohn gab, damit jeder, der an ihn glaubt, nicht verlorengehe, sondern ewiges Leben habe" *(Joh. 3,16)*. „Diese aber sind geschrieben, damit ihr glaubt, daß Jesus der Christus ist, der Sohn Gottes, und damit ihr durch den Glauben Leben habt in seinem Namen" *(Joh. 20,31)*.

Das griechische Wort für das gewöhnliche physische Leben, in dem der Geist tot ist, heißt *psyche*. Das Leben, das wir im Glauben und im Vertrauen auf das Blut Jesu erhalten und das von Gott kommt, heißt im Griechischen *zoe*. Durch dieses Leben wird unser toter Geist zu neuem Leben erweckt.

Werden alle Menschen gerettet, weil Jesus für uns starb? Nein, das ist nicht der Fall. Wie früher erwähnt, sind wir aus Glauben gerettet. Weil Jesus am Kreuz starb und auferstand und dadurch die Macht Satans gebrochen hat, sind wir gerichtet, wenn wir den Tatsachen nicht glauben. „Wer an ihn glaubt, wird nicht gerichtet; wer aber nicht glaubt, ist schon gerichtet, weil er nicht geglaubt hat an den Namen des eingeborenen Sohnes Gottes" *(Joh. 3,18)*.

Der Heilige Geist kommt in die Welt und überführt sie von der Sünde, von der Gerechtigkeit und vom Gericht, denn die Menschheit ist nicht gerechtfertigt, wenn sie nicht an die Erlösung durch Jesus Christus glaubt. Die Bibel zeigt, daß Errettung ohne Einschränkung jedem zur Verfügung steht. „Und er sprach zu ihnen: Geht hin in die ganze Welt und predigt das Evangelium der ganzen Schöpfung. Wer gläubig geworden und getauft worden ist, wird errettet werden; wer aber nicht gläubig geworden und getauft worden ist, wird verdammt werden" *(Mk. 16,15.16)*. „Denn Gott hat seinen Sohn nicht in die Welt gesandt, daß er die Welt richte, sondern daß die Welt durch ihn errettet werde. Wer an ihn glaubt, wird nicht gerichtet; wer aber dem Sohn nicht gehorcht, wird das Leben nicht sehen, sondern der Zorn Gottes bleibt auf ihm" *(Joh. 3,17).*

Aus diesen Schriftstellen geht klar hervor, daß Jesus zwar für alle gestorben ist und sein Blut für alle vergossen hat, aber daß nur diejenigen errettet werden, die Jesus Christus freiwillig als ihren Retter annehmen. Die, die Jesus nicht annehmen, haben keine Hoffnung. Um also Erlösung, ewiges Leben und einen wiedererweckten Geist zu erhalten, müssen wir den ganz persönlichen Weg der Annahme Jesu Christi als unseren persönlichen Retter gehen.

Was geschieht in dem Augenblick, in dem wir an Jesus Christus glauben und ihn in unser Leben aufnehmen? Was tut der Heilige Geist?

Wiedergeboren durch den Heiligen Geist

Wenn wir Jesus als Retter in unser Leben aufgenommen, ihn zum Herrn unseres Lebens gemacht haben und glauben, wir hätten das alles „von uns aus" getan, dann haben wir die Hauptsache verpaßt. Es steht geschrieben: „Niemand kann sagen: Herr Jesus! außer im Heiligen Geist" *(1. Kor. 12,3).* Deshalb muß der Heilige Geist zu uns kommen, uns inspirieren und unser Herz bewegen, damit wir errettet werden können und unser Geist neu belebt wird.

Eines Abends kam Nikodemus, ein Oberster der Juden, zu Jesus und fragte, wie er ewiges Leben bekommen könne. Jesus antwortete ihm, daß ein Mensch, der nicht von neuem geboren wurde, das Königreich Gottes nicht sehen kann. Nikodemus' Gedanken richteten sich allesamt auf die Worte „von neuem geboren", denn er hatte das Königreich Gottes sein Leben lang ersehnt. Nikodemus wußte, daß er nicht wieder in den Leib seiner Mutter zurückgehen konnte, um noch einmal geboren zu werden; er verstand nicht, was Jesus meinte. Jesus antwortete ihm daraufhin: „Wenn jemand nicht aus Wasser und Geist geboren wird, kann er nicht in das Reich Gottes eingehen. Was aus dem Fleisch geboren ist, ist Fleisch, und was aus dem

Geist geboren ist, ist Geist. Wundere dich nicht, daß ich dir sage: Ihr müßt von neuem geboren werden" *(Joh. 3,5-7).*

Wenn der Heilige Geist kommt, um uns Errettung zu geben und uns von unseren Sünden zu überführen, läßt er uns unsere Situation erkennen und unsere Sünden bereuen. Er läßt uns erkennen, daß wir nicht durch eigene Werke gerechtfertigt sind, sondern durch das Blut Jesu Christi. Er überzeugt uns vom Gericht und hilft uns zu verstehen, daß der Fürst dieser Welt, Satan, bereits durch das Kreuz Christi gerichtet ist. Dies hilft uns, unsere Sünden zu bekennen und an Jesus Christus zu glauben. Ohne das Werk des Heiligen Geistes können wir weder Errettung bekommen noch diese verstehen.

Alle Menschen werden von Menschen geboren und sind deshalb Fleisch. Wenn wir eine Religion praktizieren, sind wir religiöses Fleisch. Wenn wir Ethik und Moral nachfolgen, werden wir zu ethischem und moralischem Fleisch. Fleisch ist immer Fleisch und kann nicht in Geist umgewandelt werden. Deshalb können wir keine geistlichen Menschen werden, bis wir durch den Heiligen Geist wiedergeboren werden und geistliches Leben erhalten.

„Aus dem Heiligen Geist geboren werden" bedeutet, daß der Heilige Geist hereinkommt, in uns wohnt und unser Herr wird. „Wiedergeboren sein" heißt, aus der Knechtschaft Satans durch unseren Glauben an den Tod und an die Auferstehung Jesu Christi befreit zu sein. Wir werden aus Sklaven des Teufels zu Kindern Gottes. Weil der Heilige Geist uns zu Kindern Gottes macht, können wir Gott unseren Vater nennen, und unser Geist ist wiederbelebt durch den Heiligen Geist. „Weil ihr aber Söhne seid, sandte Gott den Geist seines Sohnes in unsere Herzen, der da ruft: Abba, Vater!" *(Gal. 4,6).* „Denn ihr habt nicht einen Geist der Knechtschaft empfangen, in dem wir rufen: Abba, Vater! Der Geist selbst zeugt mit unserem Geist, daß wir Kinder Gottes sind" *(Röm. 8,9).*

In dem Augenblick, in dem der Heilige Geist zu uns kommt und uns erkennen läßt, daß Jesus unser Herr ist, wird unser toter Geist aus dem Todesschlaf gerissen und wiedergeboren. Dann danken wir dem Herrn, oftmals unter Tränen, für die

Freude der Wiedergeburt. Daß wir Gott „Vater" nennen, ist keine normale Erfahrung. Nur jemand, der den Heiligen Geist in sich hat, kann Gott „Vater" nennen und dabei tief und aufrichtig fühlen, daß Gott wirklich der Vater ist. Nur weil der Heilige Geist in uns wohnt, der uns den Geist der Adoption gibt und uns zu Söhnen Gottes macht, können wir Gott unseren Vater nennen.

Der Heilige Geist, der der Geist Christi ist, setzt das Werk Jesu Christi in unserem Leben fort. Durch den Heiligen Geist können wir gerade jetzt die Gegenwart und das Werk Christi erfahren.

Bevor Jesus in den Himmel fuhr, gab er uns das wunderbare Versprechen: „Geht nun hin und macht alle Nationen zu Jüngern, indem ihr diese tauft auf den Namen des Vaters und des Sohnes und des Heiligen Geistes, und sie lehrt, alles zu bewahren, was ich euch geboten habe! Und siehe, ich bin bei euch alle Tage bis zur Vollendung des Zeitalters" *(Mt. 28,20).*

Seit Jesus nach der Kreuzigung, seinem Tod und der Auferstehung vor den Augen seiner Jünger in den Himmel aufgefahren ist, ist er im körperlichen Sinne nicht mehr auf der Erde gegenwärtig. Trotz dieser Tatsache versprach uns unser Herr, daß er mit uns sein würde. Was bedeutet das? Auch aus anderen Aussagen Jesu wissen wir, daß dieses Versprechen wahr ist.

„Und ich werde den Vater bitten, und er wird euch einen anderen Beistand geben, daß er bei euch sei in Ewigkeit, den Geist der Wahrheit, den die Welt nicht empfangen kann, weil sie ihn nicht sieht, noch ihn kennt. Ihr kennt ihn, denn er bleibt bei euch und wird in euch sein. Ich werde euch nicht verwaist zurücklassen, ich komme zu euch" *(Joh. 14,16-18).*

Welch eine wunderbare Schriftstelle! Sie verspricht uns, uns einen anderen Tröster zu schicken, der bei uns bleiben würde, sobald er selbst diese Welt verlassen hätte. Hier wird der Tröster als jemand bezeichnet, der berufen ist, immer bei einer Person zu bleiben, um ihr zu helfen. Weiter nannte Jesus ihn einen „anderen" Tröster. Das griechische Wort für „anderer" ist *allos.* Dieses Wort zeigt an, daß es sich um zwei gleichartige

Dinge handelt. So ist also der Heilige Geist ein anderer Tröster, der dem ersten Tröster gleich ist. Jesus sagte auch: „Wenn aber jener, der Geist der Wahrheit, gekommen ist, wird er euch in die ganze Wahrheit leiten; denn er wird nicht aus sich selbst reden, sondern was er hören wird, wird er reden, und das Kommende wird er euch verkündigen. Er wird mich verherrlichen, denn von dem Meinen wird er nehmen und euch verkündigen" *(Joh. 16,13.14).*

Das bedeutet, daß ein anderer Tröster, der Heilige Geist, das von Jesus begonnene Werk weiterführen wird. Jesus ist auferstanden und sitzt jetzt zur rechten Hand Gottes, des Vaters. Der Heilige Geist, der unser Tröster ist, kommt zu uns und führt das von Jesus begonnene Werk auf dieselbe Art und Weise weiter. Die Fülle des Heiligen Geistes ist die Fülle Jesu, und die Gegenwart des Heiligen Geistes ist die Gegenwart Jesu. Deshalb belebt der Heilige Geist unseren toten Geist ebenso, wie Jesus den Sohn der Witwe in Nain auferweckte. Wie Jesus damals den Lazarus auferweckte, so belebt der Heilige Geist unser geistliches Leben und macht uns dadurch zu Kindern Gottes. Er hat die Mauer niedergerissen, die zwischen Mensch und Gott gestanden hat und befähigt uns, den Dialog mit Gott im Geist wieder aufzunehmen. Durch das Werk des Heiligen Geistes sind wir aus den Banden Satans befreit worden und haben das Geheimnis erfahren, in enger Gemeinschaft mit Jesus zu leben. „[Gott hat] auch uns, die wir in den Vergehungen tot waren, mit dem Christus lebendig gemacht ... Er hat uns mitauferweckt und mitsitzen lassen in der Himmelswelt in Christus Jesus" *(Eph. 2,5.6).*

Gott zahlte für unsere Sünden und vergab sie uns durch das Blut Jesu. Durch die Auferstehung Jesu gab Gott uns neues Leben, die wir tot waren in unseren Sünden. Jesus erstand vom Grab nicht allein, sondern mit uns. Er lebte nicht nur vor 2000 Jahren im Lande Judäa, sondern er lebt jetzt mit uns. Deshalb sind Sie auch heute nie allein, denn Jesus ist in Ihnen, und Sie sind in Jesus. Von jetzt an leben wir alle in Einheit zusammen als Brüder und Schwestern und haben ewiges Leben. „Siehe, wie gut und wie lieblich ist es, wenn Brüder einträchtig beieinander wohnen ... Denn dorthin hat der Herr den Segen befohlen, Leben bis in Ewigkeit" *(Ps. 133,1-3).* Wenn wir mit ihm und unseren Brüdern in Einheit leben, ist das Resultat Gottes Segnungen und Gedeihen in unserem geistlichen Leben.

Die neue Ordnung

Wenn unser Geist durch das Blut Jesu und das Werk des Heiligen Geistes von neuem geboren ist, wird eine neue Ordnung eingesetzt, die unser Leben vollständig verändert. Die Seele, die früher in Sünde lebte und nicht wußte, daß Gott bekümmert war, weil der Dialog zwischen Gott und ihr zerstört war, wendet sich jetzt vom Weg der Sünde ab. Unsere Seele freut sich, wenn wir wissen, daß Gott uns liebt. Wenn Gott traurig ist, ist auch unsere Seele betrübt. Wenn wir ernstlich beten, spüren wir Gottes Antwort durch den Frieden und die Gewißheit in unserem Herzen. Wenn wir das Wort Gottes hören, antworten wir darauf mit einem überzeugten „Amen". So sprechen wir mit Gott durch unseren Geist, und durch dieses Zwiegespräch erkennen wir deutlich, daß unser Geist wiederbelebt ist.

Wir waren wegen unserer Sünde aus Gottes Gegenwart vertrieben und sind nun wieder von Ihm aufgenommen. Wir waren Fremde und Pilger wie andere Menschen auch und lebten für diese Welt. Die, die Jesus nicht kennen, sind immer noch Fremde; wir aber haben ein klares Ziel, weil wir vom Heiligen Geist geführt sind.

Seit unser Geist vom Heiligen Geist erneuert wurde, können wir das Wort verstehen, wenn wir eine Predigt hören oder in der Bibel lesen. Wir können singen, beten und mit Gott Gemeinschaft haben. Deshalb ist es das Wichtigste, daß unser Geist lebendig wird. Bloße Religion oder religiöse Feiern mit schönen Ritualen bewirken nichts.

In der neuen Ordnung, in der wir uns seit der Erfüllung mit dem Geist Gottes bewegen, ist die Knechtschaft und die Unterdrückung durch Satan vorüber. Unser Geist lebt und blüht auf. Jetzt müssen wir mit der Umwälzung fertigwerden, die durch den Zusammenbruch der alten Ordnung entstanden ist. Unsere

Seele wehrt sich gegen die Veränderung, und das schmerzt. Das ist aber kein Grund zur Sorge, denn die Seele muß unserem erneuerten Geist gehorchen, ob es ihr paßt oder nicht. Wenn Sie überzeugt sind, daß der Heilige Geist in Ihnen wohnt, dann ist er Ihr Herr geworden, und der Sieg gehört ihnen!

Der Widerstand der Seele

Als Jesus die Fessel der Sünde zerbrach, brach ein Konflikt zwischen Geist und Seele auf. Das Fleisch sagt: „Du kannst deine fleischlichen Wünsche ruhig sofort befriedigen, denn sie müssen ohnehin befriedigt werden!“ Der Geist antwortet: „Nein, denn wir leben nach dem Wort Gottes!“ Dann ist die Schlacht im Gange! In der Vergangenheit war die Seele die entscheidende Kraft gewesen, und sie will ihre Vorherrschaft nicht aufgeben. Deshalb findet ein erbitterter Konkurrenzkampf um die Herrschaft zwischen Seele und Geist statt. Wir sind keine Zuschauer. Es handelt sich um einen sehr realen Kampf, der genau in diesem Augenblick in unserem Herzen stattfindet. Jetzt aber kann uns der wohltuende frische Lebensatem des Heiligen Geistes erfüllen, und wir können dadurch entsprechend dem Willen Gottes leben, damit wir zu Recht Kinder Gottes heißen. Auch wenn wir leiden und mißverstanden werden, wird unser Geist versuchen, den Willen Gottes zu tun. Die Seele widersetzt sich und sagt: „Glaubst du, du bist der einzige Mensch auf der Welt mit einem Gewissen? Gott wird deinen Fehler schon übersehen. Das ist deine Chance! Warum nützst du diese Gelegenheit nicht aus? Einmal ist keinmal!“

Die Seele versucht auf jede nur mögliche Weise und bei jeder sich bietenden Gelegenheit, die Kontrolle zurückzugewinnen. Sie argumentiert und herrscht vom Standpunkt des Fleisches aus und nicht gemäß dem Willen Gottes.

Nachdem unser Geist lebendig gemacht wurde, wird Gott nicht mit einem belustigten Augenzwinkern über die Anmaßung der Seele hinwegsehen. Wenn Jesus sich auch nicht um die Angelegenheiten jener kümmern mag, die auf der seelischen Ebene leben, die dem Satan dienen und fleischliche Vergnügen suchen, so wird er doch niemals seine Kinder aufgeben. Er hat uns mit seinem Blut erkauft! Er wird uns festhalten! Das ist die Liebe Gottes. Wenn wir dem Drängen unserer Seele nachgeben und in die Richtung unserer seelischen Natur laufen wollen, werden wir eine harte Zeit haben. Denn der Heilige Geist wird uns überall hin folgen und uns sanft, aber beharrlich zur Rückkehr bewegen. Es kann sein, daß wir die bittere Erfahrung des Zerbruchs erleben müssen.

Gott zerbricht unsere seelische Natur

Es gibt immer noch viele Gläubige, die nie zerbrochen wurden. Obwohl sie genau wissen, daß sie Leben, Frieden und Sieg haben können, wenn sie nach dem Geist leben, nehmen sie wegen ihres mangelnden Glaubens leicht Zuflucht zu einem seelischen Lebensstil. Sie erleben daher keine Kraft und keine Wunder, und ihre Gebete werden nicht beantwortet, weil die Seele das Werk Gottes auf geistlicher Ebene gar nicht verstehen kann.

Um uns auf ein Leben der Wunder vorzubereiten, muß Gott unsere seelische Natur zerbrechen. Alle großen Diener Gottes, über die die Bibel berichtet, haben diese Erfahrungen gemacht. Lassen Sie uns einige biblische Beispiele von Männern betrachten, die von Gott zerbrochen wurden.

Abraham wird der Vater des Glaubens genannt. Trotzdem mußte er einen schmerzhaften Zerbruch erleben, der ihn 25 Jahre seines Lebens kostete. Als Abraham 75 Jahre alt war, hatte Gott ihm befohlen, aus seinem Land, von seiner Familie und aus seines Vaters Haus in ein Land zu gehen, das Gott ihm zeigen würde (1. Mo. 12,1). Abraham aber, voll menschlicher Entschuldigungen, nahm alle seine Besitztümer und seinen Neffen Lot mit sich.

Ein zufälliger Beobachter könnte denken, daß Abraham der Stimme Gottes gehorchte, aber ein Blick in die Bibel zeigt, daß er ungehorsam war. Gott richtete Abraham wegen seines Ungehorsams, seiner fleischlichen Wünsche. Sein Ungehorsam brachte Hungersnot über das Land Kanaan. Abraham erkannte nicht, daß die Hungersnot durch seinen Ungehorsam verursacht worden war und ging nach Ägypten, um ihr zu entkommen. In Ägypten lebte er weiter auf dieselbe Art und gehorchte seiner seelischen Natur. Als er in das Land kam, log er über seine Beziehung zu seiner Frau und sagte, sie sei seine Schwester. Er meinte, lügen zu müssen, um sein Leben zu schützen. So gehorchte er den Einflüsterungen seiner Seele. In seinem Geist wußte er, daß nicht nur sein Leben, sondern ebenso Segen und Fluch in der Hand Gottes lagen. Jedoch immer, wenn er in eine schwierige Lage geriet, wählte er den fleischlichen Weg, weil er es so gewohnt war.

Und das war noch nicht alles. Abraham handelte noch schlimmer und erlebte Schande und Ungnade. Er belog Abimelech, den König von Gerar, und gab seine Frau zum zweitenmal als seine Schwester aus. Diese Lüge kostete den König fast das Leben.

Nach all diesen Erfahrungen war Abraham auch nicht willens, sich von Lot zu trennen, obwohl es zwischen seinen und Lots Hirten täglich Streit gab. Abraham erlebte nicht einen einzigen Tag ohne Probleme. Das ist typisch für Menschen, die den Wünschen des Fleisches folgen. Sie leben bedrückt und ruhelos.

Nach vielem Leiden war Abraham endlich zerbrochen. Erst dann trennte er sich von Lot. In Reue fiel er vor Gott nieder und faßte den Entschluß, von nun an Gott zu gehorchen und ihm nachzufolgen. Dann schenkte Gott ihm einen Sohn, Isaak, den er ihm früher schon versprochen hatte.

Lassen Sie uns einen Blick auf Isaak werfen. Er lebte ein sehr ruhiges Leben ohne große Höhen und Tiefen. Gott mußte jedoch auch ihn zerbrechen. Als Jugendlicher war er dem Tod sehr nahe, als sein Vater ihn auf den Berg Moria nahm, um Gott ein Brandopfer zu bringen. Sie nahmen Holz mit, aber kein Lamm für das Brandopfer. Als Isaak Abraham nach dem Lamm fragte, antwortete Abraham: „Gott wird sich das Schaf zum Brandopfer ersehen" *(1. Mo. 22,8).*

Isaak war ein geistlicher junger Mann, der aus diesem Grund seinem Vater Abraham glaubte. Bis zum letzten Augenblick, als sein Vater ihn band und die Hand mit dem Messer erhob, um ihn zu töten, gehorchte er. Gott sah solchen Glauben und Gehorsam und sandte seinen Engel, der Abraham in den Arm fiel und ihn anwies, einen Bock zu opfern, der sich in einem Dickicht in der Nähe verfangen hatte. Gott belohnte Isaaks Glauben, weil er nach seinem Geist lebte.

Sehen wir uns die Geschichte Jakobs an, des Sohnes Isaaks. Der Name Jakob bedeutet Schwindler oder schlauer Mensch. Als Jakob älter wurde, wurde er regelrecht von dem Gedanken gepeinigt, daß nicht ihm das Erstgeburtsrecht zustand, sondern seinem Bruder. Als sein Bruder Esau schwach vor Hunger war, nützte Jakob Esaus Schwäche aus und tauschte das Erstgeburtsrecht für ein Linsengericht ein. Dann betrog er seinen Vater Isaak, der alt und blind und leicht zu täuschen war und erhielt den Segen, der eigentlich seinem Bruder Esau zugestanden hatte. Fortwährend folgte Jakob den Anweisungen seiner seelischen Natur. Um dem Zorn seines Bruders Esau zu entgehen, lief Jakob davon und lebte bei Laban, seinem Onkel. Während der zwanzig Jahre bei Laban wurde er viele Male betrogen. Er erntete, was er gesät hatte. Eines Nachts verließ er mit seinem ganzen Besitz, den er sich erarbeitet hatte, heimlich seinen Onkel.

Es war für Jakob nicht einfach, nach Hause zurückzukehren. Als er vernahm, daß sein feindlicher Bruder ihm mit 400 Männern entgegenzog, sandte der gerissene Jakob ihm ein hübsches Geschenk entgegen und wartete am Ufer eines Baches. Wir können uns vorstellen, was ihm durch den Kopf ging. Ihm war bewußt, daß der Tag der Abrechnung bevorstand. Der schlaue Jakob sandte Geschenke zu Esau, und dann ließ er alle seine Herden, seine Frauen, Kinder und Knechte in der Hoffnung vorausziehen, daß sich der Zorn seines Bruders gelegt haben würde, bis sie sich dann träfen. So rechnete er sich eine größere Chance aus, seine eigene Haut zu retten. Jakob hatte immer nach den Befehlen seiner seelischen Natur gelebt.

Um Mitternacht, als er ganz allein mit seinen schlimmen Erinnerungen am Ufer des Baches lag, geschah etwas. Auf einmal erschien ein Mann, der mit Jakob bis zum Tagesanbruch rang.

Zuerst mochte Jakob an einen von seinem Bruder geschickten Mörder gedacht haben, dann aber begriff er, daß der Mann ein Engel war, den Gott geschickt hatte. Der Engel erkannte, daß Jakob entschlossen um den Sieg kämpfte und verrenkte Jakobs Hüftgelenk, so daß es ihm unmöglich war, wegzulaufen. Er mußte bleiben und sich Esau stellen. Als Jakob spürte, daß er den Kampf verloren hatte, umklammerte er voller Verzweiflung den Engel und sagte: „Ich lasse dich nicht los, es sei denn, du hast mich gesegnet" *(1. Mo. 32,26).* In diesem Kampf wurde Jakobs seelische Natur vollständig zerbrochen.

Jakob dient als Beispiel für die Seele; der Engel Gottes ist ein Bild für den Geist. Als die Seele dem Geist unterlag, mußte sie sich dem Geist unterordnen. Jakob war ein schlauer Betrüger, der ein Leben unter der Leitung seiner Seele geführt hatte; aber jetzt, so erzählt uns die Schrift, war Jakob zerbrochen, so daß Gott ihn gebrauchen konnte. So sagt auch Jesaja, daß Jakob nach seinem Zerbruch von Gott gebraucht wurde, um eine große Nation – Israel – hervorzubringen!

„Fürchte dich nicht, du Wurm Jakob, du Häuflein Israel! Ich, ich helfe dir, spricht der Herr, und dein Erlöser ist der Heilige Israels. Siehe, ich habe dich zu einem scharfen neuen Dreschschlitten gemacht, mit Doppelschneiden versehen: Du wirst Berge dreschen und zermalmen und Hügel der Spreu gleichmachen" *(Jes. 41,14.15).*

Jakob wird mit einem Wurm verglichen. Ein Wurm ist hilflos. Er kann nicht sehen oder hören und ist auf das Mitleid der Vorübergehenden angewiesen. Als Jakob stundenlang verzweifelt um sein und seiner Familie Leben kämpfte und nicht wußte, ob Esau ihn töten würde oder nicht, warf er sich ganz auf die Gnade des Engels, ließ sich zerbrechen und unterwarf sich. Als er zerbrochen war, verwandelte Gott die Situation und stellte die Beziehung zu seinem Bruder wieder her.

Auch Josef, Jakobs Sohn, durchlief den Prozeß des völligen Zerbruchs. Er wird als unschuldiger Mensch beschrieben, der kaum gesündigt hatte. Er besaß jedoch eine starke Seele. Als er einen prophetischen Traum hatte, erzählte er ihn seinen Eltern und Brüdern auf eine Art und Weise, die das Benehmen einer egozentrischen Person zeigt.

Bevor Gott den Traum Josefs Wirklichkeit werden ließ, geriet Josef viele Male in schlimmste Bedrängnis. Seine Brüder waren drauf und dran, ihn zu töten, verkauften ihn jedoch stattdessen als ein Sklave an midianitische Kaufleute. In Ägypten wurde er an einen angesehenen Mann, namens Potiphar, verkauft, der ihn bald darauf wegen seiner Treue und Sorgfalt zum Aufseher über sein Haus und sein Geschäft machte.

Dann aber entstanden mit der Frau seines Herrn Probleme, infolge dessen Josef in das königliche Gefängnis geworfen wurde. Dies war ein so grausamer Ort, daß kaum jemand dort überlebte. Hier wurde seine Seele vollkommen zerbrochen. Am Ende wurde er ein geistlicher Mann. Obwohl er immer noch seinen Traum im Herzen trug, rühmte er sich dessen nicht.

Unerwartet und auf dramatische Weise wurde er von Pharao zum Herrscher über das ganze Volk in Ägypten ernannt. Genauso, wie er es in seinen Träumen vorhergesehen hatte, kamen seine elf Brüder und warfen sich vor ihm nieder. Als seine älteren Brüder vor Furcht zitterten und ihn baten, ihnen zu vergeben, tröstete er sie und sagte: „Fürchtet euch nicht! Bin ich etwa an Gottes Stelle? Ihr zwar, ihr hattet Böses gegen mich beabsichtigt; Gott aber hatte beabsichtigt, es zum Guten zu wenden, damit er tue, wie es an diesem Tag ist, ein großes Volk am Leben zu erhalten. Und nun, fürchtet euch nicht! Ich werde euch und eure Kinder versorgen" *(1. Mo. 50,19-21)*.

Mose war ein anderer Mann, dessen Seele zerbrochen wurde, damit Gott durch ihn Großes bewirken konnte. Er wurde von der Tochter Pharaos, des damaligen Beherrschers der Welt, adoptiert, wuchs im Luxus des königlichen Palastes auf und erhielt die ausgezeichnete schulische und militärische Ausbildung eines Prinzen. In allen Wissensgebieten war er bewandert. Trotzdem wußte er tief in seinem Herzen, daß er ein Israelit war und zum Volk Gottes gehörte. Er wußte, daß er sein Volk aus der Sklaverei befreien sollte.

Mit vierzig Jahren hielt Mose die Zeit für gekommen, sein Volk zu befreien. Als er eines Tages seine Brüder bei der Arbeit aufsuchte und sah, wie ungerecht sie behandelt wurden, tötete er einen ägyptischen Aufseher und begrub ihn im Sand. So mußte Mose in die Wüste fliehen, weil Pharao nach seinem Leben trachtete.

Im Lande Midian heiratete er Zippora und gründete eine Familie. Vierzig Jahre lang lebte er als gewöhnlicher Hirte in der Wüste. Mose war nun in der Wüste so zerbrochen wie damals Jakob, damit er der Diener würde, den Gott mächtig gebrauchen konnte. Sein Geist war so zerbrochen, daß er nahezu erstorben war. Seine seelische Natur, zusammen mit seinem Temperament und der in Ägypten gewonnenen humanistischen Bildung, verschwanden mehr und mehr.

Nach einer langen Zeit des Leidens hörte Moses eines Tages die Stimme Gottes aus einem brennenden Busch auf dem Berg Horeb. „Ich will dich zum Pharao senden, damit du mein Volk, die Söhne Israel, aus Ägypten herausführst" *(2. Mo. 3,10).*

Mose fiel auf sein Angesicht und sagte: „Wer bin ich, daß ich zum Pharao gehen und die Söhne Israel aus Ägypten herausführen sollte?" *(2. Mo. 3,11).*

In der Vergangenheit hatte Mose seine Angelegenheiten selbst in die Hand genommen, aber während der 40 Jahre in der Wüste war seine Seele so zerbrochen, daß er ein demütiger Mann geworden war. Bevor dies nicht geschehen war, konnte Gott ihn nicht gebrauchen.

Gott führt nicht nur im Alten, sondern auch im Neuen Testament seine zukünftigen Diener durch die Erfahrung des Zerbrochenseins.

Eines Tages ging Jesus mit seinen Jüngern an den See Genezareth. Das Wetter war schön und der See war ruhig. Jesus hieß seine Jünger an das andere Ende des Sees fahren. Dieses Wort Jesu war das Wort Gottes, des Schöpfers, der Himmel und Erde und alles darin gemacht hatte. Wenn Jesus also diesen Befehl gab, dann würde das auch geschehen, und keine Naturgewalt konnte die Jünger behindern. Die Jünger aber waren Menschen, die sich eher auf ihre Gefühle als auf die Worte Jesu verließen.

Als sie auf der Mitte des Sees waren, begann der Wind vom Berg Hermon zu blasen, ein Sturm brach los, und riesige Wellen bedrohten das Schiff. Die Jünger kämpften mit aller Kraft und setzten all ihr Wissen und ihre Erfahrung ein; trotz aller Versuche, füllte sich ihr Schiff mehr und mehr mit Wasser. Die Ruder brachen, das Boot wurde beschädigt, die Jünger waren hilflos und befürchteten, daß sie Schiffbruch erleiden würden. Jetzt endlich wandten sie sich an Jesus, der im Schiff schlief und riefen: „Herr, rette uns, wir kommen um!" *(Mt. 8,25).* Da gebot Jesus dem Sturm: „Schweig, verstumme" *(Mk. 4,39).*

Auf den Befehl Jesu hin wurde die See sofort ruhig. Wenn die Jünger Jesus früher aufgeweckt hätten, wären sie ihre Sorgen früher losgeworden. Da sie aber ihre eigenen Fähigkeiten eingesetzt hatten, mußten sie eine schwere Zeit erleben, bis sie ans Ende ihrer menschlichen Kraft gelangten. Da Jesus den Jüngern befohlen hatte: „laßt uns (Mehrzahl) auf die andere Seite hinüberfahren", hätten sie im Vertrauen auf sein Wort fahren sollen, ohne auf die veränderten Umstände zu achten. Weil wir wissen, daß Jesus Herr über den Wind und die Wellen war, wissen wir, daß er nicht mit dem Schiff gesunken wäre, noch zugelassen hätte, daß seine Jünger mit dem Schiff untergehen würden. Welch eine wunderbare Erkenntnis! Wenn Jesus in uns ist, können wir wahrhaftig wissen, daß wir in den Stürmen des Lebens nicht untergehen werden, denn er ist am Steuerruder und wenn wir ihm völlig vertrauen, ist er immer noch der Herr über jede Situation, wenn wir ihm völlig vertrauen.

Bei einer anderen Gelegenheit überraschte Jesus seine Jünger, als er zuließ, daß sie wegen eines Mannes, der einen unreinen Geist hatte, in großen Schrecken gerieten. Ein anderes Mal befahl er ihnen, mehr als 5000 Menschen zu essen zu geben. Bei Jesu Tod bis zu seiner Auferstehung waren die Seelen der Jünger so sehr zerbrochen, daß sie voller Verzweiflung waren. Durch diese Erfahrungen lehrte Jesus seine Jünger, sich an ihm festzuhalten und alle menschlichen Vernunftschlüsse wegzuschieben, damit sie geistliche Jünger würden. Jesus schulte Paulus mit dieser Methode und alle die Gläubigen, die vor uns in den 2000 Jahren christlicher Geschichte gelebt haben. Alle diese Männer und Frauen des Glaubens konnten von Gott erst dann gebraucht werden, nachdem sie zerbrochen worden waren.

Nach unserer Wiedergeburt antwortet Gott auf unsere Gebete, segnet uns und schenkt uns Wohlergehen. Aber er arbeitet an uns, indem er uns zerbricht, damit wir noch größere Segnungen empfangen können. Je tiefer unser Glaube wird, desto stärker sind die Erfahrungen, die uns herausfordern, Gott zu erlauben, daß er uns zerbricht. Und je mehr wir zerbrochen werden, desto tiefer und stärker wird unser Glaube. Wir sollten wissen, daß wir nie völlig zerbrochen sind. Es kann immer wieder eine Periode des Zerbruchs geschehen. Wir können nie sagen: „Wir sind angekommen." Gott bricht unsere seelischen Naturen immer wieder, um uns mit seinem Segen überschütten zu können. Dieses Zerbrechen bewirkt, daß wir aufhören, unser Leben selbst zu bestimmen. Dann kann Gott uns in eine Stellung bringen, in der wir in demütigem Gehorsam zu ihm im Geist wandeln.

Von einem Gefäß ins andere

Der Prozeß der Weingewinnung ist ein Beispiel für Gottes Vorgehensweise, um unseren Egoismus im seelischen Bereich zu brechen. Um Wein zu bekommen, müssen die Trauben gepreßt werden. Der Traubensaft ist mit Rückständen vermischt. Der Saft wird deshalb öfters von einem Gefäß ins andere umgeschüttet. Die Hefe setzt sich am Boden des Gefäßes ab. Auf diese Weise wird der herrlich duftende, köstliche Saft, der rein und durchsichtig geworden ist, von der Hefe getrennt.

Durch die Gefäße der Trübsal und Nöte bereitet Gott uns zu, seinem Namen Ehre zu bringen. Er schüttet uns von einem Gefäß in das nächste, um alle „Hefe" aus unserem Charakter und unserem Glauben herauszufiltern. Die Gefäße stellen sinnbildlich die verschiedenen Nöte dar, denen wir in unserem Leben begegnen. Lassen Sie uns nun die Gefäße betrachten, die Gott für uns vorbereitet.

Das erste Gefäß ist das Gefäß des Mißverstandenwerdens. Auch wenn wir wiedergeboren sind, an Jesus glauben und Freude im Herzen haben, kann noch viel Hefe in unserem Charakter zurückgeblieben sein. Daher können wir egozentrisch, emp-findlich und weltlich werden und können unversehens in den Strudel der Begierde und des Verderbens geraten. Wenn wir jedoch zu Gott in der Haltung kommen, daß wir sagen: „Vater, ich strecke meine Hände nach Dir aus, Du allein kannst mir helfen", dann schüttet Gott uns aus unserem jetzigen Gefäß in das Gefäß des Mißverstandenwerdens, damit dieser Rückstand entfernt wird.

Dieses Gefäß des Mißverstandenwerdens hat eine besondere Färbung. Menschen, die die Dinge meist dem Äußeren und nicht dem Inhalt nach beurteilen, mißverstehen uns häufig. Wir beklagen uns darüber, aber wir müssen lernen, dies gehorsam zu ertragen, denn Gott hat uns ja in dieses Gefäß geschüttet, damit wir die Hefe in unserem Leben loswerden. Je mehr wir dagegen angehen, desto mehr Hefe wird aufgewühlt und an die Oberfläche gebracht, so daß wir noch länger in dem Gefäß bleiben müssen. Auch wenn wir leiden, sollten wir nicht darum kämpfen, aus dem Gefäß herauszukommen, sondern es ertragen und ruhig aushalten, bis auch der letzte Tropfen von Egoismus, Haß, Zweifel, Ungeduld, Sorge und Eigensinn sich abgesetzt hat. Wenn wir beten und ohne zu klagen warten, werden sich alle Mißverständnisse aufklären.

Wenn wir dieses Stadium erreicht haben, klären sich die Mißverständnisse zwischen uns und anderen im Handumdrehen auf, und wir fühlen uns so frei wie der Vogel in der Luft. Dieser Zustand hält jedoch nur kurz an, denn dann schüttet der Herr uns in ein anderes Gefäß.

Das zweite Gefäß ist das Gefäß der Verfolgung. Das erste Gefäß war durchsichtig, das neue Gefäß jedoch ist ein braunschwarzes glasiertes Tonbehältnis mit einem engen Hals und einem großen runden Boden. Innen ist alles pechschwarz, und wir meinen in dem lichtlosen Raum ersticken zu müssen. Das mag sich so äußern, daß unsere Familie auseinanderzubrechen droht oder unser Geschäft vor dem Ruin steht und wir keine

Möglichkeit sehen, etwas dagegen zu unternehmen. Um uns herum ist alles dunkel, und wir sind in tiefer Verzweiflung.

In dieser dunklen Situation gehen wir zur Kirche und hören die Predigt des Pastors: „Stehe auf dem Wort der Verheißung, das nie vergeht. Kein Punkt und kein Strich davon wird vergehen, bis Himmel und Erde vergehen. Wir müssen nach dem Wort Gottes leben, auch wenn wir nichts sehen, hören oder berühren und vor uns nichts als Dunkelheit ist. Gottes Wort bewirkt täglich Wunder."

Wenn wir diese Worte in uns aufnehmen, sind wir getröstet und können warten und im dunklen Gefäß der Trübsal durchhalten. Zentimeterweise wächst unser Glaube, während wir uns mit aller Kraft an den Verheißungen festhalten, die vom 1. Buch Mose bis zum letzten Kapitel der Offenbarung niedergeschrieben sind. Dabei dürfen wir nicht der Versuchung erliegen, auf unsere Umstände und unsere Umgebung zu blicken. Wir leben in der Geisteshaltung, daß „der Mensch nicht vom Brot allein leben soll, sondern von jedem Wort, das durch den Mund Gottes geht" *(Mt. 4,4)*. Hier setzen sich die Rückstände von Unglauben und Ungeduld ab.

Nach der Gärung im zweiten Gefäß ist der Wein viel reiner geworden. Jetzt können wir unser Bild im Wein wie in einem Spiegel klar erkennen. Unser Charakter hinterläßt den Wohlgeruch des Herrn. Die Leute sagen, daß unser Lebensstil, unsere Sprache und unser Verhalten völlig verändert sind. Dann schüttet unser Herr uns aus dem irdenen Gefäß in ein anderes.

Das dritte Gefäß ist das Gefäß der Hingabe oder des Dienstes für den Herrn. Dieses Gefäß ist wie eine irdene Schüssel, flach mit einer weiten Öffnung. Hier erfahren wir, was unsere Hingabe oder unser Dienst für den Herrn bedeutet; wir erkennen jedoch, was andere über uns denken, die unser Verhalten im Alltag mit dem vergleichen, was wir bekennen. Wir entdecken, wie viel oder wie wenig wir uns dem Gebet widmen, um Jesus ähnlich zu werden. Die Bemerkungen anderer machen uns demütig oder stolz, was uns zeigt, wie rein oder unrein unsere Anbetung in Wirklichkeit ist. Wenn wir es dann nicht mehr aushalten können, strecken wir unsere Hände zum

Herrn aus und rufen: „Herr, ich kann kein gutes und rechtschaffenes Leben aus mir selbst heraus leben. Halte mich mit der Kraft und der Macht des Heiligen Geistes!"

Wir erkennen, daß unser Gebetsleben ohne die Hilfe Jesu nutzlos ist. Obwohl wir sündig und böse sind und die Hölle verdient haben, sind uns doch alle Übertretungen durch das kostbare Blut Jesu vergeben. Mit dem reinigenden Feuer des Heiligen Geistes müssen wir Habgier und Abgötterei aus unserem Herzen vertreiben. Am Ende gelangen wir zu der Einsicht, daß die einzige Macht, die uns befähigt, als Geschöpfe Gottes vor einer verlorenen und sterbenden Welt zu stehen, die Kraft des Heiligen Geistes ist.

Niemand auf der Welt kann ein erfolgreiches Gebetsleben aus eigener Kraft, Disziplin oder moralischen Fähigkeiten heraus führen. Wir Diakone, Ältesten und Pastoren heute erscheinen so anständig und respektabel, aber insgeheim begehen wir, von der Gemeinde unbemerkt, alle möglichen geheimen Sünden und haben verderbliche Gedanken. Unsere Vergehen sind vergeben, aber wir haben keine Kontrolle über unsere sündigen Gelüste, weil wir die Kraft nicht einsetzen, die der Heilige Geist jedem Gläubigen gibt.

Um ein konsequentes Leben der Hingabe führen zu können, ob uns nun jemand beobachtet oder nicht, brauchen wir die Fülle des Heiligen Geistes. Dann werden Eigenlob und Eigenwille sich im Gefäß der Hingabe absetzen, damit der Heilige Geist unser Verhalten steuern und uns durch die Fülle des Geistes in eine tiefere Erfahrung mit Christus führen kann.

Das vierte Gefäß, in das wir aufgrund göttlicher Vorsehung geschüttet werden, ist das Gefäß der Führung. Dieses Gefäß hat die gewundene Form einer Trompete. Sobald wir in dieses Gefäß geschüttet worden sind, wissen wir wegen des gewundenen Verlaufs des Weges nicht mehr, in welche Richtung unser Weg führt. Während der Zeit in diesem Gefäß werden wir über die Vorsehung des Heiligen Geistes, unseres Führers, gelehrt.

In der Vergangenheit lebten wir auf menschliche Art und Weise, wurden von unseren seelischen Wünschen gelenkt und folgten menschlicher Weisheit und Vernunft. Seit wir uns aber Gott hingegeben haben und mit dem Heiligen Geist erfüllt sind, durchlaufen wir immer neue Erfahrungen, um den Willen des Herrn herauszufinden. Manchmal ertasten wir unseren Weg wie Blinde, weil wir den Willen Gottes nicht ganz sicher kennen. Am Morgen scheinen wir seinen Willen zu kennen, am Mittag wieder nicht, und am Abend ist alles ganz unklar. Die Unsicherheit, welche Entscheidung wir treffen oder was wir tun sollen, bringt unsere Zuversicht ins Wanken, weil alles so neu und unbekannt ist. Um uns noch mehr zu verwirren, geben uns andere Christen „hilfreiche Kommentare", wie z. B. „Du scheinst auf dem falschen Weg zu sein" oder „vielleicht lief etwas falsch, und Du hast Gottes Willen für diese Situation verfehlt."

So fallen wir auf die Knie und beten: „Herr, ich finde meinen Weg nicht. Ich übergebe Dir mein Leben, mein Herz, meinen Leib und alles, was ich habe. Bitte hilf mir! Übernimm Du die Verantwortung und sorge Du für mich!"

Wenn wir ernsthaft auf diese Weise beten, werden Stolz und Habgier völlig unwichtig, und die Hefe des menschlichen Stolzes, der Habgier, der Angst und der Furcht setzt sich am Boden des Gefäßes der Vorsehung ab. Jetzt kommt der Heilige Geist und enthüllt uns seinen Weg und führt uns nach seinem und nicht nach unserem Willen. An diesem Punkt geschehen herrliche Wunder, die alle menschliche Vorstellungen übersteigen.

Um uns zu gutem Wein werden zu lassen, hat Gott verschiedene Gefäße vorbereitet, durch die wir hindurchgehen müssen, bis alle Hefe unserer Seele auf dem Boden der Gefäße bleibt, damit sein Bestes in uns zum Vorschein kommt. Manchmal wird ein Ehemann zum Gefäß, ein anderes Mal eine Ehefrau. Schwiegereltern, Verwandte und Nachbarn, ja sogar ein Geschäft oder eine Krankheit können die Funktion eines Gefäßes übernehmen.

Wenn Gott uns von Gefäß zu Gefäß schüttet, zerbricht und reinigt er uns immer mehr. Er hat Pläne für uns. Wir sollen nicht auf die Probleme sehen, in denen wir uns befinden, son-

uns vergoß. Sein Blut erlöste uns, die wir die Sklaven des Teufels gewesen waren. Sein Fleisch wurde das Brot des Lebens, das uns heilmachte. „Ich bin das Brot des Lebens" *(Joh. 6,48).* „Ich bin das lebendige Brot, das aus dem Himmel herniedergekommen ist; wenn jemand von diesem Brot ißt, wird er leben in Ewigkeit. Das Brot aber, das ich geben werde, ist mein Fleisch, das ich geben werde für das Leben der Welt" *(Joh. 6,51).* Wenn wir das Wort Gottes lesen und es in unserem Herzen und in unseren Gedanken bewegen, werden wir verändert, unser Charakter wird gut, und unsere Seele wird heil. Wir bekommen neue Kraft und neues Leben und wandern mutig voran, bis wir die Tore des Himmels erreichen.

Die Seele läßt sich nicht leicht unterordnen, obwohl sie einige Male zerbrochen wurde. Bei jeder möglichen Gelegenheit versucht die Seele wieder, unser Leben zu beherrschen, so daß wir zu unseren selbstsüchtigen, weltlichen und menschlichen Wegen zurückkehren und gegen den Willen Gottes handeln. Immer und immer wieder stellt die Seele Gott in Frage und versucht, eigene Wege zu gehen und dem menschlichen Verstand die Vorherrschaft zu geben. Wenn wir während dieser Zeit die Schrift lesen, hält uns das Licht der Erlösung davon zurück, in Sünde zu fallen. Die Bibel sagt es folgendermaßen: „In meinem Herzen habe ich dein Wort verwahrt, damit ich nicht gegen dich sündige" *(Ps. 119,11)* und „eine Leuchte für meinen Fuß ist dein Wort, ein Licht für meinen Pfad" *(Ps. 119,105).* Wenn wir täglich in der Bibel lesen und dem Wort entsprechend leben, wird das Wort ein Licht auf unserem Weg. Es bewahrt uns nicht nur vor Fehlern, sondern es hilft uns, siegreich zu sein und Satan zu besiegen, der uns verschlingen will.

Das Wort Gottes ist auch mit Wasser vergleichbar. Es reinigt uns von aller Sünde. Die Bibel sagt: „daß [Christus] sie heilige, indem er sie reinigte durch das Wasserbad im Wort" *(Eph. 5,26).* „Ihr seid schon rein um des Wortes willen, das ich zu euch geredet habe. Bleibt in mir" *(Joh. 15,3.4).*

Jesus sagte zu Nikodemus: „Wenn jemand nicht aus Wasser und Geist geboren wird, kann er nicht in das Reich Gottes eingehen." *(Joh. 3,5)*. Dieses Wasser bezieht sich auf das Wort Gottes. Wenn wir die Schriftstellen lesen, erkennen wir, daß unser Herz von Unglauben und Ungehorsam erfüllt ist. Wenn wir dies jedoch bereuen und durch das Wort gereinigt werden, fühlen wir uns so rein, als ob wir mit Wasser gewaschen wären. Unser Herz und unser Leben wird gewaschen, weil der Herr durch den Heiligen Geist in uns ist und wir im Herrn sind. Die Bibel sagt: „Alle Schrift ist von Gott eingegeben und nützlich zur Lehre, zur Überführung, zur Zurechtweisung, zur Unterweisung in der Gerechtigkeit" *(2. Tim. 3,16)*.

Wenn wir nun dieses Wort erhalten haben, widersetzt sich unsere Seele nicht, sondern gehorcht dem Heiligen Geist bedingungslos. Wenn ein solch geordneter Zustand in uns herrscht, werden wir mit Gottes Segen überschüttet.

Nun haben wir also gelernt, welcher Prozeß oder Weg dahin führt, daß es unserer Seele wohlgeht. Unsere Seele wird nur zerbrochen, wenn sie so schwer geprüft wird, daß sie völlig hilflos wird und keinen Ausweg mehr weiß. Deshalb sage ich Ihnen, geliebte teure Heilige, fürchten Sie sich nicht, wenn Sie harte Erfahrungen machen. Gott zerbricht Ihre Seele, damit Sie ein geistliches Leben führen können. Er schüttet Sie von Gefäß zu Gefäß, um die Hefe zu entfernen und für größeren Segen Platz zu schaffen. Deshalb halten Sie durch und warten, wenn Sie eine bittere Erfahrung erleben. Der Trost des Heiligen Geistes wird mit den anderen Segnungen zu Ihnen kommen.

Die Beziehung zwischen Gott und dem Menschen ist die Beziehung zwischen dem Schöpfer und dem Geschaffenen. Ebenso ist die Beziehung zwischen Töpfer und Ton. Der Töpfer hat die Macht, etwas zu erschaffen, das ihm gefällt, während der Ton sich fügen und gehorchen muß. Der Ton kann nicht mit dem Schöpfer argumentieren. Dies kennzeichnet auch die Beziehung zwischen Gott und dem Menschen. Der Mensch muß dem Willen Gottes unbedingt gehorchen und darf ihn nicht in Frage stellen.

Die Merkmale eines Menschen, der nach den Anweisungen seines fleischlichen Wesens lebt, sind Sinnlichkeit, Rationalismus und Egoismus. Er sucht sein Vergnügen und ist ein

Sklave von Leere und Tod. Er lacht, wenn es ihm gutgeht, jammert und fällt in Verzweiflung, wenn schlechte Zeiten kommen.

Der Mensch hingegen, dessen Seele zerbrochen wurde, lebt nach dem Wort Gottes, verläßt sich darauf und hat sein Leben in Gott. Auch in den täglichen Schwierigkeiten steht er auf dem Wort Gottes. Er mag nichts sehen, keine Stimme hören und vor sich nichts als Dunkelheit haben; dennoch geht er mutig und vertrauensvoll im Glauben vorwärts. Außerdem diszipliniert er seine Gedanken und unterwirft sie Christus.

Wenn unser Geist nach dem Zerbruch wiederbelebt wird und wir zu beten beginnen, werden wir immer mehr wie Jesus Christus. „Wie ein Baum an Wasserbächen gepflanzt", werden wir zur rechten Zeit Frucht tragen.

Was ist nun noch von unserer seelischen Natur übriggeblieben? Wenn die Seele einmal zerbrochen ist, brauchen wir uns über unser Fleisch keine Gedanken mehr zu machen. Das Fleisch ist jetzt nur noch ein Papiertiger, der uns nicht mehr zerstören kann. Jetzt werden wir lernen, mit unserem Fleisch richtig umzugehen.

Das Fleisch an das Kreuz nageln

Der Körper hat sein eigenes Wissen über die Welt, das er über die Sinne aufnimmt. Hätten wir keinen Körper, so könnten wir die Welt wahrscheinlich nicht wahrnehmen. Die Begierde verkörpert das Fleisch, den Leib. Der Apostel Paulus klagte über die Lust des Fleisches: „Ich elender Mensch, wer wird mich retten von diesem Leibe des Todes?" *(Röm. 7,24).*

Wenn jemand seiner Lust nachgibt, kommt Sünde in sein Herz, und der Teufel wird ihr folgen. „Wer die Sünde tut, ist aus dem Teufel, denn der Teufel sündigt von Anfang an" *(1. Joh. 7,24).*

Die Lust, die Sünde und der Teufel sind die Dreieinigkeit des Bösen. Wo Lust ist, ist Sünde, und wo Sünde ist, ist der Teufel. Als Beweis dafür folgt der Tod des Fleisches. Unser Fleisch kann weder gebrochen noch trainiert werden wie die

Seele, denn es hat kein Begriffsvermögen. Es handelt nach Impulsen. Es kann weder versucht, noch durch Disziplin und Übung korrigiert werden. Wenn wir sexuell erregt sind, sind wir zur Hurerei fähig. Wenn sich die Lust zum Trinken in uns regt, überlassen wir uns der Trunkenheit und der Ausschweifung. Wir können unser Fleisch nicht erziehen.

Wie kann dann das Fleisch unter kontrolliert werden? Es gibt keinen anderen Weg, das Fleisch zu kontrollieren, als es ans Kreuz zu nageln und es zu zerstören. Nachdem der Apostel Paulus dies erkannt hatte, rief er aus: „Ich elender Mensch!" *(Röm. 7,24)* und bekannte, daß er sich täglich kreuzigte. „Ich bin mit Christus gekreuzigt, und nicht mehr lebe ich, sondern Christus lebt in mir; was ich aber jetzt im Fleisch lebe, lebe ich im Glauben, und zwar im Glauben an den Sohn Gottes, der mich geliebt und sich selbst für mich hingegeben hat" *(Gal. 2,20)*. „Täglich sterbe ich, so wahr ihr mein Ruhm seid, Brüder, den ich in Christus Jesus, unserem Herrn, habe" *(1. Kor. 15,31)*.

Der Apostel Paulus betont des öfteren, daß wir mit Christus ans Kreuz genagelt sein sollten: „Da wir dies erkennen, daß unser alter Mensch mitgekreuzigt worden ist, damit der Leib der Sünde abgetan sei, daß wir der Sünde nicht mehr dienen" *(Röm. 6,6)*. „Denn wenn ihr nach dem Fleisch lebt, so werdet ihr sterben; wenn ihr aber durch den Geist die Handlungen des Leibes tötet, so werdet ihr leben" *(Röm. 8,13)*. „Die aber dem Christus Jesus angehören, haben das Fleisch samt den Leidenschaften und Begierden gekreuzigt" *(Gal. 5,24)*.

So zeigt uns Paulus also, daß das Ziel des Fleisches die Verherrlichung Jesu Christi ist: „... daß aber mit aller Freimütigkeit, wie allezeit, so auch jetzt Christus an meinem Leib groß gemacht werden wird, sei es durch Leben oder durch Tod" *(Phil. 1,20)*.

Nirgendwo in der Bibel gibt es einen Vers, der uns ermahnt, unser Fleisch zu disziplinieren und zu trainieren. Wir finden nur Schriftstellen, die uns lehren, unser Fleisch ans Kreuz zu nageln. Wie können wir fleischliche Lüste und Begierden ans Kreuz nageln? Die Bibel zeigt uns drei Lösungen. Die erste ist, daß wir unser Fleisch mit Jesus Christus ans Kreuz nageln, wenn wir im Wasser getauft werden. Die Bedeutung der Wassertaufe ist, daß unser altes Ich, das ein Leben in Knechtschaft geführt hat, ans Kreuz genagelt wird und wir als neugeborene Geschöpfe mit Christus leben.

Die Bibel verdeutlicht dies folgendermaßen: „Wißt ihr nicht, daß wir, so viele auf Christus getauft wurden, auf seinen Tod getauft worden sind? So sind wir nun mit ihm begraben worden durch die Taufe in den Tod, damit, wie Christus aus den Toten auferweckt worden ist durch die Herrlichkeit des Vaters, so auch wir in Neuheit des Lebens wandeln" *(Röm. 6,3.4).* „Mit ihm begraben in der Taufe, in ihm auch mitauferweckt durch den Glauben an die wirksame Kraft Gottes, der ihn aus den Toten auferweckt hat" *(Kol. 2,12).* Wir sehen also, daß wir unsere fleischlichen Lüste und Begierden durch die Wassertaufe ans Kreuz nageln können.

Die zweite Möglichkeit, unser Fleisch ans Kreuz zu nageln, ist die Taufe im Heiligen Geist. Der Heilige Geist verzehrt alle Lust und Sünden, weil er Feuer ist und mit Feuer tauft. Deshalb müssen wir mit dem Heiligen Geist erfüllt werden, um die sündigen Begierden des Herzens zu zerstören.

Die dritte Möglichkeit, unsere Lüste und Begierden auszulöschen, ist Gebet in Verbindung mit Fasten. Einmal erhielt ich einen Brief von einem jungen Mann, der schrieb: „Lieber Herr Pastor, ich war von einem Geist der Unzucht ergriffen worden. Ich gab mein ganzes Geld in einem Bordell aus und litt sehr unter dieser Gebundenheit. Ich ging in Kirchen und Tempel, um von der Versuchung und der Scham befreit zu werden. Nach menschlichem Ermessen hatte ich alles getan, was ich tun konnte, aber alles endete in Verzweiflung. Ich ging an diesem Geist der Unzucht fast zugrunde.

Dann überredete mich jemand neulich, in die Yoido Full Gospel Church zu gehen. Ich ging mit und hörte eine Predigt über Fasten und Beten. Als ich den Satz hörte: „Diese Art geht nicht aus, außer durch Beten und Fasten", betete und fastete ich, um den Geist der Unzucht zu brechen. Und sobald ich damit begann, fuhr der Geist aus. Das Leben ist wieder schön geworden. Während dieses ganzen Jahres kam auch nicht ein schmutziger Gedanke in meinen Geist, und ich bin nie wieder in so ein verrufenes Haus gegangen. Ich habe alles, was ich verdiene, nach Hause gebracht, und ich fühle eine große Freude und Frische in meinem Herzen."

Auch heute noch werden Menschen von Gelüsten bedrängt und getrieben. Diese Gelüste sind wie ein Dieb, der raubt und einschüchtert und Menschen an sündige Orte treibt. Das sind die Bindungen durch das Unrecht. Fasten und Beten sind die einzigen Mittel, diese Unrechtsbindungen zu brechen und die Menschen aus der Unterdrückung zu befreien. „Ist nicht das ein Fasten, an dem ich Gefallen habe: Ungerechte Fesseln zu lösen, die Knoten des Joches zu öffnen, gewalttätig Behandelte als Freie zu entlassen und daß ihr jedes Joch zerbricht?" *(Jes. 58,6).*

Wo finden wir eine bessere Waffe, um unser Fleisch zu kasteien? Die Bindungen durch das Unrecht, schwere Last und die Unterdrückung, sie alle haben ihren Ursprung in fleischlichen Gelüsten, die Satan angestiftet hat.

Nahrung ist das Grundbedürfnis des Menschen. Andere Wünsche können ignoriert oder für eine Weile zurückgestellt werden; aber wenn wir Hunger haben, können wir das Essen nicht aufschieben. In Korea haben wir ein Sprichwort, das sagt: „Niemand kann der Versuchung widerstehen, in ein Haus einzubrechen, wenn er drei Tage gehungert hat."

Wenn wir beten und uns des Essens enthalten, wird die Macht Satans gänzlich gebrochen, und unsere Gelüste verschwinden. Aus diesem Grund sollten Laienchristen und zum Dienst Berufene oft das Fasten praktizieren und dadurch fleischliche Lüste kasteien. Wie der Apostel Paulus sollten Sie täglich sterben.

Viele Christen sagen, daß sie die Zeit zum Fasten nicht aufbringen können. In diesem Fall könnten sie eine Art Fasten praktizieren, das nur während des Tages eingehalten wird. Das geschieht so: Man enthält sich der drei täglichen Mahlzeiten, Frühstück, Mittagessen, Abendessen und unterbricht gegen 22.00 Uhr das Fasten mit einer leichten Mahlzeit. Dies hält man drei Tage durch. Diese Art von Fasten hat eine große Wirkung. Menschen, die zur Arbeit gehen oder Geschäftsleute, die ihren Betrieb nicht verlassen können, um einen der Gebetsberge, wie wir sie in Korea haben, zu besuchen, können auf diese Weise fasten.

Während der Stunden des Tages werden die Menschen eher von Versuchungen des Teufels heimgesucht. Wenn wir also tagsüber fasten, können wir das Fleisch „absterben" lassen. Wir müssen aber wissen, daß es keine Möglichkeit gibt, das Fleisch ein für allemal abzutöten. Der Apostel Paulus sagte, er wäre täglich gestorben. Wir müssen unsere fleischlichen Gelüste durch Fasten und Beten ans Kreuz nageln und mit Jesus zu ewigem Leben auferstehen.

Der mit dem Heiligen Geist erfüllte Mensch

In diesem Kapitel haben wir gesehen, wie das Leben des Menschen ist, dessen Seele es wohlergeht. Adams Fall verursachte den Tod des menschlichen Geistes, und seine Verbindung mit Gott wurde unterbrochen. Der Mensch lebte in Sünde und wurde wie eine Puppe vom Teufel manipuliert. Aber durch das kostbare Blut Jesu Christi wurden die Sünden des Menschen vergeben, und sein Geist wurde durch den Heiligen Geist wiederbelebt. Die erste Gnade also, die wir beim Betreten des ersten Raumes mit dem Namen „Wie es Deiner Seele wohlergeht" erhalten haben, war die Gnade der Errettung.

Nach dem Zerbrechen unserer seelischen Natur lernten wir, den Anweisungen und der Führung des Heiligen Geistes zu gehorchen. Die Periode des Zerbrechens war schmerzhaft. Aber durch diesen schmerzlichen Prozeß ist unser Glaube gewachsen, und unser Verständnis von der Vorsehung Gottes wurde vertieft. Wir haben gelernt, daß durch Gebet und Fasten unser Fleisch ans Kreuz geschlagen werden kann. Wenn wir unser Fleisch täglich ans Kreuz nageln, erlernen wir das Geheimnis des völligen Gehorsams gegenüber der Führung des Heiligen Geistes.

Tagtäglich erkennen wir, daß wir eine drastische Veränderung erfahren haben. Wir sind völlig anders geworden seit dem Zeitpunkt, an dem wir Jesus Christus als unseren Retter angenommen haben. Jetzt offenbart unser Reden und Tun und unser ganzes Wesen das Ebenbild Jesu, ja wir strömen den Wohlgeruch Jesu aus. Die Menschen spüren, daß wir Gemeinschaft mit ihm haben, weil wir sprechen und handeln wie er. Wenn wir früher im Fleisch gelebt und unsere Gelüste befriedigt haben, so leben wir jetzt im Geist. Es mag sogar sein, daß wir auf geistlichem Gebiet nichts sehen oder empfinden und auch den Weg des Heiligen Geistes nicht ganz verstehen. Trotzdem gehen wir mutig in dem Glauben voran, daß wir von ihm geführt werden.

Wir leben jetzt ein Leben unter der Kontrolle des Heiligen Geistes. Und trotzdem können wir sogar noch mehr vom Heiligen Geist kontrolliert werden. Die Fülle des Heiligen Geistes bedeutet eine überwältigende Erfahrung, die zwei Dinge in unserem Leben bewirkt: *1.* Das Sprechen in anderen Sprachen unter der Kontrolle des Heiligen Geistes als Zeichen, daß wir seine Fülle erhalten haben; *2.* Ein überfließender Segen, der das Leben anderer berührt, während wir für den Heiligen Geist leben. Das Sprechen in anderen Sprachen bedeutet nicht unbedingt, daß wir zu jeder Zeit voll des Heiligen Geistes sind.

Wenn wir die Fülle des Heiligen Geistes erhalten haben, teilen wir während des ganzen Tages diesen überfließenden Segen mit anderen. Um voll Heiligen Geistes zu sein, müssen wir täglich erfüllt werden, und das ist möglich. Wenn der Heilige Geist unser Leben unter seine sanfte, aber feste Kontrolle nimmt, kontrolliert er auch unsere Zunge, daß sie in anderen Sprachen betet, die wir nie gelernt haben. Gleichzeitig teilen wir diesen Segen mit anderen. Wenn diese beiden Dinge zusammentreffen, können wir sagen, daß wir die Fülle des Heiligen Geistes haben.

Wenn der Heilige Geist in einer anderen Sprache durch uns spricht, die wir nie gelernt haben, verherrlicht er Jesus durch unsere Lippen; und die Frucht dieser wunderbaren Erfahrung ist, daß wir andere mit demselben Segen segnen. Das ist die neue Ordnung. Wenn diese neue Ordnung in unserem Leben herrscht, wird nichts für uns unmöglich sein.

Der dreifache Segen, über den wir sprechen, ist vor allem für unser geistliches Wohlergehen vorgesehen, damit wir gute Gefäße werden, die von einem guten Gott für einen guten Zweck benutzt werden können. Das ist die Botschaft des vollen Evangeliums und die erste Botschaft des dreifachen Segens Christi.

Vor einigen Jahren war ich von dem Zeugnis einer Hauszellgruppenleiterin unserer Gemeinde sehr beeindruckt. Diese Leiterin hatte einen Bruder, der nur noch wie eine Pflanze vor sich hinvegetierte. Er lebte, jedoch ohne daß er jemanden erkannte, auf jemanden reagierte oder daß ihn etwas berührte. Er hatte eine Geisteskrankheit, die mehr als zehn Jahre vorher begonnen hatte. Der Zustand des Patienten war so ernst, daß die Mitglieder seiner Familie ihn in ein Sanatorium einweisen ließen, wo sie ihn dann vergaßen.

In der Zwischenzeit nahm seine Schwester Jesus an, wurde gerettet und auch bald Diakonin. Als sie betete, strömte die Liebe des Heiligen Geistes in ihr Herz und gab ihr die Überzeugung, daß ihr Bruder von seiner Geisteskrankheit befreit werden konnte, wenn er aus dem Sanatorium herauskäme. Sie ließ einen Familienrat abhalten und schlug vor, den Bruder nach Hause zu holen. Zuerst reagierten die anderen Familienglieder widerstrebend, denn sie befürchteten eine Verschlimmerung der Krankheit, wenn er heim käme.

Die Diakonin aber glaubte Gott, daß ein Wunder geschehen konnte. Sie betete die ganze Nacht und wartete auf eine Antwort von Gott. Die Antwort kam in ihr Herz: „Dir geschehe nach Deinem Glauben." Sie gehorchte der Stimme in ihrem Herzen und brachte ihren Bruder zum erstenmal nach zehn Jahren nach Hause zurück.

Dann bat sie unsere Pastoren, mit ihr nach Hause zu gehen und für den Bruder zu beten. Ihr Bruder wurde wunderbar geheilt und völlig wiederhergestellt. Es war, als ob er aus einem tiefen Schlaf erwacht wäre. Es war ein Geschehen, das das menschliche Fassungsvermögen übertraf. Heute besucht dieser Mann regelmäßig unsere Gottesdienste. Er ist völlig gesund und arbeitsfähig und leitet einen Bauernhof!

Wie konnte so etwas geschehen? Die Menschen, die auf einem irdischen Niveau im Fleisch leben, können weder ein Wunder erfahren noch es verstehen. Ein Mensch jedoch, dessen Geist, Seele und Leib in der neuen Ordnung wiederhergestellt sind, dessen Geist wiedergeboren und voll des Heiligen Geistes ist, kann in der Welt Wunder erfahren.

Der Mensch, dessen Seele gedeiht, regiert mit Jesus Christus. Während Ungläubige dem Teufel dienen, regieren Christen im neuen Leben. „So werden vielmehr die, welche die Überschwenglichkeit der Gnade und der Gabe der Gerechtigkeit empfangen, im Leben herrschen durch den einen, Jesus Christus" *(Röm. 5,17)*.

Wir fürchten den Tod nicht mehr. Manche Menschen haben Angst vor ihm; Gläubige jedoch betrachten den Tod als eine freudvolle Erfahrung, weil sie wissen, daß sie bei Jesus sein werden. Ihre Heimat ist der Himmel, und ihr Herz ist bereits dort.

Wir sind Könige. Könige regieren. Königen ist die Macht gegeben zu herrschen, und als Könige herrschen wir über die Umstände in unserem Leben. Uns ist die Autorität über alle Macht des Feindes gegeben. Wir können jetzt mächtige Taten tun. So nehmen wir die Autorität in Anspruch und treiben Satan in dem mächtigen Namen Jesu Christi aus. „Diese Zeichen aber werden denen folgen, die glauben: In meinem Namen werden sie Dämonen austreiben" *(Mk. 16,17)*.

Wir sind fähig, Dämonen auszutreiben. Deshalb werfen wir sie in dem mächtigen Namen Jesu Christi hinaus, und sie gehen - schreiend! Wir haben die Macht, dem Teufel zu widerstehen. Deshalb widerstehen wir ihm im mächtigen Namen Jesu Christi. „Widersteht dem Teufel, und er wird von euch fliehen" *(Jak. 4,7)*.

Dies ist das Wort Gottes für Sie und mich! Wir sind nicht mehr gewöhnliche Menschen! Wir sind Bürger des Himmels, die ewiges Leben und seine Kraft haben, die er mit uns teilte. Der Teufel wird auf unseren Befehl hin davonrennen, und unser Leben trägt die Frucht des Geistes: Liebe, Freude, Friede, Langmut, Freundlichkeit, Güte, Treue, Sanftmut, Enthaltsamkeit.

Wenn wir Könige sind, sollten wir dann nicht Majestät, Ehre und materielle Dinge haben, die Königen zustehen? Dies ist unser natürliches Erbe. Es ist ein Vermächtnis, das wir einfordern können, wenn wir die richtigen Unterlagen vorlegen. Dies sind unsere Schätze, die wir ebenso leicht abrufen können, wie wir Geld von einer Bank abheben, bei der ein Konto mit einer großen Summe Geld auf unseren Namen und mit unserer Kontonummer deponiert worden ist. Wenn jemand bekennt, ein König zu sein, jedoch arm, hilflos und krank im Bett liegt, wie können die Menschen glauben, daß er tatsächlich ein König ist?

Kapitel 3
Auf daß es Dir wohlgehe

Darum, ist jemand in Christus, so ist er eine neue Kreatur; das Alte ist vergangen, siehe, es ist alles neu geworden" *(2. Kor. 5,17)*. „Siehe, ich mache alles neu" *(Offb. 21,5)*. „Ihr aber seid ein auserwähltes Geschlecht, ein königliches Priestertum, ein heiliges Volk, ein Volk des Eigentums ..." *(1. Petr. 2,9)*

Gott erneuerte uns in Christus und machte uns zu einem königlichen Priestertum. Wenn es also unserem Geist, unserer Seele und unserem Körper gutgeht, folgt daraus, daß wir auch in allen anderen Bereichen erfolgreich sind. Das ist die Ordnung und das Gesetz der Schöpfung. Deshalb ist es nicht normal, daß ein Christ ein erfolgloses Leben führt, es sei denn, Gott hat einen besonderen Grund, den Segen von ihm fernzuhalten. Gott hat uns als sein königliches Priestertum erwählt, damit wir die Güte und Gnade dessen zum Ausdruck bringen, „der [uns] aus der Finsternis zu seinem wunderbaren Licht berufen hat" *(1. Petr. 2,9)*. Warum möchte Gott, daß andere Menschen uns anschauen? Weil unser Beispiel sie ermutigen soll, durch das vergossene Blut Jesu die gleichen Segnungen zu erhalten. Deshalb ist ein christliches Leben, das nur aus Niederlagen besteht, kein Leben, das Gott gefällt.

Koreanische Gemeinden haben bezüglich dieser Lehre, daß Christen ein wohlhabendes Leben führen sollten, keinen eindeutigen Standpunkt eingenommen. Einige Prediger sprechen überhaupt nicht über dieses Thema. Andere behaupten, daß es eine christliche Tugend sei, alle Dinge zu ertragen und sich jeder schmerzvollen Situation zu fügen.

Viele koreanische Christen können den Eindruck nicht abschütteln, daß sie ihre Zähne zusammenbeißen und der Möglichkeit, über schwierige Dinge Autorität zu übernehmen, aus dem Wege gehen sollen.

Dennoch betonen dieselben Pastoren immer wieder, daß die Gemeindeglieder für den Bau ihrer Kirchen Geld spenden sollten; unweigerlich entstehen große Schwierigkeiten, wenn sie dies nicht tun. So setzt sich der Teufelskreis weiter fort. Plant eine Gemeinde ein Bauprojekt, sind es die Mitglieder, die die notwendigen finanziellen Mittel aufbringen müssen. Dieses widersprüchliche Bild finden wir in etlichen koreanischen Gemeinden.

Das Geld wurde verdammt und als Brutstätte der Sünde bezeichnet; doch es wurde nicht erkannt, daß die Liebe zum Geld die Wurzel allen Übels ist. Währenddessen sprießen die Sekten wie Pilze nach einem regenreichen Tag aus dem Boden und verführen die Gläubigen mit wahnwitzigen Behauptungen. Natürlich beten diese gläubigen Pastoren, daß ihre Predigten gesegnet seien und daß ihre Mitglieder in allen Dingen, auch im materiellen Bereich, den Segen Gottes erfahren mögen. Trotzdem sind die Christen verunsichert, weil sie nicht eindeutig belehrt werden, auf welcher Grundlage sie wohlhabend sein können und sollten. Um dem Willen Gottes entsprechend wohlhabend zu werden, müssen wir verstehen, was das Wort Gottes über Wohlstand sagt und diese Wahrheit dann klar und systematisch lehren.

Zuerst sollten wir die Meinung berichtigen, daß Armut, Schmerz, Versuchung und Leiden Bestandteile der christlichen Tugenden sind und armselige Lebensbedingungen Gott gefallen. Manche Gläubige erleben von Zeit zu Zeit solche Situationen; in diesen lernen sie jedoch die Dimension ihres Glaubens zu erweitern und werden mit zunehmender geistlicher Reife erkennen, daß Gott sie mit Wohlstand segnen will. Häufig sondert Gott Menschen zu einem göttlichen Zweck oder Dienst aus und fordert sie auf, im Glauben zu leben. Er lehrt sie, ihm in schwierigen Umständen zu vertrauen und sich darin zu üben, ihm für die Erfüllung all ihrer Bedürfnisse zu glauben. Nicht alle werden so schwierige Prüfungen erleiden wie Paulus, weil nicht jeder berufen wurde, in seiner Generation eine so vollmächtige Aufgabe zu erfüllen.

Als zweites müssen wir die Vorstellung aufgeben, daß die materielle Welt dem Teufel vorbehalten ist. Wenn die materielle Welt nur dem Teufel gehören würde, welcher Ort sollte dann Gottes Eigentum sein, der doch die Himmel und die Erde geschaffen hat? Es ist richtig, daß die materielle Welt in die Hände des Teufels fiel, nachdem Adam und Eva gesündigt hatten. Doch durch den Tod Jesu Christi am Kreuz haben wir die materielle Welt wieder zurückerhalten; besonders seine Auferstehung verdeutlicht dies.

Als drittes müssen wir unsere Ansicht ändern, daß wir lediglich den geistlichen Segen und eine Reservierung im Himmel benötigen und materieller Segen für uns nicht in Frage kommt. Die Erlösung, die Jesus für uns errungen hat, hat in der materiellen und geistlichen Welt dieselbe Vollmacht. Laßt uns finanzielles Wohlergehen doch nicht mit Habsucht verwechseln! Habsucht ist für den Teufel typisch; finanzielles Wohlergehen ist jedoch eine Eigenschaft Gottes. Dieses Wohlergehen, das Gott in unserem Leben sehen möchte, betrifft jeden Bereich unseres Lebens: Die Erziehung unserer Kinder, unsere Arbeitsstellen, geschäftliche Dinge, Beziehungen, sämtliche Notwendigkeiten des Lebens, Stabilität, Freude, usw.

Wenn unser Geist, unsere Seele und unser Körper zu einer Einheit geschaffen wurden, so ist die natürliche Folge, daß jeder Bereich unseres Lebens erfolgreich sein sollte. Jesus vergoß sein kostbares Blut und bestätigte somit unser Guthaben, das uns Wohlstand in allen Dingen ermöglicht. Unsere Aufgabe ist es nun, von den Rechten und Vorteilen Gebrauch zu machen, da sie uns schon gegeben worden sind, damit wir seine Fürsorge erleben können.

Trotzdem sind meiner Meinung nach noch immer zu viele Menschen nicht überzeugt, daß Christen erfolgreich sein sollten und ihr ganzes Leben, auch der finanzielle Bereich, gesegnet sein sollte. Deshalb möchte ich erläutern, wie Gott zuerst die materielle Welt geschaffen, und sie dem Menschen dann als Geschenk überlassen hat.

Gott schuf die materielle Welt zuerst

Die Bibel zeigt uns eindeutig, wie Gott über das alltägliche Leben des Menschen und die materiellen Segnungen denkt. Bevor Gott den Menschen schuf, hatte er die materielle Welt geschaffen. Er schuf das Licht, die Himmel, die Erde, die Sonne, den Mond und die Sterne. Er ließ Bäume, Pflanzen, Rinder und all die anderen Tiere der Erde, die Fische in den Meeren und Flüssen und die Vögel in der Luft entstehen. Nachdem Gott die gesamte materielle Welt für den Menschen geschaffen hatte und alles für ihn vorbereitet war, erst dann, am letzten Schöpfungstag schuf Gott den Menschen nach seinem eigenen Bild. Nach der Erschaffung des Menschen, gab es keine Arbeit mehr für ihn. Gott ließ nichts übrig, was die Hilfe des Menschen benötigt hätte. „Also waren Himmel und Erde vollendet samt ihrem ganzen Heer, so daß Gott am siebenten Tage sein Werk vollendet hatte, das er gemacht; und er ruhte am siebenten Tage von allen seinen Werken, die er gemacht hatte" *(1. Mo. 2,1.2)*.

Nachdem der Tag vergangen war, an dem der Mensch geschaffen wurde, begann der nächste Tag, der Sabbat. Der Mensch hatte nichts anderes zu tun, als Gottes Ruhe zu genießen, sich über die wunderschöne materielle Welt zu freuen, die Gott für ihn geschaffen hatte und über sie zu herrschen. Denken Sie einmal darüber nach! Gott schuf zuerst die „materielle" Welt, weil er wußte, daß sie für den Menschen notwendig sein würde. Unser Gott selbst war es, der den Garten Eden für Adam und Eva vorbereitet hatte. In diesem Garten gab es allerlei fruchttragende Bäume, die herrlich anzuschauen waren und deren Früchte man essen konnte. Gott sagte ihnen, daß sie sich um den Garten kümmern und den Segen genießen sollten. Diese Bäume befreiten Adam und Eva von der Last und Sorge um die notwendigen Dinge des täglichen Lebens. Unser Gott ist ein so großzügiger Gott!

„Und ein Strom ging aus von Eden, zu wässern den Garten; von dort aber teilte er sich und ward zu vier Hauptströmen" *(1. Mo. 2,10)*. Dieser Fluß war der Urquell des Lebens, und für den Menschen eine unerschöpfliche Quelle des Wohlstands. Entlang den Flüssen hatte es immer fruchtbares Land gegeben; dort entstanden meist blühende Kulturen.

Gott legte wertvolle Reichtümer in den Garten Eden. Pison, einer der vier Flüsse, die durch den Garten flossen, durchströmte auch das Land Chavila. Dort wurden reines Gold, balsamisches Harz und Edelsteine gefunden. Zusätzlich zu den Bäumen, die für die Notwendigkeiten des Lebens sorgten, lagen im Fluß des Lebens all diese kostbaren Schätze. Die Menschen hatten keinen Mangel!

Adam und Eva mußten bei ihrer Arbeit auch nicht vor Anstrengung schwitzen. Schweiß symbolisiert den Fluch. Die Bibel erklärt, daß der Mensch bei seiner Arbeit schwitzt, weil Adam dem Gebot Gottes nicht gehorcht hatte. Sein Ungehorsam hatte die Vertreibung aus dem Paradies zur Folge. Seitdem müssen die Menschen für ihren Lebensunterhalt hart arbeiten, denn sie leben alle unter demselben Fluch, unter dem auch Adam zu leben hatte. Als der Mensch im Segen des Paradieses lebte, war er nicht dazu geschaffen, für seinen Lebensunterhalt hart arbeiten zu müssen. Der Schweiß der Gesellschaft, hervorgerufen durch geschäftliche Probleme, negative Kindheitserlebnisse, Krankheit, Tod und Feldarbeit inmitten von Dornen und Disteln kam durch den Fluch der Sünde Adams in die Welt.

In der von Gott zuerst geschaffenen Welt war für den Menschen vollkommen gesorgt; in dieser Welt konnte sich der Mensch wohlfühlen. Dort gab es große materielle Werte sowie all das, was zum täglichen Leben notwendig war. Der Mensch sollte mit der materiellen Welt im Einklang sein. Die Beziehung zwischen der natürlichen Materie und dem Menschen ist wie die zwischen Blut und dem Leben. Wie das Leben ohne Blut nicht möglich ist, so kann der Mensch ohne materielle Dinge ebensowenig existieren. Auch der Arbeitsplatz gehört zu diesem Bereich.

Wir müssen ein klares Verständnis von der materiellen Welt haben. Tatsächlich schuf Gott die materielle Welt für uns, und er plante natürlich, daß es überhaupt keine Gelegenheit geben würde, bei irgendeiner Tätigkeit zu schwitzen. Gott wollte, daß wir ein in allen Bereichen überfließendes Leben führen. Die materielle Welt war ursprünglich nicht in der Hand Satans; seitdem die heutige Welt jedoch unter der Macht Satans steht, kann niemand dieser fluchbeladenen Situation, durch die alle Menschen fehlgeleitet wurden, entfliehen, abgesehen von den Christen, die dem Wort Gottes gehorchen. Jeder beschwert sich darüber, daß er in einer Falle sitzt und in einer verfluchten und von Satan übernommenen Umwelt lebt. Was ist also die Folge von Adams Sündenfall? Um die veränderten Umstände zu erleben, die uns Wohlergehen bescheren, sollten wir unsere gegenwärtige Situation untersuchen. Es begann damals im Paradies.

Warum viele keinen finanziellen Erfolg haben

Der Baum der Erkenntnis und die Souveränität Gottes

Der ursprünglich glückliche Zustand des Menschen wurde zerstört, und der Garten Eden verlor seine göttliche Ordnung, weil der Mensch Gott nicht gehorcht hatte. Wenn wir deshalb unser gegenwärtiges materielles Leben nur im Licht der wirtschaftlichen Entwicklungen und der sozialen Umstände zu erklären versuchen, wird unsere Darstellung unvollständig sein. Als Christen sollten wir zunächst uns selbst prüfen, damit wir herausfinden, ob es in unserer Beziehung zu Gott etwas Störendes gibt, denn unser Gott ändert sich nicht.

Er ist der Jahwe-Jireh, der all unsere Bedürfnisse erfüllt. Gott, der für den Menschen schon im voraus alles vorbereitet hatte, gab Adam und Eva den Garten Eden. Dort war es weder zu kalt noch zu warm, noch gab es irgendein Leid. Er gab ihnen die Autorität, über den Garten zu herrschen. Aber er befahl ihnen auch, nicht vom Baum der Erkenntnis zu essen, der mitten im Garten stand. Gott warnte sie ausdrücklich, daß sie sterben würden, sollten sie dieses Gebot mißachten.

Was ist die Bedeutung der Frucht des Baumes der Erkenntnis? Warum durfte nur die Frucht vom Baum der Erkenntnis nicht gegessen werden? Wenn es wirklich der Wahrheit entsprach, daß derjenige sterben würde, der von dieser bestimmten Frucht aß, warum hatte Gott dann einen so gefährlichen Baum in den Garten Eden gepflanzt?

Die Frucht vom Baum der Erkenntnis symbolisiert die Souveränität des Schöpfers. Gott hatte den Baum gepflanzt, um den Menschen zu lehren, daß, weil Gott der Schöpfer und der Mensch das Geschöpf ist, der Mensch sich unter der Autorität Gottes unterordnen und gehorsam sein muß. Als Gott Adam und Eva dieses Gebot gab, nannte er ihnen nicht den Grund dafür.

Der allmächtige Gott muß sein Handeln nicht erklären. Er befiehlt. Jesus rechtfertigte sich vor Kaiphas und Pontius Pilatus auch nicht, als er vor seiner Kreuzigung verhört wurde. Er stand über ihnen. Er mußte nichts erklären. Jemand, der Autorität hat, muß keine Erklärungen abgeben und keine Theorien erläutern. Deshalb erklärte Gott Adam und Eva auch nicht, weshalb sie diese Frucht vom Baum der Erkenntnis nicht essen durften. Er sagte ihnen lediglich: „Du sollst von allen Bäumen des Gartens essen; aber vom Baum der Erkenntnis des Guten und des Bösen sollst du nicht essen; denn welchen Tages du davon issest, mußt du unbedingt sterben“ *(1. Mo. 2,17)*.

Die Frucht des Baumes der Erkenntnis war die einzige Frucht, die Adam nicht essen durfte. Sie stellte die Souveränität des Schöpfers dar, die unter keinen Umständen von irgendeinem Geschöpf herausgefordert werden konnte. Gott hatte Adam alle anderen Dinge gegeben, aber er ließ ihn nicht seine Souveränität antasten. Konsequenterweise sollte es im Garten Eden von vornherein diesen Baum der Erkenntnis geben. Damit erklärte Gott öffentlich, daß er in der materiellen Welt die souveräne Macht besaß. Immer, wenn Adam und Eva die Frucht des Baumes der Erkenntnis sahen, dachten sie an Gottes Souveränität und wurden ermahnt, diese Frucht nicht zu essen. Nur unter der Bedingung, daß sie sich der Souveränität Gottes unterordneten, konnten sie über den Garten Eden herrschen und ihre Vorrechte genießen. Aber eines Tages besuchte Satan die Menschen. Satan hatte die Autorität Gottes von Anfang an abgelehnt. Er versuchte, die Richtigkeit der Gebote Gottes in Frage zu stellen: „Hat Gott wirklich gesagt, ihr dürft nicht essen von jedem Baum im Garten?“ *(1. Mo. 1,3).*

Diese Frage deutet an, daß Gottes Anordnung vielleicht nicht richtig sein könnte. Satans Täuschungsversuch bestand darin, das absolute Gebot des höchsten Wesens abzuschwächen. Dann sagte Eva, deren Interesse durch die Einflüsterung Satans geweckt worden war: „Wir essen von der Frucht der Bäume im Garten; aber von der Frucht des Baumes mitten im Garten hat Gott gesagt: Esset nicht davon und rührt sie auch nicht an, damit ihr nicht sterbet“ *(1. Mo. 3,2.3).*

Die absolute Bestimmung Gottes: „Welchen Tages du davon issest, mußt du unbedingt sterben“, wurde durch die relative Sorge Evas „Damit ihr nicht sterbet“ ersetzt. Nachdem in Evas Herz einmal Zweifel eingedrungen waren und das Gebot Gottes relativ klang, festigte Satan seine Macht in ihrem Herzen und sprach: „Ihr werdet sicherlich nicht sterben“ *(1. Mo. 3,4).*

Gottes Gebot wurde relativ und Satans Meinung absolut. Satan begründete seine Meinung sofort: „Sondern Gott weiß: welchen Tages ihr davon esset, werdet ihr sein wie Gott und wissen, was gut und böse ist“ *(1. Mo. 3,5).*

Daraus können wir folgende Lehre ziehen: Gott gibt ein absolutes Gebot, das keiner Begründung oder Erklärung bedarf. Satan versucht uns jedoch, indem er uns eine Theorie anbietet. Wenn Sie also eine Theorie hören, die Gottes Autorität in Frage stellt, ist diese von Satan. Als in Evas Glaubensbekenntnis Unglaube eingedrungen war, wurde ihr Unglaube durch die Worte Satans „Ihr werdet nicht sterben“ bestärkt. Das Ergebnis war, daß Eva von der verbotenen Frucht aß und auch Adam, ihrem Ehemann, davon gab.

So begannen die Menschen, ein Leben zu führen, das den souveränen Bereich Gottes beschränkte. Die ursprünglich auf Gott ausgerichtete Welt wurde durch eine Welt ersetzt, in welcher der Mensch der Mittelpunkt war. Der Mensch stellte sich mit Gott auf eine Stufe und begann zu argumentieren, was richtig oder falsch, gut oder böse wäre. Der Mensch verließ seine ihm angemessene Stellung, den souveränen Willen Gottes dankbar anzuerkennen und ihm zu gehorchen. Stattdessen stellte er sich mit Gott auf eine Ebene und zog die Schlußfolgerung, daß er den Geboten Gottes nur dann gehorchen würde, wenn er ihnen zustimmen könnte; ansonsten würde er sie übergehen. Der *Mensch* entschied, ob er gehorchte oder nicht und ob er glaubte oder nicht. Daher führt der Mensch ein Leben, das sich Gott widersetzt. Aufgrund seiner eigenen menschlichen Weisheit und Erkenntnis versucht er, zwischen Gut und Böse zu unterscheiden.

Die Schöpfungsordnung des Kosmos wurde in Unordnung gebracht, so daß Gott mit dem gefallenen Menschen nicht mehr im Einklang ist und nicht mehr mit ihm wandeln kann. Danach vertrieb Gott Adam und Eva aus dem Garten Eden. Weil sie sich weigerten, Gottes souveräne Autorität über die materielle Welt anzuerkennen, verloren sie das Recht, diese Welt zu besitzen. Der gute und reiche Lebensraum des Garten Eden wurde gegen eine verfluchte und unfruchtbare Welt eingetauscht, die sich außerhalb des Paradieses befand. Die Arbeit, die die Menschen jetzt leisten müssen, wurde so anstrengend, daß sie dabei schwitzten. Das Schwitzen ist seitdem ein Bestandteil des menschlichen Lebens.

Gott läßt seine souveräne Autorität nicht beschneiden

Sobald Adam und Eva den Weg des Gehorsams und der Unterordnung verlassen hatten und mit Gott zu verhandeln begannen, um sich mit ihm also auf eine Ebene zu stellen, vertrieb er sie aus dem Garten Eden. Er verfluchte die Erde und ließ Dornen und Disteln wachsen. „Und zu Adam sprach er: ‚Dieweil du gehorcht hast der Stimme deines Weibes und von dem Baum gegessen, davon ich dir gebot und sprach: Du sollst nicht davon essen, verflucht sei der Erdboden um deinetwillen, mit Mühe sollst du dich davon nähren dein Leben lang; Dornen und Disteln soll er dir tragen, und du sollst das Gewächs des Feldes essen. Im Schweiße deines Angesichtes sollst du dein Brot essen, bis daß du genommen bist; denn du bist Staub und kehrst zu Staub zurück'" *(1. Mo. 3,17-19).*

Wie kam es zu einem verlorenen Paradies? Der Mensch stellte die Autorität Gottes in Frage. Gott nimmt die zeitweiligen Zweifel seiner Kinder nicht ernst. Obwohl sie ihm nicht immer gehorsam sind, zerstört er sie nicht. Dennoch gestattet er ihnen nicht, seine Autorität anzuzweifeln. Wie Gott über seine Autorität denkt, lesen wir in Römer 13,1-2: „Jedermann sei den obrigkeitlichen Gewalten untertan; denn es gibt keine Obrigkeit, die nicht von Gott wäre; die vorhandenen aber sind von Gott verordnet. Wer sich also der Obrigkeit widersetzt, der widerstrebt der Ordnung Gottes; die aber widerstreben, ziehen sich selbst die Verurteilung zu."

Gott toleriert niemals einen Einwand gegen seine souveräne Autorität. Die Bibel gibt uns hierzu viele Beispiele. Gott salbte Saul und gab ihm die Autorität zu herrschen. Dann gab er ihm eine besondere Aufgabe: „So ziehe nun hin und schlage Amalek und vollstrecke den Bann an ihm samt allem, was er hat, und schone seiner nicht; sondern töte Männer und Weiber, Kinder und Säuglinge, Ochsen und Schafe, Kamele und Esel" *(1. Sam. 15,3).* Dies war ein Befehl Gottes, dem Gott weder eine Begründung noch irgendwelche Erläuterungen hinzufügte. Saul jedoch wiegelte das Volk gegen die Befehle Gottes auf. Im Ungehorsam widersetzte er sich der Autorität Gottes; obwohl Gottes Befehl lautete, daß alle Männer und alle Frauen und alle Kinder getötet werden sollten, nahm Saul Agag, den König der Amalekiter, gefangen, und ließ ihn am Leben. Zusätzlich übertrat er das Gebot, daß auch die Rinder und Schafe, die Kamele und Esel vernichtet werden sollten. Die Heilige Schrift sagt uns, daß er die besten Schafe und Esel verschonte. Als Samuel ihn fragte, warum er diese Sünde begangen hätte, versuchte er, sich mit einer scheinbar einleuchtenden Erklärung zu entschuldigen: „Aber das Volk hat von der Beute genommen, Schafe und Rinder, das Beste des Gebannten, um es dem HERRN, deinem Gott, zu opfern in Gilgal" *(1. Sam. 15,21).*

Darauf tadelte Samuel den Ungehorsam und die Überheblichkeit Sauls: „Ist es nicht also, als du klein warest in deinen

Augen, wurdest du das Haupt der Stämme Israels, und der Herr salbte dich zum König über Israel?" *(1. Sam. 15,17).* „Hat der HERR so viel Lust an Brandopfer und Schlachtopfer wie daran, daß man der Stimme des HERRN gehorcht. Siehe, Gehorchen ist besser als Schlachtopfer, Aufmerken besser als das Fett der Widder. Denn Widerspenstigkeit ist eine Sünde wie Wahrsagerei und Widerstreben ist wie Abgötterei und Götzendienst. Weil du das Wort des HERRN verworfen hast, so hat er dich auch verworfen, daß du nicht mehr König sein solltest" *(1. Sam. 15,22.23).*

Natürlich hatte Saul Gottes Wort nicht vorsätzlich mißachtet. In seinem Herzen dachte er tatsächlich, daß das, was er tat, das Beste sei und er die besten Tiere lieber für ein Opfer zurückbehalten sollte. Vom menschlichen Standpunkt aus wäre dies auch verständlich gewesen. Dennoch griff König Saul mit seiner menschlichen Weisheit in den Autoritätsbereich Gottes ein.

Saul wußte, daß das ganze Vieh getötet werden sollte. Trotz der Tatsache, daß er Gottes Befehl klar verstanden hatte, stellte er seine Ansicht über das, was richtig und falsch war, über Gottes Anordnungen und gab damit zu verstehen, daß seine Ideen und Ansichten besser waren als die Gottes. Dies war wie „Zaubereisünde" und „Abgötterei". Deshalb wies Gott König Saul ohne Zögern zurück.

Niemals wird Gott eine Herausforderung seiner souveränen Autorität tolerieren. Der Erzengel, der die Autorität Gottes herausgefordert hatte, wurde vom Himmel verjagt und wurde zu Satan. Adam und Eva wurden aus dem Paradies vertrieben, und auch König Saul mußte seinen Thron verlassen.

Als König Usia sich der Souveränität Gottes widersetzte, indem er die Autorität der Priester an sich riß, entstand auf seiner Stirn Lepra, so daß er für den Rest seines Lebens an sein Haus gebunden war.

Jona sträubte sich gegen den Befehl Gottes, nach Ninive zu gehen. Als er in die entgegengesetzte Richtung davonlief, mußte er in dem Bauch eines Wals Schmerzhaftes erdulden.

Ananias und Saphira wurden augenblicklich getötet, weil sie die Autorität Gottes nicht ernst genommen und den Heiligen Geist belogen hatten.

Am Gerichtstag wird Satan dafür bestraft werden, daß er seit der Schöpfung mit konstanter Bosheit die souveräne Autorität Gottes in Frage stellt. Er wird in den feurigen Pfuhl geworfen werden, wo er ewig bleiben muß.

In Korea haben wir heute viele Sektenführer, die die souveräne Autorität Gottes verletzt haben. Sie werden in ihrem Herzen überheblich, setzen sich an Gottes Stelle und nennen sich selbst Messias. Durch Stolz und Selbstbetrug lassen sie ihrem eigenen Namen ein Denkmal errichten; aber Gott wird sie wegen ihrer schwerwiegenden Übergriffe gegen seine Autorität zerstören. Die Kommunisten übernehmen immer größere Teile der Erde, aber auch sie werden verflucht werden, weil sie gegen die Autorität des höchsten Gottes rebellieren. Sie sind nicht einfach nur Atheisten, sondern Kinder Satans, die in schrecklicher Weise gegen die Souveränität Gottes gehandelt haben. Der kompromißloseste Atheist der Geschichte war Nietzsche. Er sagte, daß Gott tot sei und sein Körper stinken würde. Er tastete die höchste Autorität Gottes an. Die Folge war, daß er im Wahnsinn starb. Jeder, der die höchste Autorität Gottes angreift, erhält keine Vergebung, sondern wird von der Welt, die von Gott geschaffen wurde, hinweggenommen werden.

Wie werden wir durch den Fluch Adams heute beeinträchtigt? Lassen Sie uns darüber nachdenken.

Das Bild des Versagens

Am Gleichnis des verlorenen Sohnes aus Lukas 15 erkennen wir das Bild der gefallenen Nachkommen Satans, die in allen Dingen versagten. Der jüngere Sohn forderte vom Vater sein Erbteil. Das Verhalten dieses Sohnes gleicht dem Verhalten von Adam und Eva, als sie ihre Freiheit und Unabhängigkeit vor Gott durchzusetzen versuchten und die verbotene Frucht aßen. Der verlorene Sohn dachte, daß er nur dann glücklich sein könnte und alles gelingen würde, wenn er Geld hätte. So verließ er mit seinem Erbteil sein Vaterhaus, genauso wie Adam und Eva, als sie aus dem Paradies vertrieben wurden. Obwohl es dem verlorenen Sohn zeitweise schien, daß ihn eine große neue Welt empfangen würde, war es doch tatsächlich eine Welt, die unter dem Fluch stand. Was war geschehen?

Zuerst sagte er: „Gib mir, Vater, den Teil des Vermögens, der mir zufällt!" Dies zeigt, daß er eine falsche Vorstellung hatte und dachte, daß Wohlstand ihn glücklich machen würde. Auch heute suchen viele Menschen in Besitz und Reichtum ihr Glück, genauso wie es der verlorene Sohn getan hatte. Menschen, die Gottes souveräne Autorität herausgefordert und gegen ihn rebelliert haben, mögen durchaus Reichtum besitzen, sind jedoch trotzdem nicht glücklich.

Howard Hughes und Jean Paul Getty, zwei der reichsten Männer der Vereinigten Staaten, starben vor einigen Jahren und lehrten uns eine wichtige Lektion. Howard Hughes hinterließ ein Erbe von zwei Milliarden Dollar, war aber während seiner letzten zehn Jahre einer der unglücklichsten und einsamsten Menschen der Welt. Er verschloß sich in seinem Zimmer, führte dort ein zurückgezogenes Leben und vermied aus Angst und Furcht jeglichen Kontakt mit Menschen. Als er schließlich starb, gab es niemand, keine Frau oder Kinder, die über seinen Tod getrauert hätten. Sein ganzes Leben war Hughes ruhelos und suchte mit seinem angehäuften Geld und mit Frauen Vergnügen; aber wirklich glücklich war er nie.

Jean Paul Getty besaß unermeßlichen Reichtum von nahezu vier Milliarden Dollar, aber sein Privatleben war sehr unglücklich. Er heiratete fünfmal und ließ sich von allen fünf Frauen scheiden. Sein ältester Sohn war Alkoholiker und starb ein Jahr vor ihm. Gettys Leben war genauso unglücklich wie das von Howard Hughes. Die Lebensgeschichte dieser beiden herausragenden Personen zeigt, daß Reichtümer und Vermögen nur noch mehr Einsamkeit und Furcht hervorrufen, wenn der Mensch den höchsten Gott nicht annimmt und anerkennt. Diejenigen, die heute aus Furcht und Angst am meisten unter Schlaflosigkeit leiden, sind gerade die Menschen, die zwar Reichtum, aber keinen Glauben haben. Der verlorene Sohn dachte, daß er glücklich sei, wenn er in einem fremden Land leben würde. Jedoch war er ohne ein Ziel, außer dem, frei von aller Verantwortung zu sein, in dieses fremde Land gezogen. Freiheit ohne Ziel und Verantwortung ist Zügellosigkeit und wird uns eher binden als befreien. Immer folgt der Zügellosigkeit die Wertlosigkeit. Wenn Wertlosigkeit in uns aufsteigt, werden wir verzweifelt und leichtfertig und bemühen uns nicht mehr, unserem Leben einen Sinn zu verschaffen. Gerade in solchen Momenten werden fürchterliche Verbrechen begangen.

Heute verlassen viele junge Menschen ihr Zuhause und meinen, daß sie, wenn sie den Blicken ihrer Eltern entflohen sind, die ersehnte freie Welt ohne Einschränkungen und ohne Verantwortung und so ihre Zukunft finden werden. Aber die Suche nach Freiheit fernab von den Grenzen jeglicher Verantwortung und Pflichten fördert das Gefühl der Wertlosigkeit und ist die Brutstätte des Bösen. Freiheit, die nicht dem Willen Gottes entspricht, führt in das Elend. Heute erleben wir die gefallenen Nachkommen der vom Garten Eden verstoßenen Menschen Adam und Eva, die sich unter dieser unglücklichen Situation abquälen.

Der verlorene Sohn war der Meinung, daß, wenn er „mit liederlichem Leben" sein Vergnügen suchte, er Fröhlichkeit finden würde. Mit diesem Genuß fühlte er sich jedoch wie eines der Schweine, die er hatte hüten müssen. Das römische Reich zerbrach trotz der weitentwickelten Zivilisation aufgrund seiner moralischen Zügellosigkeit und Vergnügungssucht. Heute suchen viele Menschen ihre Zufriedenheit in Sex, Alkohol und Drogen, aber für ihre Bemühungen erhalten sie alle lediglich emotionale Instabilität und Stumpfsinn.

Das Verlangen nach dieser Art Vergnügen ist die Folge von Begierde. „Darnach, wenn die Lust empfangen hat, gebiert sie die Sünde; die Sünde aber, wenn sie vollendet ist, gebiert den Tod" *(Jak. 1,15)*. Natürlich unterscheidet sich Freude von Genuß. In Jesus können wir unbeschreibliche Freude und Frieden haben; aus Genuß können wir aber keine Freude gewinnen.

Wenn wir die Vereinigten Staaten oder die skandinavischen Länder in Westeuropa betrachten, die heute die am weitesten entwickelte Kultur haben, finden wir gerade dort wahllosen

Geschlechtsverkehr, der durch blinde Vergnügungssucht hervorgerufen wird. Mehr als je zuvor hat die Promiskuität ihren Höhepunkt erreicht. Dies macht sich durch eine stark ansteigende Selbstmordrate, eine immer dramatischer werdende Kriminalitätsrate und durch zerrüttete und zerbrochene Ehen und Familien bemerkbar. Dies ist die grausame Realität im Leben der Nachkommen Adams, die die souveräne Macht Gottes antasteten und sich von der Freude Gottes entfernten.

Einige Menschen suchen das Glück im Ausüben von Macht; aber auch dies hat keinen Bestand. Macht ist nicht nur zeitlich begrenzt, sondern schafft auch Feinde. So ist die Folge von Macht oft ein Leben in Furcht.

Die letzten Lebenstage zweier großer Eroberer, Alexanders des Großen und Napoleons, waren sehr armselig. Alexander der Große, der mit zwanzig Jahren schon König wurde, eroberte in weniger als zehn Jahren ganz Griechenland und nahm Syrien und Ägypten ein. Auf seinem Weg nach Indien eroberte er Land um Land, und es wird berichtet, daß er weinte, als es kein Land mehr gab, das er noch hätte erobern können. Im Alter von nur 33 Jahren starb er. Napoleon, der einmal der Diktator über Europa gewesen war, wurde als Verbrecher verurteilt und ins Exil verbannt.

Der Besitz von Macht garantiert nicht Glück und Freude. Weil Adam und Eva sündigten, durften sie die Segnungen, die Gott für sie vorgesehen hatte, nicht erhalten, und auch die ganze Menschheit wird seitdem sündig geboren. Die Bibel prophezeit uns hierzu: „Das aber sollst du wissen, daß in den letzten Tagen schwere Zeiten eintreten werden. Denn die Menschen werden selbstsüchtig sein, geldgierig, prahlerisch, hochmütig, Lästerer, den Eltern ungehorsam, undankbar, gottlos, lieblos, unversöhnlich, verleumderisch, unenthaltsam, zuchtlos, dem Guten feind, treulos, leichtsinnig, aufgeblasen, das Vergnügen mehr liebend als Gott; dabei haben sie den Schein von Gottseligkeit, deren Kraft aber verleugnen sie. Solche meide!" *(2. Tim. 3,3-5)*.

Seit Adam wegen seines Ungehorsams aus dem Paradies vertrieben wurde, lebt der Mensch unter armseligen Lebensbedingungen, wie auch der verlorene Sohn, der in keiner Beschäftigung Zufriedenheit finden konnte, nicht im Besitz großer Reichtümer und zügellohnis vom ungerechten Richter und der Witwe erzählt hatte, sagte er: „Hört, was der ungerechte Richter sagt: Gott aber, sollte er das Recht seiner Auserwählten nicht ausführen, die Tag und Nacht zu ihm schreien, und sollte er es bei ihnen lange hinziehen?" *(Lk. 18,6-7).*

Das bedeutet, daß Gott unsere Gebete nicht erhören kann, wenn wir nicht den brennenden Wunsch haben, geheilt zu werden oder eine Antwort von ihm zu erhalten. Wenn wir jedoch einen starken Wunsch haben und dieser Wunsch nicht dem Willen Gottes widerspricht, wird er diesen erfüllen. Über unsere Wünsche und deren Erfüllung sagt uns die Bibel: „Habe deine Lust am HERRN, so wird er dir geben, was dein Herz begehrt" *(Ps. 37,4).* „Denn Gott ist es, der in euch wirkt sowohl das Wollen als auch das Wirken zu seinem Wohlgefallen" *(Phil. 2,13).* Und „... der Wunsch der Gerechten wird gewährt" *(Spr. 10,24).*

Naeman, Befehlshaber der Armee des syrischen Königs, hatte Ehre, Reichtum und eine hohe Stellung, aber er war aussätzig. Seine Zukunft war düster. Sein Herz brannte von dem Wunsch, geheilt und von seiner Krankheit befreit zu werden. So wies er den Ratschlag eines Skavenmädchens nicht zurück.

Als die Sklavin ihm von dem Propheten Elisa in Israel berichtet, der seine Aussatz heilen könnte, bereitete er unverzüglich alles vor und reiste nach Israel. Da Syrien zu der damaligen Zeit im Streit mit Israel lag, bestand zudem die Gefahr, daß er getötet oder gefangengenommen werden könnte; sein brennender Wunsch jedoch, von dieser Krankheit geheilt zu werden, brachte ihn dazu, sein Leben zu riskieren und Elisa zu besuchen.

Naeman war sehr entmutigt und wollte bereits aufgeben, als Elisa ihm mitteilen ließ, daß er siebenmal im Jordan baden solle. Er hörte jedoch auf den Rat seiner Diener und Freunde, stieg in das schmutzige Wasser und tauchte siebenmal unter. Er mußte seinen Stolz aufgeben und dem Befehl des Dieners Gottes gehorchen. Zuerst dachte er wirklich, er sei zu gut, um in das dreckige Wasser zu steigen. Sein Wunsch, geheilt zu werden, war aber so stark daß er es trotzdem tat. Das Ergebnis war, daß sein Fleisch so rein wurde wie das eines Kindes.

Als Jesus in seiner Heimatstadt predigte, wies er die Menschen wegen ihres Unglaubens zurecht: „Und viele Aussätzige waren zur Zeit des Propheten Elisa in Israel, und keiner von ihnen wurde gereinigt als nur Naeman, der Syrer“ *(Lk. 4,27).*

In Markus 5,25-34 wird eine Frau erwähnt, die zwölf Jahre lang blutflüssig gewesen war. Auch sie wurde geheilt, weil sie den starken Wunsch hatte, geheilt zu werden. Sie war nur noch Haut und Knochen und hatte viele Ärzte aufgesucht, für die sie ihr ganzes Geld ausgegeben hatte, und die ihr dennoch nicht helfen konnten. Da Blutgang, ebenso wie Aussatz, eine unreine Krankheit war, litt sie geistlich und körperlich. Sie lebte getrennt von Freunden und Verwandten in einem Hinterzimmer oder einer elenden kleinen Hütte, und im Lauf der Zeit wurde sie immer schwächer. Trotzdem hatte sie den starken Willen zu leben und gesund zu sein.

Von diesem brennenden Verlangen beseelt, fing sie die Nachricht von Jesus auf, die sie unter normalen Umständen vielleicht nicht mitbekommen hätte. Trotz der Zurückweisung der Menschen ging sie in die Nähe Jesu, um wenigstens den Saum seines Gewandes zu berühren. Niemand hatte ihr gesagt, daß sie geheilt würde, wenn sie seine Kleider anrührte. Tausende von Menschen streiften Jesus täglich, wenn sie sich den Weg bahnten, um in seine Nähe zu kommen. Ihnen geschah nichts. Diese Frau aber hatte eine persönliche Offenbarung: „Wenn ich nur den Saum seines Gewandes berühre ... werde ich geheilt.“ Es war der brennende Wunsch, der sie solange versuchen ließ, bis sie tatsächlich sein Gewand berührte. Ihr Wunsch brachte Glauben hervor. Als sie im Glauben handelte, spürte Jesus, daß Kraft von ihm ausgegangen war.

Wenn wir geheilt werden möchten, müssen wir ein Verlangen und den brennenden Wunsch nach Gesundheit haben und uns gleichzeitig mit aller Entschiedenheit näher an Jesus herandrängen, um Befreiung von Krankheit zu bekommen. Wenn wir uns erst einmal in diesem Stadium befinden, sind wir der Heilung bereits einen Schritt näher.

Tut Buße

Wenn wir an Jesus als unseren Retter glauben und Ihn mit unserem Mund bekennen, sind wir wiedergeboren aus Wasser und Heiligem Geist. Diese Handlung bewirkt eine Veränderung in unserer ganzen Persönlichkeit. Durch diese Veränderung werden wir aus den Bindungen Satans befreit und werden Gottes Kinder. Aber Satan geht umher wie ein brüllender Löwe und wartet immer auf eine Gelegenheit, seine Macht über uns wiederzuerlangen. Der Teufel ist dasselbe böse Wesen, das Judas Ischariot versuchte, Jesus für Geld zu verraten und auch Petrus dazu anstifteten wollte, das Erlösungswerk Jesu zu zerstören. Der Teufel ist auch heute noch an der Arbeit.

Wenn ein Gläubiger entgegen der Führung des Heiligen Geistes in seinem Leben handelt und der Heilige Geist sich zurückzieht, übernimmt das Fleisch wieder die Kontrolle, und Satan nimmt viele Bereiche seines Lebens wieder in Besitz: „Und wie sie (die Menschen) es nicht für gut fanden, Gott in ser Genußsucht und auch nicht in der Macht, die Welt, in der er lebt, zu beherrschen.

Das Stadium, in dem sich alles falsch entwickelt, wird im Leben des Einzelnen nicht enden. Die Erde wird von großen Hungerkatastrophen heimgesucht. Jedes Jahr sterben in den Ländern rund um den Äquator Tausende von Menschen am Hungertod. Die Weltbevölkerung steigt täglich um 200 000 Menschen an, was eine jährliche Zuwachsrate von etwa 75 000 000 Menschen ergibt. Die Weltbevölkerung wird bis zum Jahr 2000 auf 7 Milliarden angestiegen sein und im Jahr 2050 20 Milliarden betragen. Damit man den Bedürfnissen dieser Bevölkerungsmassen gerecht werden kann, müssen jährlich 30 Millionen Tonnen Nahrungsmittel produziert werden. Heute haben wir einen Gesamtnahrungsmittelüberschuß, der die Weltbevölkerung etwa 27 Tage lang versorgen könnte.

Atomwaffen, die heutzutage von den Supermächten gelagert werden, bedrohen uns mit der hoffnungslosen Zukunft eines

Atomkriegs. Aber nicht nur atomare Waffen, sondern auch so furchtbare Waffen wie Bakterien-, Gas- und Elektronenbomben werden im Wettstreit produziert. Als in Indochina Krieg ausbrach, verbreitete sich in Afrika und im Nahen Osten eine große Furcht vor einer möglichen Vernichtung, die dieser Krieg hätte hervorrufen können. Zudem wird diese Erde, auf der wir leben aufgrund der Luftverschmutzung, die wiederum ein Nebenprodukt der Massenproduktion und des Massenkonsums ist, immer mehr zu einer riesigen Müllhalde. Die Luft ist verschmutzt, die Flüsse stinken, und die Massenproduktion entzieht der Erde die Bodenschätze.

Zusätzlich gibt es jedoch einen weiteren wichtigen Gesichtspunkt, der noch viel fürchterlicher ist als die Unordnung, der wir in unserer physischen Welt gegenüberstehen. Ich meine den geistlichen Hunger, die geistliche Verschmutzung und die geistliche Auseinandersetzung. Hail Brunner, ein amerikanischer Theologe und Professor für Volkswirtschaft erklärte in seinem Buch *Diagnosing the Future of Mankind* (Diagnose der Zukunft der Menschheit):

> „Der erste Weltkrieg und die Große Depression versetzten dem Erbe der Viktorianischen Ära und dem Vertrauen in den Fortschritt einen schweren Schlag. Die heutige Energieverknappung warnt uns vor den Begrenzungen der Industrie. Dem allen voran steht eine große Furcht der Bevölkerung, die durch die Überbetonung des materiellen Fortschritts, wie hohes Einkommen, anspruchsvolles Essen, wunderbare Entwicklungen in der medizinischen Wissenschaft und der Triumph angewandter Physik und Chemie entstanden ist. All diese äußeren Verbesserungen konnten den geistlichen Hunger der Menschen nicht stillen. Das letzte Jahrzehnt war gekennzeichnet von Dunkelheit, Brutalität und Unordnung. Können wir eine bessere Zukunft erwarten? Die Antwort lautet „Nein". Wird die vor uns liegende Zeit dunkler sein als die Vergangenheit? Diese Frage muß mit „Ja" beantwortet werden."

Ebenso kritisiert Professor Brunner die hochindustrialisierte und kultivierte amerikanische Gesellschaft:

„Während der letzten zehn Jahre hat die amerikanische Gesellschaft viele entmutigende Erfahrungen gemacht: Vietnamkrieg, Verbrechen und Gewalt, Rassenunruhen, Bombenanschläge, Flugzeugentführungen und Terrorismus. Gewalt und Grausamkeiten auf dem Bildschirm, die die amerikanische Mittelklasse bloßstellen, entlarven die unter der Oberfläche verborgene Unruhe der scheinbar so bequemen amerikanischen Lebensweise. Die jetzige Generation hat versagt, ihre umhegten Wertvorstellungen an ihre Kinder weiterzugeben, was zur Folge hat, daß diese Kinder durch Marihuana, sexuelle Freizügigkeit und andere Versuche, gegen die Tradition protestieren. Hierbei sind die Kinder der Mittelklasse, die in der Schule versagt haben, besonders betroffen. All diese Dinge erzeugen große Furcht."

Auf der Konferenz des Pan American Catholic Educators' Council sprach der bekannte Wiener Psychiater Dr. Victor Frankl über die Krise der existentiellen Leere und Bedeutungslosigkeit:

„Wie eine Flutwelle überwältigt heute das Gefühl der Bedeutungslosigkeit die ganze Welt und verursacht den tödlichen Komplex der sogenannten existentiellen Leere. Heutzutage haben die Menschen den Anschein, wirklich zu leben; sie besitzen Geld und auch Macht, und trotzdem sind sie traurig und unglücklich. Immer noch strecken sich ihre Hände nach Betäubungsmitteln aus oder sie begehen Selbstmord, weil sie selbst mit dem Reichtum und der ihnen zur Verfügung stehenden Macht ihre Lebensziele nicht erreichen können. Viele haben dies jedoch schon erkannt. Weltweit dürsten die Menschen nach dem Sinn des Lebens, aber sie verstehen ihn nicht, weil sie ihn nicht finden können. Die Bedeutung des Lebens wurde nicht erfunden. Wenn wir unsere Kinder weiterhin lehren, daß alle menschlichen Wesen lediglich aus Gewebe bestehende biologische Organismen sind, dann ist es nur natürlich, daß sie an den Gebrauch von Betäubungsmitteln herangeführt werden oder Selbstmord begehen, wenn sie erwachsen sind."

Ist es vorbestimmt, daß die Welt in die falsche Richtung rollt, und sich dadurch alles verkehrt entwickelt? Steuern wir unweigerlich in die ewige Zerstörung? Nein, das tun wir nicht.
Gott hat uns von der Leere, der Bedeutungslosigkeit, von Armut und Krankheit befreit, indem er uns Seinen Sohn Jesus Christus sandte, der die Menschen erlöste und sie in die Gemeinschaft mit Gott zurückbrachte. Es ist Gott, der uns die Bedeutung unseres Lebens gibt. Wenn wir zu ihm zurückkehren, wird jeder Bereich unseres Lebens gesegnet sein, und wir werden die von Gott für uns vorbereiteten Segnungen in mächtiger Weise erleben.

Der verlorene Sohn erkannte weder seine verfluchte Lage, noch dachte er an das Haus seines Vaters, bis er zu hungern begann: „Er kam aber zu sich selbst und sprach: „Wieviele Tagelöhner meines Vaters haben Brot im Überfluß, ich aber verderbe hier vor Hunger! Ich will mich aufmachen und zu meinem Vater gehen und zu ihm sagen: Vater, ich habe gesündigt gegen den Himmel und vor dir, ich bin nicht mehr wert, dein Sohn zu heißen; mache mich zu einem deiner Tagelöhner" *(Lk. 15,17-19)*.

Der verlorene Sohn eilte mit reumütigem Herzen zum Haus seines Vaters zurück. Alle unsere Umstände und Lebensbedingungen werden negativ beeinflußt, wenn wir uns aus Gottes Gnade entfernen. In seinem ganzen Reden, Denken und Handeln war der verlorene Sohn außerhalb der Gnade seines Vaters. Seine einzige Hoffnung war dessen Freundlichkeit und Güte. So stand der verlorene Sohn auf und näherte sich seinem Geburtsort. Die Heilige Schrift berichtet: „Als er aber noch fern war, sah ihn sein Vater und hatte Erbarmen, lief, fiel ihm um den Hals und küßte ihn" *(Lk. 15,20)*.

Sein Vater, der jeden Tag voller Hoffnung am Ortseingang auf die Rückkehr seines Sohnes gewartet hatte, wurde mit unbeschreiblicher Freude erfüllt. Der Vater befahl seinen Dienern, seinem Sohn das beste Feierkleid anzuziehen, ihm einen Ring an den Finger zu stecken, ihm Schuhe zu geben und das fetteste Kalb für ein Fest zuzubereiten. Sein Vater war voller Versöhnlichkeit und Jubel, daß sein Sohn zurückgekehrt war. Der Sohn hatte ein so reichlich vorbereitetes Fest nicht erwartet.

Jetzt erkannte der Sohn jedoch, daß die wirkliche Bedeutung des Lebens nur *innerhalb* der Liebe und des Schutzes des Vaters gefunden werden kann. Auch Sie können Ihre wahre Befreiung von der inneren Leere, der Wertlosigkeit, von Armut und Krankheit in der Liebe und Obhut Ihres himmlischen Vaters finden. In diesem Gleichnis stellt der verlorene Sohn die gefallene Menschheit dar und der Vater Gott. Wenn wir zu Gott kommen und ihm sagen: „Vater vergib mir", vergibt er uns, erlöst uns in seiner überwältigenden Gnade vom Fluch und führt uns in unseren heutigen Garten Eden.

Entschuldigt und vergibt uns Gott, ohne irgendwelche Bedingungen zu stellen? Nein, das tut er nicht. Es muß Bedingungen geben, aber die Bedingungen sind erfüllbar. Weil der Mensch vom Garten Eden in eine Umgebung vertrieben wurde, in der Dornen und Disteln wachsen, ist es bis jetzt niemandem gelungen, den Dornen und Disteln zu entfliehen. Um uns von den Dornen und Disteln des Versagens zu befreien und in das Stadium des Erfolgs zu bringen, bedurfte es eines Mittlers, der diese Veränderung bewerkstelligen konnte. Dieser Mittler ist Jesus Christus.

Wie können wir uns vergewissern, daß Jesus uns vom Fluch erlöst hat? Natürlich wissen wir, daß unser Geist durch den Tod und die Auferstehung Jesu wieder in die richtige Ordnung gebracht wurde. Wie können wir wissen, daß der Tod und die Auferstehung Jesu auch unser tägliches Leben beeinflussen? Lassen Sie uns die Antworten zu diesen Fragen finden!

Das Kreuz und die Erlösung von den Umständen

Adam wurde aus der Gegenwart Gottes vertrieben und verflucht, weil er sich gegen Gott auflehnte; Jesus Christus aber verherrlichte Gott durch seinen völligen Gehorsam Gott gegenüber und erlöste uns von dieser ersten Sünde. Jesus Christus war der einzige, der auf dieser Erde ein sündloses Leben führte. Er stellte die Gebote Gottes nicht in Frage und suchte auch nicht nach Ausreden. Jesus gehorchte dem Willen Gottes in jedem Bereich seines Lebens bis hin zum Tod. Jesus sagte: „Denn ich habe nicht aus mir selbst geredet, sondern der Vater, der mich gesandt hat, er hat mir ein Gebot gegeben, was ich sagen und was ich reden soll. Und ich weiß, daß sein Gebot ewiges Leben ist" *(Joh. 12,49.50)*. „Und er ging ein wenig vorwärts, warf sich auf sein Angesicht, betete und sprach: Mein Vater! Ist es möglich, so gehe dieser Kelch an mir vorüber; doch nicht, wie ich will, sondern wie du willst" *(Mt. 26,39)*. „Jetzt ist meine Seele erschüttert! Und was soll ich sagen? Doch darum bin ich in diese Stunde gekommen. Mein Vater, verherrliche deinen Namen" *(Joh. 12,27.28)*.

In Übereinstimmung mit seinem Vater, daß Sein Tod am Kreuz der Wille Gottes war, beachtete Jesus den Schmerz und die Trennung nicht, sondern legte sein Leben freiwillig im Gehorsam zu Gott nieder. In Philipper 2,7 steht: „... sondern sich selbst entäußerte, die Gestalt eines Knechtes annahm und den Menschen ähnlich wurde, und in seiner äußeren Erscheinung wie ein Mensch erfunden, sich selbst erniedrigte und gehorsam wurde bis zum Tod, ja bis zum Kreuzestod."

Adam war mit der Verbannung aus dem Paradies bestraft worden, weil er sich über Gott erhob. Durch Seinen Gehorsam sühnte Jesus diesen Fluch und befreite uns von der Knechtschaft des Todes. Wer sollte deshalb immer noch im Gefängnis sitzen, nachdem ihm vergeben wurde? Jesus vergab uns und errettete uns nicht nur, sondern befreite uns aus unserem „Gefängnis", der Strafe der Sünde. Worin bestand diese Strafe? Sie war der Fluch der Dornen und Disteln: Die Tatsache, in allen Bereichen ein Versager zu sein. Von diesen Dornen und Disteln – von dem Fluch, ein Versager zu sein – sind wir befreit und erlöst worden.

„Christus hat uns losgekauft von dem Fluche des Gesetzes, indem er ein Fluch für uns wurde; denn es steht geschrieben:

„Verflucht ist jeder, der am Holze hängt" *(Gal. 3,13).* Freuen Sie sich! Sie sind vom Fluch befreit worden. Jetzt müssen wir genau untersuchen, ob Jesus auch unsere Umwelt erlöste, als er gekreuzigt wurde.

Die Armut Jesu und unser Wohlergehen

„Denn ihr kennet die Gnade unseres Herrn Jesus Christus, daß er, obwohl er reich war, um euretwillen arm wurde, damit ihr durch seine Armut reich würdet" *(2. Kor. 8,9).* Die Bedeutung dieses Verses ist offensichtlich. Wir wissen, daß Jesus sehr reich war. Obwohl er Gott und der Schöpfer war, Himmel und Erde und alles, was darin war, besaß, trennte er sich von all seinem Reichtum. Er wurde in Bethlehem als ein Baby geboren, in eine bescheidene Futterkrippe gelegt und lebte während seines Lebens auf dieser Erde wie ein armer Mann. Die Bibel berichtet uns: „Und Jesus sprach zu ihm: Die Füchse haben Gruben, und die Vögel des Himmels haben Nester; aber des Menschen Sohn hat nicht, wo er sein Haupt hinlegen kann" *(Mt. 8,20).*

Warum zog Gott der Schöpfer, der durch das Wort seines Mundes alles geschaffen hat, so mittellos umher, daß er noch nicht einmal einen geeigneten Schlafplatz hatte? Warum führte Jesus ein so ärmliches Leben, daß er, der mehr als 5000 Menschen gespeist hatte, auf einem Feigenbaum nach Früchten suchte? Wir wissen, daß er oft die ganze Nacht unterwegs und dem Tau des Himmels ausgesetzt war. Er schlief oft auf dem Erdboden, weil er keine andere Schlafgelegenheit hatte. Warum lebte er so? Die Bibel antwortet uns auf diese Frage: „... damit ihr durch seine Armut reich würdet" *(2. Kor. 8,9).*

Wenn wir den in diesem Vers erwähnten Reichtum nicht empfangen, dann war die Armut Jesu sinnlos. Es liegt in unserer Verantwortung, daß es uns wohlgeht, daß wir ein Leben führen, in dem wir reichlich mit allem versorgt werden, was wir brauchen; ein Leben, das Jesus uns durch sein Leben in Armut ermöglicht hat. Wenn wir ohne besonderen Grund ein ärmliches Leben führen, beleidigen wir Jesus. Der zulässige „besondere Grund" könnte in diesem Fall sein, daß wir freiwillig arm werden, weil wir unseren gesamten Besitz dem Werk Gottes gegeben haben oder in großer Verfolgung unseren Besitz verloren haben, damit der Herr dadurch verherrlicht wird. Wenn wir aus anderen als diesen Gründen den Wohlstand ablehnen, den Gott durch Jesus für uns vorgesehen hat, und stattdessen in irgendeiner Weise Mangel leiden, beschämen wir den Namen Jesu, denn er wurde arm, damit wir reich würden.

Auf Armut an sich sollte niemand stolz sein, denn es macht die Armut Jesu sinnlos. Natürlich ist es eine lobenswerte Tugend, in Armut und Entmutigung zu leben, ohne sich zu beklagen. Wenn es demnach keinen weiteren besonderen Grund für Armut gibt, ermutigen Sie sich im Herrn, daß die Erfüllung Ihrer Nöte und finanzielles Wohlergehen sein Wille für Sie ist. Entscheiden Sie sich, alles Notwendige zu tun, damit Sie in jedem Bereich Ihres Lebens erfolgreich sind, und Gott wird ihnen dabei helfen. Dies ist der biblische Weg, Gott zu verherrlichen.

Jesus trug den Fluch

Im Bericht der Kreuzigung finden wir die Antwort zu der folgenden Frage: „Wie erlöste uns Jesus von der Strafe der Sünde?" Es ist von großer symbolischer Bedeutung, daß Jesus auf dem Weg zum Kreuz eine Dornenkrone trug, denn Dornen waren ein Teil des Fluchs, nachdem Adam vom Garten Eden vertrieben worden war. Diese Tatsache, daß Jesus auch während er am Kreuz hängend für Sie und mich starb, die Dornenkrone – das Symbol des Fluchs, der auf die Menschen gelegt worden ist – trug, ist sehr wichtig. Dies verdeutlicht, daß Jesus den ganzen Fluch trug, der wegen Adams Sündenfall auf der Menschheit lag. Obwohl *Adam* die Sünde begangen hatte, ertrug *Jesus* die Schmerzen, als er den Fluch auf sich nahm. Er hob Adams Sünde auf und führte den Menschen aus Fluch und Versagen in die Freiheit. Es spielt keine Rolle, wie gut unsere Arbeit organisiert ist, wenn „Dornen" uns im Weg stehen, können wir nichts für uns tun. Auf der anderen Seite wird der Segen in jedem Bereich unseres Lebens sichtbar werden, wenn der Fluch weggenommen worden ist. Jedes Gebiet wird zu neuem Leben erlöst werden.

Auch das Kreuz, an das Jesus genagelt wurde, ist ein Symbol des Fluchs. Durch sein Sterben am Kreuz können auch wir von der Strafe der Sünde und des Fluchs befreit werden: „Christus hat uns losgekauft von dem Fluche des Gesetzes, indem er ein Fluch für uns wurde; denn es steht geschrieben: „Verflucht ist jeder, der am Kreuze hängt", damit der Segen Abrahams zu den Heiden käme in Christus Jesus, auf daß wir durch den Glauben den Geist empfingen, der verheißen worden war" *(Gal. 3,13.14).*

Wie wir hier also lesen, wurde Jesus für uns zum Fluch. E r erlöste uns vom Fluch des Gesetzes. Was ist der Fluch des Gesetzes? „Es wird aber geschehen, wenn du der Stimme des HERRN, deines Gottes, nicht gehorchst, so daß du nicht beobachtest und tust all seine Gebote und Satzungen, die ich dir heute gebiete, so werden alle diese Flüche über dich kommen und dich treffen. Verflucht wirst du sein in der Stadt und verflucht auf dem Lande. Verflucht wird sein dein Korb und dein Backtrog. Verflucht wird sein die Frucht deines Leibes, die Frucht deines Landes, der Wurf deiner Rinder und die Zucht deiner Schafe. Verflucht wirst du sein, wenn du eingehst, und verflucht, wenn du ausgehst" *(5. Mo. 28,15-19).*

Wie könnte jemand mehr verflucht werden? Im Wort Gottes steht, daß wir verflucht sind, wenn wir dem Wort Gottes nicht gehorchen. Adam und seine Nachkommen sind natürlicherweise unter diesem Fluch, bis sie zu Jesus kommen und ihre Sünden bekennen.

Indem Jesus an dem Kreuz hing, das für verfluchte Menschen geschaffen worden war, erlöste er all jene, die mit zusammengebissenen Zähnen und vor Anstrengung in ihren verfluchten Umständen schwitzten, vom Fluch des Gesetzes. *Erlösen* bedeutet, jemanden, der als Sklave verkauft worden ist durch ein Lösegeld *zurückzubringen.* Durch Adams Ungehorsam wurden wir zu Sklaven Satans.

Vollmacht in dem Namen Jesu

Nach seiner Himmelfahrt teilte Jesus mit uns die Autorität und Macht seines Namens, damit wir für alle Dinge beten können. Jesus Christus! Der Name Jesu hat die alleinige Macht zur Errettung und Erlösung von jedem Fluch und von jeder Strafe. Um von der Sünde errettet zu werden und die Wiedergeburt zu erfahren, rufen wir seinen Namen an: „Und es ist in keinem anderen das Heil; denn es ist auch kein anderer Name unter dem Himmel den Menschen gegeben, in welchem wir sollen gerettet werden" *(Apg. 4,12).*

Die Macht des Namens Jesu wird offenbar, wenn uns unsere Sünden vergeben sind. Unsere Sünden sind uns durch die Kraft vergeben, die folgendermaßen beschrieben wird: „Von diesem legten alle Propheten Zeugnis ab, daß jeder, der an ihn glaubt, durch seinen Namen Vergebung der Sünden empfangen soll" *(Apg. 10,43).*

Der Name Jesus wird auch benötigt, um die Taufe im Heiligen Geist zu empfangen. „Tut Buße, und ein jeder von euch lasse sich taufen auf den Namen Jesu Christi zur Vergebung eurer Sünden; so werdet ihr die Gabe des Heiligen Geistes empfangen" *(Apg. 2,38).*

Auch für die Heilung unseres Körpers ist sein Name erforderlich: „In meinem Namen werden sie ... Kranken die Hände auflegen und sie werden sich wohlbefinden" *(Mk. 16,17.18).*

Und wenn wir für unsere täglichen Bedürfnisse und für all das, was wir in unserem Leben brauchen, beten, erfahren wir im Wort Gottes: „Wenn ihr etwas in meinem Namen bitten werdet, so werde ich es tun" *(Joh. 14,14).* „Wahrlich, wahrlich ich sage euch, was irgend ihr den Vater bitten werdet in meinem Namen, er wird es euch geben" *(Joh. 16,23).*

Jesus sagte, daß er uns den Heiligen Geist zur Hilfe senden würde. Der Name Jesus Christus wird zur Bürgschaft unserer Rechte. Ohne jegliche Zurückhaltung können wir diesen Namen für den Erfolg in allen Lebensbereichen benutzen. Wenn wir im Namen Jesu für finanzielles Wohlergehen beten, entfernt der Heilige Geist für uns die Dornen. Wenn wir also in dem Namen Jesu beten, bedeutet dies, daß wir die größte Macht des Himmels und der Erde zur Hilfe nehmen.

Die Folgen der Errettung

Warum erlöste Jesus uns für einen so hohen Preis? Er trug eine Dornenkrone, erduldete die Qualen, an das Kreuz genagelt zu werden und ließ sich mit einem Speer die Seite durchstechen. „Damit der Segen Abrahams zu den Heiden käme in Christus Jesus, auf daß wir durch den Glauben den Geist empfingen, der verheißen worden war" *(Gal. 3,14)*.

Jesus Christus bezahlte die Schuld unserer Sünden, damit er uns mit den Segnungen Abrahams beschenken konnte. Worin bestanden die Segnungen Abrahams? Abraham war ein Mann, der wegen seines großen Glaubens als gerecht galt. Im Glauben verließ er seine Heimatstadt und vertraute Gottes Verheißung. Deshalb bestehen die Segnungen Abrahams vor allem darin, durch den Glauben gerecht zu werden und Errettung zu empfangen. Abraham war der Ursprung der Segnungen: „So will ich dich zu einem großen Volke machen und dich segnen und dir einen großen Namen machen, und du sollst ein Segen sein. Ich will segnen, die dich segnen, und verfluchen, die dir fluchen; und durch dich sollen alle Geschlechter auf Erden gesegnet werden" *(1. Mo. 12,23)*.

Die Segnungen Abrahms, Kinder, materielle Güter und langes Leben werden auch für andere zur Quelle des Segens. Wenn wir die Segnungen Abrahams und gleichzeitig viele Anfechtungen und Verfolgungen erleben, können wir trotzdem ein Leben ohne Mangel führen.

Wir haben erkannt, wie das Kreuz Jesu Christi uns von der Strafe der Armut und des Fluchs befreite. Jesus vergab uns nicht nur unsere Sünde, sondern er erlöste uns auch von der *Strafe* der Sünde. Jetzt können wir Gott um seine Segnungen bitten und sie empfangen. Doch um zu empfangen, müssen wir unser Herz vorbereiten.

Der Weg zu einem überfließenden Leben

Wir sind von dem Fluch und der Strafe, die Adam empfangen hatte und die uns immer gefolgt waren, erlöst und befreit worden. Jetzt kann Satan uns nicht länger mit falschen Anklagen einschüchtern. Wir müssen nicht mehr als Schuldner in Furcht und Schrecken leben, wie es in der Vergangenheit der Fall gewesen ist. Niemand legt ein weiteres Mal die Strafe der Sünde auf uns. Es wird auch nicht mit Verachtung auf uns gezeigt, weil wir die Nachkommen Abrahams sind. Erheben Sie also Ihr Haupt und blicken Sie zum Himmel! Können Sie als ein Kind Gottes Ihren Namen dort geschrieben sehen?

Wir sind die Menschen, denen alles gelingen sollte. Unsere einzige Aufgabe besteht nun darin, unser altes Selbstbild auszulöschen, das uns als Strafe unserer Sünde immer wieder niedergedrückt, beraubt und unwürdig gemacht hat. Jetzt müssen wir anstelle des alten Selbstbildes ein neues annehmen. Nun können wir rufen: „Ich wurde von Gott geschaffen und bin sein Kind. Ich bin durch das Blut Jesu Christi eine neue Schöpfung; niemandem bin ich etwas schuldig, außer, daß ich meinen Bruder wie mich selbst liebe. Ich bin von der Strafe der Sünde erlöst worden, weil Jesus die Dornenkrone getragen hat!"

Einige Menschen fragen immer noch: „Was sollen wir denn noch tun, damit wir Gottes Segnungen erfahren können? Unser Schicksal wurde durch den Kreuzestod Jesu doch schon geändert!"

Selbst wenn die wunderbarsten Köstlichkeiten der Welt auf einen Tisch gestellt würden, sind sie für uns letztlich bedeutungslos, wenn wir sie nicht auch probieren und genießen. Auch wenn es am Ende einer Trockenzeit regnet, können wir die leere Regentonne nicht wieder auffüllen, wenn der Deckel nicht abgenommen wird. Genauso ist es in Gottes Königreich: Es ist unerheblich, wie wunderbar die Segnungen Gottes zusammengestellt, vorbereitet und uns angeboten werden, sie werden uns nicht zuteil, bis wir sie einnehmen. Dann erst werden wir die Segnungen mit Dankbarkeit genießen.

Unsere tägliche Arbeit muß eine wichtige Bedingung erfüllen. Durch Arbeit allein können wir nicht die Segnungen für alle Dinge erhalten, obwohl dies vielleicht so einfach erscheint, wie das Essen mit einem Löffel oder das Öffnen einer Regentonne, damit diese das Wasser auffangen kann.

Wir werden deshalb einige Aspekte dieser Bedingungen für unsere Arbeit untersuchen.

Gottes souveräne Autorität und der Zehnte

Das unabänderliche Vergehen in Adams Leben war sein Übergriff auf Gottes souveräne Autorität. Adam durfte nicht gestattet werden, vom Baum des Lebens zu essen und trotzdem ewig zu leben, denn derjenige, der die Autorität Gottes antastete, stand unweigerlich unter dem Fluch. Also wurde Adam verflucht, vom Garten Eden vertrieben und mußte den beschwerlichen Weg voller Dornen und Disteln gehen.

Der Baum der Erkenntnis in der heutigen Zeit

Wahrscheinlich denken Sie, daß der Baum der Erkenntnis lediglich im Garten Eden war und in unserer heutigen Zeit nicht mehr existiert. Jedoch ist der Baum der Erkenntnis, der ein Zeichen der Autorität Gottes ist, heute noch viel klarer zu erkennen.

Obwohl der Baum der Erkenntnis nicht mehr in seiner ursprünglichen Form existiert, ist seine Bedeutung dennoch genauso aktuell. In der heutigen geistlichen Welt wird die souveräne Autorität Gottes durch Jesus Christus bezeugt. Wenn wir deshalb Jesus Christus als unseren Retter annehmen und er der Mittelpunkt unseres Lebens ist, ist der Glaube in uns eine Offenbarung der souveränen Autorität Gottes. Heute beschränken einige Menschen diese Autorität, weil sie Jesus Christus entweder ablehnen oder ihn mißverstehen. Falsche Lehre über unsere durch Jesus Christus erkaufte Erlösung bringt ewige Zerstörung sowohl für die, die sie lehren, als auch für die, die ihr zuhören. Jesus Christus ist die Souveränität Gottes, die wir nicht antasten dürfen, da uns sonst der Zorn Gottes trifft. Der Apostel Johannes sagte: „Wer den Sohn hat, der hat das Leben; wer den Sohn Gottes nicht hat, der hat das Leben nicht" *(1. Joh. 5,12)*.

Wenn der Mensch kein Leben in sich hat, ist er tot. Als Adam die verbotene Frucht genommen hatte und sie probierte, wurde der Tod über ihn ausgesprochen.

Es spielt keine Rolle, wie geistlich jemand zu sein scheint. Wenn er in seiner Lehre von der Schrift abweicht, und nicht darlegt, daß Jesus von einer Jungfrau geboren, für die Erlösung der ganzen Welt gestorben, am dritten Tag auferstanden, zum Himmel aufgefahren, nun zur Rechten Gottes sitzt und wiederkehren wird, dann ist er ein Sohn Satans und unter dem Zorngericht Gottes.

Jede falsche Meinung über Jesus Christus ist ein vom Geist des Antichristen gesäter Same. Immer noch versucht Satan, uns davon abzuhalten, Jesus Christus als Herrn und Heiland zu bekennen und möchte uns verleiten, die verbotene Frucht zu essen und die Autorität Gottes in Frage zu stellen. „Geliebte, glaubet nicht jedem Geist, sondern prüfet die Geister, ob sie von Gott sind! Denn es sind viele falsche Propheten hinausgegangen in die Welt. Daran erkennet ihr den Geist Gottes: Jeder Geist, der bekennt: „Jesus ist der im Fleisch gekommene Christus", der ist von Gott; und jeder Geist, der Jesus nicht bekennt, der ist nicht von Gott. Und das ist der Geist des Antichrists, von welchem ihr gehört habt, daß er kommt; und jetzt schon ist er auf der Welt" *(1. Joh. 4,1-3)*.

In Maleachi erkennen wir, wie Gott die Israeliten verfluchte, weil sie in ähnlicher Weise wie Adam auf die Autorität Gottes übergriffen: „Seit den Tagen eurer Väter seid ihr von meinen Geboten abgewichen und habt sie nicht befolgt. Kehret um zu mir, so will ich mich zu euch kehren, spricht der HERR der Heerscharen; aber ihr fragt: „Worin sollen wir umkehren? Soll ein Mensch Gott berauben, wie ihr mich beraubet? Aber ihr fragt: „Wessen haben wir dich beraubt?" Der Zehnten und der Abgaben!" Mit dem Fluch seid ihr belegt worden, denn mich habt ihr betrogen, ihr, das ganze Volk" *(Mal. 3,7-9)*.

In dieser Schriftstelle können wir ganz klar erkennen, daß der Fluch im Garten Eden und im Buch Maleachi auf den Menschen gekommen war, weil dieser die Souveränität Gottes abgelehnt hatte. Der Fluch im Garten Eden wurde ausgesprochen, weil die Frucht des Baumes der Erkenntnis gestohlen worden war; der Fluch im Buch Maleachi kam durch den Diebstahl des Zehnten. Wie der Baum der Erkenntnis im Garten Eden gestanden hatte, so steht der Zehnte als ein Symbol der Souveränität Gottes in der heutigen materiellen Welt.

Satans Versuchung gegen die Gabe des Zehnten

Durch Satans Einmischung verstehen wir nun sehr viel besser, daß der Zehnte ein Symbol der souveränen Autorität Gottes ist. Der Zehnte ist das erste Angriffsziel des boshaften Manövers Satans.

Hartnäckig versuchte er Eva, bis sie endlich nachgab und die Frucht des Baumes der Erkenntnis aß. Satan stachelte auch Herodes an, Jesus ermorden zu lassen, als dieser in diese Welt gekommen war. Wohin Jesus auch ging, immer folgte Satan ihm und störte seine Arbeit.

Unzählige Christen haben heute trotz ihrer Tränen und Gebete große Schwierigkeiten, ihren Zehnten zu bezahlen, weil Satan ihnen folgt und sie mit Versuchungen verwirrt. Satan reizt uns mit den verlockenden Worten: „Weil das Geben des Zehnten zu den alten Traditionen des jüdischen Gesetzes gehört, und du nun in der Zeit der Gnade lebst, bist du nicht mehr an dieses Gesetz gebunden. Gott weiß, daß du arm bist; deshalb kannst du ohne Weiteres den Zehnten aufschieben, bis es dir finanziell besser geht. Um dieses Versäumnis auszugleichen, gibst du dann den doppelten Zehnten." Dies ist ein typisches Argument, mit dem Satan uns vom Geben des Zehnten abzuhalten versucht, was uns jedoch gleichzeitig noch stärker davon überzeugt, daß der Zehnte die Souveränität Gottes symbolisiert. Ist das Argument Satans deshalb stichhaltig? Lassen Sie mich zuerst das Argument untersuchen, nach dem der Zehnte ein letzter Rest aus der Zeit des Gesetzes sein soll.

Das Gesetz, den Zehnten zu geben, wurde beim Volk Israel offiziell zuerst durch Mose eingeführt; aber die Bibel erklärt uns, daß bereits Abraham, der 430 Jahre vor Mose gelebt hatte, den Zehnten bezahlt hatte: „Aber Melchisedek, der König von Salem, brachte Brot und Wein herbei. Und er war ein Priester Gottes, des Allerhöchsten. Und er segnete ihn und sprach: Gesegnet sei Abram vom allerhöchsten Gott, dem Besitzer des Himmels und der Erde! Und gelobt sei Gott, der Allerhöchste,

der deine Feinde in deine Hand geliefert hat! Und Abram gab ihm den Zehnten von allem" *(1. Mo. 14,18-20).*
Sein Name wurde später von Gott in Abraham geändert. Die Bibel lehrt uns weiter, daß Jakob, der Enkel Abrahams, durch einen Traum gesegnet wurde, in dem Engel auf einer Himmelsleiter herauf- und herabstiegen. Er floh aus seinem Elternhaus, um dem Zorn seines älteren Bruders zu entfliehen. Jedoch versprach Jakob, daß er weiterhin den Zehnten geben würde. „Und Jakob tat ein Gelübde und sprach: Wenn Gott mit mir sein und mich behüten will auf dem Wege, den ich reise, und mir will Brot zu essen geben und mich wieder im Frieden heim zu meinem Vater bringt, so soll der Herr mein Gott sein; und dieser Stein, den ich zur Säule aufgerichtet habe, soll ein Haus Gottes werden, und von allem, was du mir gibst, will ich dir den Zehnten geben" *(1. Mo. 28,20-22).*

Sagte Jesus etwa, daß wir in der Zeit des Neuen Testaments keinen Zehnten mehr bezahlen müßten? Wo finden wir in der Bibel, daß wir nicht mehr an das Geben des Zehnten gebunden sind, weil dies lediglich ein Überrest des Gesetzes sei, der abgeschafft werden sollte? Wir müssen erkennen, daß der Einwand, daß das Gebot, den Zehnten zu geben, nur während der Zeit des Gesetzes gegolten habe, für uns eine Versuchung und ein Trick Satans ist, Gottes Souveränität zu verletzen. Gottes Gebot, ihm den Zehnten zu geben, ist das Wort des lebendigen Gottes, der gestern, heute und für alle Zeiten derselbe ist.

Zweitens werden wir jetzt die Versuchung betrachten, daß wir das Geben des Zehnten aufschieben können, bis wir genügend finanzielle Mittel haben. Weil Satan kommt, „um zu stehlen, zu töten, und zu verderben" *(Joh. 10,10),* zeigt seine bewußte Lüge in diesem Fall auf eindrückliche Weise, wie falsch und abscheulich dieses Argument ist. Satan möchte nicht, daß wir finanziell erfolgreich sind. Konsequenterweise weiß er, daß wir, wenn wir seinem Rat folgen und das Geben unseres Zehnten aufschieben, immer ärmer werden. Es wird in der Bibel auch nirgends gesagt, daß wir den doppelten Zehnten unseres Einkommens geben sollten. Gott möchte, daß wir unseren Zehnten geben, damit er uns in finanzieller Hinsicht erfolgreiches Leben schenken kann. Jedoch müssen wir die Tatsache anerkennen, daß Gott die Souveränität über die materielle Welt hat und wir ihm gehorchen müssen.

Es entspricht nicht den Tatsachen, daß Gott arm ist und deshalb unsere Zehnten benötigt. Gott ist der Schöpfer des Universums, der den Himmel und die Erde geschaffen hat. Er könnte eine andere Welt erschaffen, wenn er es wollte. In Psalm 50, 9-12 lesen wir: „Ich will keinen Farren aus deinem Hause nehmen, noch Böcke aus deinen Ställen! Denn mein sind alle Tiere des Waldes, das Vieh auf den Bergen zu Tausenden. Ich kenne alle Vögel auf den Bergen, und was sich auf dem Felde regt, ist mir bekannt. Wenn ich hungerte, so würde ich es dir nicht sagen; denn mein ist der Erdkreis und was ihn erfüllt".

Satan kommt und klagt Gott an. Er verdrehte Gottes Willen, als er im Garten Eden zu Eva sprach: „Ihr werdet sicherlich nicht sterben! Sondern Gott weiß: welchen Tages ihr davon esset, werden eure Augen aufgetan und ihr werdet sein wie Gott und wissen, was gut und böse ist" *(1. Mo. 3,4.5).*

Auch auf dem Gebiet des Zehnten verzerrt Satan das Bild Gottes und deutet an, daß Gott unser Geld für seine eigenen Zwecke gebraucht. Wenn wir dem Teufel glauben, Gott den Zehnten stehlen und damit die Souveränität Gottes mißachten, werden wir unter einem fortlaufendem Fluch stehen. Vielleicht werden wir nie so reich sein, daß wir den doppelten Zehnten geben können. Aber selbst wenn es so wäre, würde es recht schwierig sein. Obwohl wir vielleicht unter schwierigen Umständen leben und wenig geben können, müssen wir dennoch ein Zehntel unseres Einkommens an Gott zurückgeben. Sind wir arm, sollen wir den Zehnten geben, damit wir in finanzieller Hinsicht gesegnet werden können; Gottes Segen wird über uns ausgegossen werden, wenn wir seine Souveränität anerkennen und gehorsam sind.

Der Zehnte und der Segen materieller Dinge

Das Geben des Zehnten ist ein wunderbares Opfer. Wenn wir in dieser Weise gehorsam sind, handeln wir im Glauben und haben das Vertrauen, daß Gott uns segnen wird. Das Treffen zwischen Abraham und Melchisedek, das im 1. Mose, Kapitel 14 geschildert wird, verdeutlicht uns Gottes Plan für das Geben des Zehnten. König Kedor-Laomer war wie Hitler. Er überwältigte fünf Städte und zwang die Einwohner, Abgaben an ihn zu bezahlen. Schließlich wehrten sie sich dagegen, bis es zu einem Kampf kam, den wiederum König Kedor-Laomer gewann. Auch Lot und seine Familie gehörten zu den Gefangenen. Lot war Abrahams Neffe. Als Abraham diese Nachricht hörte, zog er mit 318 Knechten aus und griff abends das feindliche Heer an. In dieser Nacht errang Abraham einen großen Sieg und brachte Lot, dessen Familie, all seine Knechte und seinen ganzen Besitz zurück. Auf dem Heimweg traf Abraham Melchisedek. Er gab Abraham Melchisedek von allem, was er zurückerobert hatte, den Zehnten. „Nach diesen Geschichten begab es sich, daß des Herrn Wort erging: Fürchte dich nicht, Abram, ich bin dein Schild; dein Lohn ist sehr groß" *(1. Mo. 15,1)*.

Dies war der Segen, den Abraham erhalten hatte, weil er den Zehnten gegeben hatte. Die Bibel erklärt, daß Abraham, nicht nur der Vater der natürlichen Juden ist, sondern auch der Vater all derer, die glauben. Heute erhalten alle, die denselben Glauben, wie Abraham haben, dieselben Segnungen: „So erkennet auch, daß die aus dem Glauben Gerechten Abrahams Kinder sind. Da es nun die Schrift voraussah, daß Gott die Heiden aus Glauben rechtfertigen würde, hat sie dem Abraham zum voraus das Evangelium verkündigt: „In dir sollen alle Völker gesegnet werden" *(Gal. 3,7.8)*.

Als wir für die Welt lebten, wurde uns alles geraubt und wir wurden zu Gefangenen des Teufels. Abraham zog aus und eroberte alles zurück, was von König Kedor-Laomer eingenommen worden war.

„Denn alles, was aus Gott geboren ist, überwindet die Welt; und unser Glaube ist der Sieg, der die Welt überwunden hat. Wer ist es, der die Welt überwindet, wenn nicht der, welcher glaubt, daß Jesus der Sohn Gottes ist?" *(1. Joh. 5,4.5)*.

Melchisedek war ein Abbild Jesu. In Hebräer 6,20 lesen wir: „Wohin Jesus für uns eingegangen ist, nach der Ordnung des Melchisedeks Hoherpriester geworden in Ewigkeit."

Wenn wir an Jesus glauben, werden wir zu Siegern, die von Tod, Hölle und sklavischer Abhängigkeit Satans in das Leben Jesu, in den Himmel und in die Position der Kinder Gottes hineingestellt wurden. Genauso war es mit Abraham, der im Kampf siegte und alles Geraubte zurückholte. Wir werden nicht nur zu Siegern, sondern erhalten die Erlaubnis, am heiligen Abendmahl teilzunehmen. Wenn wir also unseren Zehnten bezahlen, erhalten wir den gleichen Segen, den auch Abraham erhielt.

Heute gibt es viele Christen, die die Segnungen, die jedem Christen zustehen, nicht erfahren, weil sie nicht ihren Zehnten geben. Wenn wir Gott unseren Zehnten überlassen, wird dieses Geben in dem nachfolgenden Segen der Ausdruck unseres Glaubens.

Was bedeuten der Segen und die Verheißung, die Abraham von Gott empfangen hatte, für uns? „Ich bin dein Schild; dein Lohn ist sehr groß" *(1. Mo. 15,1).*

In biblischen Zeiten sollte der Schild den Körper im Kampf schützen. In unserem Leben auf dieser Erde greift der Feind uns ständig mit Schmerzen, Versuchungen, Schwierigkeiten, und Sorgen an. Wenn wir jedoch unseren Zehnten bezahlen, wird Gott unser Schild und macht uns zu Überwindern. Wenn Gott unser Schild und Schutz ist, haben wir nie einen Grund zur Sorge. In Psalm 121,5-6 heißt es: „Der HERR behütet dich; der HERR ist dein Schatten über deiner rechten Hand, daß dich am Tage die Sonne nicht steche, noch der Mond des Nachts." Deshalb können wir mutig bekennen: „Wer will uns scheiden von der Liebe Christi? Trübsal oder Angst oder Verfolgung oder Hunger oder Blöße oder Gefahr oder Schwert? Aber in all dem überwinden wir weit durch den, der uns geliebt hat" *(Röm. 8,35.37).*

Die zweite Zusicherung, die Gott Abraham gegeben hatte, lautete: „Dein Lohn ist groß". Der Lohn, den die Welt uns bezahlt, ist äußerst wertlos. Der Reichtum, die Ehre und der Ruhm der Welt sind immer unbeständig, und das, was wir heute erreichen, werden wir morgen schon wieder verloren haben. „Denn alles Fleisch ist wie Gras und alle seine Herrlichkeit wie des Grases Blume. Das Gras ist verdorrt und die Blume abgefallen, aber des Herrn Wort bleibt in Ewigkeit" *(1. Petr. 1,24).*

Die Belohnung, die Gott Abraham versprochen hat, verrostet nicht und wird auch nicht von Würmern gefressen. Der große Gott, der den Himmel und die Erde geschaffen hat, wurde unser Lohn, und er ist es, der uns den Lohn des Überflusses und Wohlstands bezahlt. „Ist Gott für uns, wer mag wider uns sein" *(Röm. 8,31).*

„Ich will dich nicht verlassen noch versäumen" *(Hebr. 13,5).* „Und siehe, ich bin mit euch alle Tage bis ans Ende der Weltzeit" *(Mt. 28,20).*

Wenn Abraham durch das Geben des Zehnten materiellen Segen erlebte, sollten die modernen Gläubigen den gleichen Segen empfangen. „Bringet aber den Zehnten in das Kornhaus, auf daß Speise in meinem Hause sei, und prüfet mich doch dadurch, spricht der HERR der Heerscharen, ob ich euch nicht des Himmels Fenster auftun und Euch Segen in überreicher Fülle herabschütten werde! Und ich will für euch den Fresser schelten, daß er euch die Frucht der Erde nicht verderbe und daß euch der Weinstock auf dem Felde nicht fehlschlage, spricht der HERR der Heerscharen. Also werden Euch alle Nationen selig preisen, denn ihr werdet ein Land der Wonne werden, spricht der HERR der Heerscharen" *(Mal. 3,10-12).*

Der Segen, der deswegen über uns ausgeschüttet werden wird, weil wir den Zehnten geben, kann nicht eindeutiger und genauer beschrieben werden. Dieser Abschnitt der Bibel ist wahr, denn Gott kann nicht lügen.

Wenn wir den Zehnten geben und Gottes Souveränität anerkennen, müssen wir einige wichtige Aspekte berücksichtigen. Zuerst heißt es, daß wir den „ganzen Zehnten" geben sollen. Wir sollen den präzisen Betrag geben: *ein Zehntel* all unseres Einkommens. Wenn wir die Regelung unseres Zehnten nach unserem eigenen Ermessen interpretieren und soviel geben, wie wir möchten, und Dankopfer, Sonntagskollekte und alle anderen Spenden aus unserem Zehnten bezahlen, haben wir nicht den Zehnten bezahlt. Wir müssen unseren Zehnten ungeteilt geben. Die weiteren Spenden und Opfer können wir unter der Leitung des Heiligen Geistes geben.

In Maleachi 3,10-12 steht: „Auf daß Speise in meinem Hause sei". Unser Zehnter gehört in das Haus, in dem wir auch unsere geistliche Speise erhalten, nämlich in unsere eigene Gemeinde. Selbst wenn wir einer Person oder einem Glaubenswerk den vollständigen Zehnten geben, bedeutet dies nach Maleachi 3,10-12 immer noch nicht, daß wir Gottes Souveränität anerkennen.

Gott versprach uns, daß wir mit doppeltem Segen beschenkt würden, wenn wir diesen beiden Bedingungen gehorchen. Ein Teil des Segens ist der Schutz vor einem Unglück. Wie groß unser Einkommen auch sein mag, wenn uns die fortlaufenden Katastrophen treffen, sind wir möglicherweise in noch größeren Schwierigkeiten, als wenn wir überhaupt kein Einkommen hätten. Der zweite Teil des Segens ist der Segen der inneren Stärke. Obwohl wir vielleicht viel Geld verdienen, wird unser Geld „wie Wasser den Berg hinunterfließen", wenn Krankheit und Sorgen uns treffen. Wir werden nicht soviel Geld haben, wie wir erwartet haben, weil wir nicht den vollständigen Zehnten gegeben haben.

Wir erkennen also, daß das Geben unseres Zehnten unseren Respekt gegenüber der Souveränität Gottes zum Ausdruck bringt und wir uns im Gehorsam üben. Dies ist der Schlüssel des Glaubens, mit dem wir die Tür der Segnungen, die Jesus für uns vorbereitet hat, öffnen können. Wenn wir Jesus Christus als Retter angenommen haben, bejahen wir Gottes geistliche Souveränität und durch das Geben unseres Zehnten ordnen wir uns Gottes oberster Gewalt über die materielle Welt unter. Sind wir gehorsam, folgt uns der Segen Gottes, und wir werden „in allen Dingen" gesegnet sein.

Das Gesetz der materiellen Segnungen

Oft möchte Gott uns besonders segnen. Dies ist ein Segen, der für einen bestimmten Zweck geschenkt wurde. Weil wir dem Herrn regelmäßig zehn Prozent unseres Einkommens geben, sind wir mit genügend materiellem Segen beschenkt worden. Gibt Gott uns für einen besonderen Auftrag aber einen überwältigenden Segen, können wir im Glauben das Gesetz der materiellen Segnungen anwenden.

Wir geben unseren Zehnten nicht, weil wir gesegnet werden wollen, sondern als Zeichen dafür, daß wir Gottes Souveränität anerkennen und ihm gehorchen. Wenn wir Gottes Weg, nämlich seine Autorität zu achten, anerkennen und unseren Zehnten bezahlen, läßt Gott unser Land wunderschön und sehr fruchtbar werden. Wenn wir aber etwas Neues mit einem besonderen Ziel beginnen und dies von Gott gesegnet werden soll, müssen wir die folgenden Gesetze beachten.

Das Gesetz der Saat und Ernte

Wenn wir unter der Leitung des Heiligen Geistes ein neues Unternehmen beginnen, können wir durch unseren Glauben an das Gesetz der Saat und Ernte die größten Resultate erzielen. Der Glaube ist wie ein Senfkorn. Ungesäter Glaube bringt uns keinen Lohn. Wenn er aber in die Erde gesät wird, wächst er zu einem Baum heran, auf dessen Ästen Vögel sitzen werden: „Das aber bedenket: Wer kärglich sät, der wird auch kärglich ernten; und wer im Segen sät, der wird auch im Segen ernten. Ein jeder, wie er es sich im Herzen vorgenommen hat; nicht im Unwillen oder aus Zwang; denn einen fröhlichen Geber hat Gott lieb! Gott aber ist mächtig, euch jede Gnade im Überfluß zu spenden, so daß ihr in allem allezeit alle Genüge habet und überreich seiet zu jedem guten Werk, wie geschrieben steht: „Er hat ausgestreut, er hat den Armen gegeben; seine Gerechtigkeit bleibt in Ewigkeit." Er aber, der dem Sämann den Samen darreicht und Brot zur Speise, der wird auch euch die Saat darreichen und mehren und die Früchte eurer Gerechtigkeit wachsen lassen" *(2. Kor. 9,6-10).*

Dies sind wirklich wunderbare Worte! Der Same des Glaubens wird uns nichts nützen, wenn er nicht fröhlich gesät wird, denn in dem Augenblick, in dem wir unsere Gabe zur Verfügung stellen, wird unser Glaube freigesetzt. Wenn wir doch solchen Glauben hätten, dann würde das Wunder, das

Berge in unserem Leben versetzt, stattfinden: „Jesus aber sprach zu ihnen: Um eures Kleinglaubens willen! Denn wahrlich, ich sage euch: Wenn ihr Glauben hättet wie ein Senfkorn, so würdet ihr zu diesem Berge sprechen: Hebe dich von hier weg dorthin! Und er würde sich hinwegheben, und nichts würde euch unmöglich sein" *(Mt. 17,20).*

Jesus übertrieb nie. „Nichts wird für euch unmöglich sein" – so lautet die Verheißung, die sich erfüllen wird, wenn wir nur den Glauben eines Senfkorns haben. Dieser Glaube wurde uns gegeben, als wir Jesus als unseren Retter annahmen. Was wir zu tun haben, ist folgendes: Säen von Geld, Zeit und körperlicher Kraft, damit das Senfkorn keimen und ein Halm herauswachsen kann. Das ist *Glaube.* Wir dürfen nicht kleinlich geben oder, nur weil es notwendig ist, sondern wir sollten fröhlich säen und unsere Herzen mit dem Herzen Gottes verbinden. Dann wird er uns segnen und das, was wir im Gehorsam nach seinen Anweisungen gesät haben, wird überwältigenden Segen hervorbringen.

Das Gesetz der Investition

Dies bedeutet, daß wir unter der Leitung des Heiligen Geistes in das Werk Gottes Geld investieren. Ungläubige investieren und erzielen Gewinne. Das gleiche gilt für Christen: Wenn sie in Gottes Werk investieren, können sie den Gewinn der Segnungen erhalten, den Gott für sie vorbereitet hat. Die Bibel spricht sehr deutlich darüber: „Ihr wisset aber auch, ihr Philipper, daß im Anfang des Evangeliums, als ich von Mazedonien auszog, keine Gemeinde sich mit mir geteilt hat in die Rechnung der Einnahmen und Ausgaben, als ihr allein; ja auch nach Thessalonich habt ihr mir einmal, und sogar zweimal, zur Deckung meiner Bedürfnisse gesandt. Nicht daß ich nach der Gabe verlange, sondern ich verlange darnach, daß die Frucht reichlich ausfalle auf eurer Rechnung. Ich habe alles, was ich brauche, und habe Überfluß; ich bin völlig versorgt, seitdem ich von Epaphroditus eure Gabe empfangen habe, einen lieblichen Wohlgeruch, ein angenehmes Opfer, Gott wohlgefällig. Mein Gott aber befriedige alle eure Bedürfnisse nach seinem Reichtum nach Herrlichkeit in Christus Jesus" *(Phil. 4,15-19).*

Wenn wir das Werk Gottes unterstützen, wird er uns mit Überfluß belohnen. Dies ist das Gesetz der Investition. Wenn wir in das Unternehmen Gottes investieren, wird er uns dreißigfältig, sechzigfältig und hundertfältig belohnen.

Die Bibel berichtet uns viel über Menschen, die das Gesetz der Investition angewandt haben und mächtigen Segen erhielten. Solche Menschen waren zum Beispiel die Witwe aus Zarpat und Andreas und der Junge, der fünf Brotlaibe und zwei Fische gegeben hatte. Mit dieser „Handvoll Mehl im Faß und ein wenig Öl im Krug" erlebte die Witwe ein Wunder, das sie und ihren Sohn vor dem Hungertod errettete. Das Mehl und das Öl waren alles, was die Witwe noch übrig hatte. Für sie bedeutete es keinen großen Unterschied, ob sie noch ein weiteres Mahl essen würde oder nicht. Sie hatte alle Möglichkeiten ergriffen, dem Hungertod zu entgehen. In dieser Lage erzielte sie übernatürlichen Gewinn (1. Kön. 17,8-16).

Petrus setzte sein Boot, seine Zeit und seine Mühe für Jesus ein und erhielt ein mit Fischen überfülltes Schiff. Jesus stieg in das Boot des Simon Petrus und lehrte die Menschen. Simon, der müde war, weil er die ganze Nacht hindurch gearbeitet und nichts gefangen hatte, reinigte währenddessen seine Netze. Dennoch gehorchte er den Worten Jesu, schob sein Boot ein wenig vom Ufer weg und wartete ab. Nach einer Weile sagte Jesus ihm, daß er mit seinem Boot ins tiefere Wasser rudern und dort seine Netze für einen weiteren Fischzug auswerfen sollte. Nach Petrus' Erfahrungen widersprachen die Worte Jesu jeglichem Menschenverstand. Wenn man tagsüber seine Netze im See Genezareth auswirft, ist das Wasser so klar, daß die Fische das Netz erkennen und wegschwimmen. Doch weil Petrus seinen ganzen Glauben einsetzte, fing er so viele Fische, daß seine Netze zerrissen. Das war die Dividende seiner Investition für Gott (Lk. 5,1-11).

Der Junge mit seinem Mittagessen erlebte ein Wunder, das mehr als 5000 Männer mitsamt den tausenden Frauen und Kindern versorgte. Trotzdem blieben noch zwölf Körbe mit Fisch-

und Brotresten übrig. Fünf kleine Brotlaibe und zwei Fische waren alles, was er in das Werk Gottes investiert hatte (Lk. 9,11-17).

Wenn wir sowohl mit fröhlichem Herzen am Werk Gottes teilnehmen als auch unsere Gaben in Gottes Reich einsetzen, wird er dieses als wohlgefälliges Opfer annehmen und unseren Nöten in mächtiger Weise begegnen. Unser Herr schuldet uns nichts. Er möchte niemandem etwas schulden. Sein Wunsch ist es, daß wir einander lieben. Wenn der Heilige Geist uns befiehlt, in die Seelen der Menschen zu investieren, sollten wir nicht zögern. Wir sollten mit aller Kraft im Reich Gottes mitarbeiten und erleben, wie er Gedeihen schenkt.

Das Gesetz des Echos

Das dritte Gesetz, durch das wir einen besonderen Segen empfangen können, ist das Gesetz des Echos. Wenn wir auf einem Berggipfel stehen und nicht herunterrufen, hören wir keinen Widerhall. Wenn wir aber etwas rufen, antwortet uns das Echo. In gleicher Weise wird die Ehre, die wir Gott durch unser Handeln geben, in Segen wieder zu uns zurückkehren. Nichts, was von Gott kommt, geht verloren. Die Bibel sagt: „Gebet, so wird Euch gegeben werden; ein gutes, vollgedrücktes, gerütteltes und überfließendes Maß wird man euch in den Schoß geben. Denn mit eben dem Maße, mit welchem ihr messet, wird euch wieder gemessen werden“ *(Lk. 6,38).*

Gott sagte nicht, daß er uns nur das zurückgeben würde, was wir ihm gegeben haben. Er sagte, daß er uns ein gutes Maß geben würde, das so gedrückt und gerüttelt sein würde, daß es überfließen würde.

Liebe Brüder und Schwestern, die Sie dieses Buch lesen, geben Sie nicht kleinlich! Geben Sie das, was der Herr Ihnen aufträgt. Geben Sie Gott und Ihrem Nächsten von Ihrem Leben. Wenn wir materielle Dinge und Zeit an uns reißen, werden wir gerade diese Dinge verlieren; wir werden jedoch zunehmenden Segen erfahren, wenn wir anderen dienen. Es ist wie bei einem Schneeball: Ein rollender Schneeball gewinnt Schnee dazu.

Viele Menschen kommen zu mir und fragen: „Pastor Cho, wie kann ich reich werden?" Ich erkläre ihnen dann das Gesetz des Echos. Es ist ein einfaches Gesetz, das jedoch sehr schwer zu befolgen ist. In unserer Generation finden wir viele, die dieses Gesetz angewendet haben und großen Erfolg haben.

Der berühmte Stahlwerkbesitzer, Andrew Carnegie, war ein Multimillionär. Aber als ein Waise, der mit Mühe die Grundschule beendet hatte, war er von Schottland nach Amerika ausgewandert. Während er sein Stahlwerk aufbaute und ununterbrochen großen Schwierigkeiten gegenüberstand, kannte er jedoch schon das Gesetz des Echos. Es war sein Traum, vielen Menschen Arbeit zu verschaffen und seine Angestellten zu lehren, ihr eigenes Bankkonto zu führen. Er wollte Reichtum haben, damit er diesen an andere weitergeben konnte. Dies war nichts anderes, als das in die Tat umgesetzte Gesetz des Echos.

Henry Ford, der Pionier der modernen Autoindustrie, kannte dieses Gesetz auch. Seine Frage lautete: „Wie kann ich für möglichst wenig Geld das beste Auto herstellen, das sich jedoch auch viele Leute leisten können?" Er träumte davon, den Amerikanern einen preiswerten, fahrbaren Untersatz zu verschaffen. Seine Idee schlug Wellen und die Resonanz seines Vorhabens ließ ihn Millionär werden.

Diese Erfahrung aus der Geschäftswelt verdeutlicht ein geistliches Prinzip. Wenn wir die Segnungen Gottes empfangen wollen, sollten wir alle egoistischen Haltungen ablegen. Wenn ich anderen gegenüber großzügig bin und sie dadurch gesegnet werden, wird das Gesetz des Echos mir den Segen dreißig-, sechzig- und hundertfach zurückbringen. In dieser Welt können wir nichts als unser Eigentum betrachten; wenn wir jedoch anderen helfen und sie mit dem, was wir haben, segnen, wird der dadurch entstandene Segen zu unserem Segen. Dies ist das Gesetz des Echos.

Bis jetzt haben wir das Geheimnis des Wohlstands lediglich betrachtet. Wenn wir es jedoch in die Praxis umsetzen und es zu unserem Lebensstil machen, wird der Segen der Fülle und des Wohlstands wie Wasserströme über unserem Leben ausgegossen werden. Trotzdem müssen wir beachten, daß das Gesetz des Echos nur dann in Kraft tritt, wenn wir für den Segen ein gut vorbereitetes Gefäß bereitstellen. Ohne ein geeignetes Gefäß können wir den Segen nicht empfangen. Dieses Gefäß ist das Herz. In den nächsten Abschnitten werde ich Ihnen die Haltungen beschreiben, die zum Versagen führen. Ich hoffe, daß Sie dadurch einige der Fallgruben auf dem Weg zum Wohlstand umgehen können.

Haltungen des Verstandes, die zum Versagen führen

„Mehr als alles andere behüte dein Herz; denn von ihm geht das Leben aus" *(Spr. 4,23).*

Gott der Herr ist unser Vater, der Schöpfer und die Wurzel unseres Lebens, die Grundlage unseres Seins und die Quelle aller Dinge.

„Am Anfang war das Wort, und das Wort war Gott" *(Joh. 1,1).*

„Aber die Gerechtigkeit durch den Glauben redet so: „Sprich nicht in deinem Herzen: Wer will in den Himmel hinaufsteigen?" – nämlich um Christus von den Toten zu holen – oder: „Wer will in den Abgrund hinuntersteigen?" – nämlich um Christus von den Toten zu holen! Sondern was sagt sie? „Das Wort ist dir nahe, in deinem Munde und in deinem Herzen!" – nämlich das Wort des Glaubens, das wir predigen. Denn wenn du mit deinem Munde Jesus als den Herrn bekennst und in deinem Herzen glaubst, daß Gott ihn von den Toten auferweckt hat, so wirst du gerettet" *(Röm. 10,6-9).*

Gott, der Schöpfer alles Lebens wohnt durch das Wort in unserem Herzen. Gott ist nicht nur der Gott der Juden und er ist auch nicht nur der Gott der Menschen, die vor 2000 Jahren lebten. Er ist keine ferne Gottheit, die sich erst nach langer, langer Zeit mit uns abgeben wird. Gott ist der Gott, der gerade jetzt, *heute,* durch den Heiligen Geist in unserem Herzen wohnt! Jeder einzelne von uns ist der Tempel des heiligen Geistes. In der Bibel lesen wir: „Wisset ihr nicht, daß ihr Gottes Tempel seid und der Geist Gottes in euch wohnt" *(1. Kor. 3,16).*

Wir, die wir durch das Blut Jesu reingewaschen wurden, sind nicht nur als die Kinder Israel erwählt worden, sondern haben denselben Heiligen Geist in unseren Herzen, der im Garten Eden, zur Zeit Moses in der Stiftshütte und auch in Jesus selbst war. Der Ort, an dem Gott sich aufhält, ist der Himmel – wo immer dies auch sein mag. Wenn Gott in unserem Herzen wohnt, wird unser Herz der Himmel. „Man wird nicht sagen: Siehe hier! Oder: Siehe dort ist es! Denn siehe, das Reich Gottes ist inwendig in euch" *(Lk. 17,21).*

Weil das Reich Gottes in unserem Herzen ist, sollten wir das Vergnügen des Himmels in unserem täglichen Leben, im Essen, Trinken oder im Tragen unserer Kleidung spüren. Das ist ein Leben des Wohlergehens. Damit wir glücklich und erfolgreich sind, müssen wir Gott in unseren Herzen haben. Dann werden wir Frucht bringen: „Ich bin der Weinstock, ihr seid die Reben; wer in mir bleibt und ich in ihm, der bringt viel Frucht; denn getrennt von mir könnt ihr nichts tun" *(Joh. 15,5).* Weil unsere Herzen Gefäße sind, kann das Reich Gottes nur dann in uns wohnen, wenn unsere Herzen gereinigt sind. Heiligkeit und Reinheit sind Eigenschaften Gottes. Betrüben wir den Heiligen Geist, indem wir unsere Herzen nicht rein halten, wird Gott nicht in uns wohnen, und wir werden nicht die Frucht des Wohlstands hervorbringen.

Woher wissen wir, ob unsere Herzen rein sind? Unser Herz ist sehr schwer zu ergründen. Ein koreanisches Sprichwort lautet: „Es ist schwer, den Verstand und die Pläne eines Menschen zu ergründen." Wie können wir also herausfinden, ob unser Herz rein ist? Unsere Gedanken offenbaren unser Herz und verlassen, mit der Kleidung der Sprache ausgestattet, unseren Mund. So kann die Reinheit unseres Herzens an unseren Worten abgelesen werden.

In der Heiligen Schrift steht, daß Gott die Welt anblickte, die er durch das Wort seines Mundes erschaffen hatte und sagte, daß sie „gut" sei. Das bedeutet, daß Gottes Gedanken und dementsprechend Gottes Herz gut sind. Der Mensch ist nach dem Bild Gottes erschaffen worden. Der Zustand unseres Herzens wird auch durch unsere Worte enthüllt. Der Mund ist der

Maßstab für die Gesundheit unseres Herzens. „Keine schlechte Rede gehe aus eurem Munde, sondern was gut ist zur notwendigen Erbauung, daß es den Hörern wohltue" *(Eph. 4,29)*. „So ist auch die Zunge ein kleines Glied und rühmt sich doch großer Dinge" *(Jak. 3,5)*.

Wenn wir Gott loben und preisen, können wir auch Errettung, Segnungen und Leben erhalten. Wir sollten mit großer Sorgfalt darauf achten, was wir sagen und „keine schlechte Rede" aus unserem Mund herausgehen lassen. Satan dringt durch unser Reden in unser Herz ein und übernimmt dann die Herrschaft. Weil unser Herz ein Gefäß ist, können wir entscheiden, womit es gefüllt ist. Dabei ist es sehr wichtig, daß wir weise auswählen.

Wir werden nun genauer über die Dinge sprechen, die unser Herz krank machen.

Haß

Haß wird uns ins Versagen führen. Er wird in uns eine negative Haltung erzeugen, uns eifersüchtig und neidisch werden lassen und dadurch den Weg für das Reden Gottes versperren. Haß wird uns in unser eigenes Gefängnis – in unser „Ich" werfen und unser geistliches Leben völlig zerstören. Jesus betonte, daß wir allen Haß entfernen müssen: „Und wenn ihr steht und betet, so vergebet, wenn ihr etwas wider jemand habt, damit auch euer Vater im Himmel euch eure Fehler vergebe. Wenn ihr aber nicht vergebet, so wird auch euer Vater Himmel eure Fehler nicht vergeben" *(Mk. 11,25.26)*.

Haß ist eine negative Haltung und wird zu einem Bollwerk gegen Gottes Gnade. Viele Christen kommen mit der Frage zu mir: „Herr Pastor Cho, ich besuche die Gebets- und Fastennächte, doch meine Gebete wurden nicht beantwortet. Wie erhalte ich nur eine Antwort auf meine Gebete?"

Schaue ich mir das Problem dieser Menschen genauer an, finde ich immer heraus, daß sie mit den Menschen, mit denen sie den engsten Kontakt hatten, im Streit lagen – Streit zwischen Eheleuten, Meinungsverschiedenheiten zwischen Eltern und Kindern oder Spannungen unter Nachbarn. Ihre Herzen sind voller Haß!

Bevor Menschen handeln, findet in ihrem Verstand ein Denkprozeß statt. Wenn ich andere hasse, steigt in meinem Verstand das Gefühl des Hasses auf. Demzufolge formen sich die Gedanken des Fluchs und des Hasses in meinem Verstand, noch bevor ich tatsächlich jemanden verfluche oder hasse. So wird mein Herz zunächst mit Haß und Fluch infiziert. Obwohl ich die Zusicherung im Gebet durch den Glauben Gottes erhalten habe und die göttliche Antwort mit meinem Mund bekenne, kann ich die Antwort dennoch nicht empfangen.

Gott ist Licht und in ihm gibt es keine Finsternis. Gottes Herz ist positiv, und aus ihm fließen Glaube, Hoffnung und Liebe. Wenn unser Herz von negativen Gedanken wie Haß, Fluchworten und Groll erfüllt sind, kann Gott nicht im Tempel unseres Herzens wohnen; wenn sich Gott aber von uns zurückzieht, können wir überhaupt nichts mehr von ihm empfangen. Dabei spielt es dann keine Rolle mehr, wie sehr wir ihn um Hilfe anflehen.

Wo Haß ist, werden Zerstörung und Tod folgen. Auf dem Weg nach Jerusalem, wo Jesus gekreuzigt werden sollte, besuchte er auch Maria und Martha, die mit ihrem Bruder Lazarus in Bethanien wohnten. Bei diesem Besuch nahm Maria einen kostbaren Krug Nardensalbe und salbte die Füße Jesu. Danach trocknete sie mit ihren Haaren seine Füße. Das Haus war erfüllt mit dem Duft der Salbe. Jesus sah einem grausamen Tod am Kreuz entgegen, der schon in wenigen Tagen stattfinden sollte, und Marias Handeln tröstete ihn sehr. All die, die dort waren und diesen Vorgang beobachtet hatten, waren überwältigt von Liebe und unbeschreiblicher Ehrfurcht. Niemand tadelte Maria, außer Judas Ischariot, der sie haßte. Voller Verachtung und Zorn wies er sie zurecht: „Warum hat man diese Salbe nicht für 200 Denare verkauft und es den Armen gegeben?" *(Joh. 12,5)*. Einige der Jünger stimmten dem Vorwurf des Judas zu.

Dann lobte Jesus Maria: „ Warum bekümmert ihr das Weib? Sie hat doch ein gutes Werk an mir getan! Denn die Armen habt ihr allezeit bei euch, mich aber habt ihr nicht allezeit! Damit, daß sie diese Salbe auf mein Leib goß, hat sie mich zum Begräbnis gerüstet. Wahrlich, ich sage euch: Wo immer dieses Evangelium gepredigt wird in der ganzen Welt, da wird man auch sagen, was diese getan hat, zu ihrem Gedächtnis" *(Mt. 26,10-13)*.

Durch das was Jesus über Maria aussprach, wurde er noch mehr getröstet. Aber gerade dies ließ Judas Ischariot Maria noch mehr hassen. Sein Haß wurde so stark, daß Judas Jesus zu hassen begann und ihn schließlich an die Soldaten verriet. Weil er die Qual seines schlechten Gewissens nicht mehr ertragen konnte, beging er daraufhin Selbstmord. Wenn das Gefühl des Hasses in das Herz eines Menschen eindringt, verursacht es eine so negative Haltung, daß das Denken, die Sprache, das Hören und Sehen so voreingenommen werden, daß der Segen ihn verläßt und Versuchungen auf ihn einstürmen, die ihn zerstören können.

Die von Hitler im Zweiten Weltkrieg ausgeführten und veranlaßten Greueltaten fanden ihren Ursprung im Haß. Als Hitler noch ein kleiner Junge war, unternahm sein Vater viele Geschäftsreisen. Während der häufigen Reisen seines Vaters hatte seine Mutter eine Liebesaffäre mit einem Juden, der in der Nachbarschaft wohnte. Im Herzen des jungen Hitler brodelte der Haß gegen den heimlichen Liebhaber seiner Mutter. Nachdem Hitler an die Macht gekommen war, brach der blinde Haß aus seinem Herzen hervor und sechs Millionen Juden wurden auf dem Altar des Hasses geopfert. Zuletzt tötete Hitler sich selbst.

Haß beraubt, tötet und zerstört alles, mit dem er in Berührung kommt. Er zeigt die Charakterzüge Satans und freut sich über das Leiden seiner Opfer. Die verheerendste Eigenschaft des Hasses ist jedoch seine Selbstzerstörung; denn, wenn ein Mensch Haß in seinem Herzen nährt, wird der Mensch negativ. Auf diese Art und Weise ist der Mensch selbst das erste Opfer seines Hasses. Die Bibel spricht sehr klar darüber: „Ein gelassenes Herz ist des Leibes Leben; aber Eifersucht ist Knochenfraß" *(Spr. 14,30)*.

Wenn wir den Haß nicht ablegen, können wir weder Gebetsantworten, noch irgendeinen anderen Erfolg in unserem Leben erwarten. „Wenn nun deinen Feind hungert, so speise ihn" *(Röm. 12,20).* „Liebet eure Feinde" *(Mt. 5,44).*

Nicht wegen unserer Feinde ermahnte uns Jesus, unsere Feinde zu lieben. Sondern deshalb, weil *wir* die Opfer werden, wenn wir unsere Feinde hassen. Jesus wollte, daß wir glücklich und erfolgreich sind. Jesus verfluchte seine Feinde nicht, als er blutend am Kreuz starb. Er betete: „Vater, vergib ihnen, denn sie wissen nicht, was sie tun" *(Lk. 23,24).*

Haß ist das erste Element, das Versagen in unser Leben hineinbringt. Wir müssen mit aller Kraft verhindern, daß unser Herz von diesem zerstörerischen Gefühl besetzt wird.

Zorn

Die zweite Haltung, die zum Versagen führt, ist Zorn. Dieses zerstörerische Gefühl unterbricht unser gesamtes Denken und führt dazu, daß sich die Blutgefäße unseres ganzen Körpers verengen und dadurch Herzinfarkte hervorgerufen werden können. Zorn ist so mächtig, daß er uns in kürzester Zeit zerstören kann.

Dr. John Hunter, der berühmte englische Arzt und Anatom, behauptete, daß Zorn die Gewalt hat, die Person, die ihn nährt, zu zerstören. Während er an einem akademischen Seminar eine Vorlesung zu diesem Thema hielt, wurde er im Laufe eines Streitgesprächs so zornig, daß er einen Herzanfall erlitt und starb. Die Bibel sagt, daß Zorn den Charakter eines Mannes verdirbt und ihn in eine ungebildete Person verwandelt: „Klugheit macht den Mann langsam zum Zorn, und es ist seine Ehre, daß er Verfehlung übersehen kann" *(Spr. 19,11).* „Der Langmütige hat viel Verstand, der Jähzornige aber begeht große Torheiten„ *(Spr. 14,29).* „Steh auf vom Zorn und laß den Grimm; erzürne dich nicht! Es entsteht nur Böses daraus" *(Ps. 37,8).*

Gewöhnlich endet unser Zorn im Bösen. Gott steht auf der Seite dessen, der das Böse meidet. Als das Volk Israel, das von Mose geleitet wurde, auf dem Weg zum Land Kanaan war, geriet es in große Not, weil es in der Wüste kein Wasser fand. Voller Bitterkeit beklagten sich die Israeliten bei Mose, der über sie zornig wurde. Die Folge seines Zornes war, daß er einen Fels zweimal mit seinem Stab schlug und sagte: „Höret doch, ihr Widerspenstigen: Aus diesem Felsen sollen wir euch Wasser verschaffen?" *(5. Mo. 20,10)*. Wasser schoß aus dem Felsen und stillte den Durst der Kinder Israel. Doch Gott war mit Mose unzufrieden. „Weil ihr nicht auf mich vertraut habt, um mich vor den Kindern Israel zu heiligen, sollt ihr diese Gemeinde nicht in das Land bringen, das ich ihnen geben werde" *(4. Mo. 20,12)*.

In der Tat hatte Moses Zorn die Heiligkeit Gottes verdeckt. Als Strafe durfte er nicht das verheißene Land betreten. Viele Menschen sind heute von ihrem verheißenen Land der Segnungen ausgeschlossen, weil sie ihrem Zorn gestatten, die Heiligkeit Gottes zu verschleiern. „Des Menschen Zorn wirkt nicht Gottes Gerechtigkeit" *(Jak. 1,20)*.

Zorn ist ein negatives Gefühl, das den Segensfluß Gottes blockiert. Zorn verursacht zerbrochene Familien und Freundschaften, zerbricht gute Beziehungen zwischen Nachbarn und selbst unsere Gesundheit. Zorn ist eine sehr vernichtende Leidenschaft, von der wir uns befreien sollten.

Dies gelingt uns, wenn wir zuerst, sobald der Zorn in uns aufsteigt, versuchen, Loblieder zu singen. Während wir singen, wird der Heilige Geist in unserem Herzen Frieden schaffen und den Zorn bezwingen, den wir aus eigener Kraft nicht überwinden konnten.

Zweitens können wir, wenn wir zornig werden, zu uns selbst sprechen: „Wir werden diesen Zorn für zwanzig Minuten verschieben." Der Teufel ist ungeduldig, der Heilige Geist nicht. Während dieser zwanzig Minuten wird der Zorn verschwunden und der Friede eingezogen sein. Außerdem werden wir erkennen, daß wir richtig gehandelt haben.

Drittens: Versuchen Sie, wenn der Zorn am stärksten ist, den Grund oder das Ziel ihrer Leidenschaft zu verstehen. Oft ist Zorn die Folge selbstbezogenen Denkens. Wenn wir den Grund unseres Zornes erkennen, wird er vielleicht sogar verschwinden, und alles weitere wird sich beruhigen.

Wenn wir Zorn vermeiden können, wird der Heilige Geist im Frieden in unserem Herzen wohnen und in unserem Leben viel Frucht hervorbringen.

Habsucht

Ein Geist der Begierde läßt uns andere Dinge mehr als Gott lieben. Wenn Habsucht in unser Herz eindringt, werden uns die Segnungen vorenthalten bleiben. Stattdessen stehen wir unter dem Zorn Gottes, denn Habsucht ist Götzendienst: „Tötet nun eure Glieder, die auf Erden sind: Unzucht, Unreinigkeit, Leidenschaft, böse Lust und die Habsucht, welche Götzendienst ist; um welcher Dinge der Zorn Gottes über die Kinder des Unglaubens kommt" *(Kol. 3,5.6).*

Wir dürfen Habsucht nicht mit der Vision Gottes für unser Leben verwechseln, mit der sich unsere Wünsche und Ziele erfüllen. Habsucht ist das egoistische Verlangen nach der Position, dem Besitz oder nach der Wichtigkeit im Leben eines anderen. Selbst wenn wir unseren Ehemann, unsere Ehefrau, unsere Kinder, unseren Besitz oder die Arbeitsstelle mehr als Gott lieben, ist Habsucht in unserem Herzen. Habsucht versucht unser Ich durch Gier zu ehren. Eine Vision, die Gott in ein Herz hineinlegt, spornt den Menschen an, Gott mit aller zur Verfügung stehenden Macht zu ehren, indem diese Person arbeitet und betet, um die Vision Gottes Wirklichkeit werden zu lassen. Der Teufel sät Habsucht in unser Herz, um uns Gottes Segen zu rauben und uns schließlich zu töten. Einer der Gründe, weshalb manche Geschäftsleute in ihren Unternehmen nicht erfolgreich sein können, ist Habsucht. Wenn ein Vorhaben gelingt, wird ein Unternehmer oft habgierig und erweitert sein Geschäft mehr, als er es finanziell verkraften kann, so daß er sich selbst in den Ruin treibt. Wir sehen daraus, daß alles, was aus Habgier geschieht, unweigerlich mißlingen wird, weil der Heilige Geist dies nicht unterstützt.

Habsucht tritt in verschiedenen Phasen in unser Leben ein. Die erste Phase ist Stolz. Stolz entsteht als Folge übermäßiger Selbstliebe, die uns verleitet, Gott gegenüber unsere Pflichten zu vergessen. Habsucht geht von Satan aus. Der stolze Mensch, der sich selbst vor Gott erhöht, befriedigt sein übersteigertes Verlangen und macht sich selbst zum Idol. Gott wird eine stolze Person nicht ertragen und auch den Weg mit ihm nicht gehen.

Die zweite Phase ist Lüge. Um ihre Habsucht zu nähren und sich zu erhöhen, verleumden die Menschen einander. Derjenige, dem eine Lüge schnell über die Lippen kommt, hat ein Herz voller Gier. Immer wieder betont die Bibel, daß Gott Gerechtigkeit und Ehrlichkeit liebt. Ein Lügner kann nicht Gottes Weg gehen.

Wegen seiner Habsucht erhielt Adam die Todesstrafe und bewirkte, daß unzählige Sterbliche heute unter dem gleichen Gericht Gottes stehen, und die Geschichte der gesamten Menschheit mit Blut befleckt wurde. Habsucht verursacht in den Kirchen Streit, Zerstörung und Spaltungen. Wenn wir auf Gottes Gegenwart in uns Wert legen, müssen wir uns vom Geist der Habsucht völlig befreien.

Perfektionismus

Wenn wir in unseren Lebensbereichen perfektionistisch sind und darauf bestehen, daß die Menschen um uns herum sich unserem Maßstab anpassen, werden wir in unseren Familien und im gesellschaftlichen Leben dem Versagen nicht entgehen. Wenn man ständig betont: „Ich bin der Beste! Du solltest handeln wie ich", wird alles, was wir tun, auseinanderbrechen. Wenn wir mit unseren Freunden und Verwandten versöhnlich umgehen und ihre Lebensweise mit Nachsicht und Großzügigkeit betrachten, werden wir unser Leben wirklich genießen.

Jesus lehrte uns am Beispiel einer Frau, die beim Ehebruch ertappt worden war, wie wichtig ein verständiger Geist in unserem Leben ist (Joh. 8,3-11). Die Pharisäer und Gesetzeslehrer, die wegen dieser Frau vor Jesus erschienen, waren Perfektionisten, die alles nach dem Maßstab des Gesetzes beurteilten. Sie hatten gar nicht die Fähigkeit, diese armselige Frau zu verstehen, sondern sahen lediglich ihre kriminelle Tat, mit der sie das Gesetz übertreten hatte. Solche Menschen messen jede Angelegenheit sowie jeden Menschen nach den gesetzlichen Richtlinien und weisen ihn auf seine Fehler hin.

Jesus hatte mit dieser Frau Mitleid und war barmherzig mit ihr. Er sah sie nicht im Licht des Gesetzes, sondern im Licht des Erbarmens. Er sah den Weg, den sie gegangen war, bis sie schließlich diese Sünde begangen hatte. Er sah für sie auch eine Zukunft als wiedergeborenes Kind Gottes. In Johannes 3,17 lesen wir: „Denn Gott hat seinen Sohn nicht in die Welt gesandt, daß er die Welt richte, sondern daß die Welt durch ihn gerettet werde".

Das Bild, das die Welt über uns hat, wird sich danach richten, ob wir ein negatives oder positives Bild von der Welt haben. Wenn wir alles und jeden mit Augen der Gnade betrachten und uns in die Situation der Frau versetzen, der Jesus vergeben hatte, werden wir die Fehler der anderen ebenfalls vergeben und diese Menschen annehmen, wie sie sind. Mehr noch: Wir werden ihre Fehler und Lasten tragen. Wenn wir mit anderen Menschen barmherzig sind, sie verstehen und annehmen, werden wir aufbauende und wirksame Ergebnisse sehen. Wir sind alle Sünder, denen Gott vergab und die Gott jetzt nach ihren besten Möglichkeiten dienen.

Im Yellowstone-Nationalpark der USA haben die Tiere freien Auslauf. Jeden Morgen kommen beispielsweise Wölfe, Füchse und Wiesel zu einer großen Müllhalde, um zu fressen. Erscheint dort ein Bär, gehen die anderen Tiere ihm aus dem Weg und beobachten ihn beim Fressen. Die Bären sind so groß und gefährlich, daß sich alle anderen Tiere vor ihnen fürchten – jedoch nicht das kleine Stinktier. Ein Stinktier frißt direkt neben einem Bär, und der Bär wird keine Reaktion zeigen. Ein Stinktier kann sich kräftemäßig mit dem Bär nicht messen; doch der Bär weiß, daß das Stinktier bei der ersten feindseligen Bewegung einen sehr penetranten Geruch ausstößt, der für lange Zeit am Körper des Bären haften bleiben wird. Deshalb verhält sich der Bär so, als ob er das Stinktier überhaupt nicht sieht. Selbst der schwerfällige Bär ist weise genug, um unangenehme Dinge zu vermeiden.

Viele Menschen sind sehr selbstgerecht und streiten heftig über meist unwichtige Dinge. Solche Auseinandersetzungen sollten um des Friedens willen vermieden werden. Diese Menschen sind wie die Stinktiere. Wenn sie in ein Problem verwickelt werden, scheitern ihre Persönlichkeiten, und sie enden in der Einsamkeit. Wenn Gott seine Aufgabe darin sähe, die Welt mit den Augen eines Perfektionisten zu beurteilen, könnte niemand vor ihm bestehen, denn niemand auf dieser Welt ist vollkommen.

Wir müssen den Perfektionismus ablegen, damit wir mit Gott in unserem Herzen die Frucht des finanziellen Wohlergehens tragen können.

Schuldbewußtsein

Das fünfte Merkmal, das ins Versagen führt, ist Schuldbewußtsein. Es ist natürlich, daß wir uns schuldig fühlen, wenn wir gegen die gesellschaftlichen Normen verstoßen oder gegen Gott gesündigt haben. Wir sollten bereit zur Buße sein. Wenn wir Jesus Christus als Retter angenommen haben, sind wir als Christen wieder lebendig gemacht worden und können jederzeit wissen, ob Gott sich über uns freut oder bekümmert ist, denn wir haben ununterbrochene Gemeinschaft mit Gott. Wir wissen auch, daß Gottes Gegenwart sich von unseren Herzen zurückzieht, wenn wir sündigen, und daß der einzige Weg zur Wiederherstellung dieser Beziehung darin besteht, Buße zu tun.

Wenn wir unsere Sünden bekennen und ehrlich bereuen, vergibt Gott uns unsere Sünden, nimmt uns die Schuld und stellt den Frieden und die Freude in unserem Herzen wieder her. Wenn wir dann jedoch immer noch von Schuldgefühlen geplagt werden, sind wir das Opfer unseres Feindes Satan geworden.

Wenn wir von unserem Schuldgefühl befreit sein wollen, müssen wir unser Herz von den vergangenen Sünden reinigen und uns und anderen vergeben. Christen, die sich wegen der Sünden, die sie vor ihrer geistlichen Wiedergeburt begangen haben, nicht frei fühlen, müssen von all diesen Spuren der Schuld befreit werden, durch die Satan sie liebend gern niedergedrückt halten möchte. Die Schrift sagt uns: „Wenn wir aber unsere Sünden bekennen, so ist er treu und gerecht, daß er uns die Sünden vergibt und uns reinigt von aller Ungerechtigkeit“ *(1. Joh. 1,9)*. „Ich will meine Gedanken in ihre Herzen geben und wie in ihre Sinne schreiben, und ihrer Sünden und ihrer Ungerechtigkeiten will ich nicht mehr gedenken“ *(Hebr. 10,17.18)*.

Es fällt dem Menschen nicht sehr leicht zu vergeben. Nur das kostbare Blut Jesu kann unsere Sünden wegwaschen und sie aus unserem Gedächtnis streichen. Schuldgefühle halten uns von Gott fern.

Als ich nach Beendigung meiner Bibelschule meine erste Gemeinde gründete, wurde ich mit dem Heiligen Geist erfüllt und fühlte mich sehr wohl. Ich wußte, daß ich in Jesus war. Als ich mich aber mit jemandem zerstritten hatte, erkannte ich, daß ich nicht mehr im Willen Gottes war. Darauf fiel ich auf meine Knie und bereute mein Verhalten. Durch das Bekenntnis meiner Sünden erhielt ich in meinem Geist meine Freiheit zurück; ich war wieder in der liebevollen Gemeinschaft mit meinem Herrn. Am nächsten Morgen jedoch konnte ich die richtige Beziehung zu Gott irgendwie nicht mehr finden. Mein Geist war durch dieses ständige Auf und Ab so beschwert, daß ich es kaum noch ertragen konnte. Deshalb rief ich zum Herrn und bat ihn um eine Lösung für mein Problem.

„Herr, ich will die ganze Zeit mit Dir zusammen sein. Laß mich doch nicht eine Stunde Deine Gegenwart spüren und in der nächsten Stunde unsere Beziehung wieder unterbrochen sein!“

Darauf fragte mich der Heilige Geist: „Wie lange hast du gebetet, bevor du deinen Familiennamen ‚Cho‘ erhalten hast?“

„Ich habe ein solches Gebet noch nie gebetet, Herr.“

„Wie hast du also diesen Namen bekommen?“

„Ich wurde in die Familie Cho hineingeboren.“

„Wurdest du wiedergeboren, als du an Jesus, deinen Retter, glaubtest?“

„Ja.“

„Sagtest du nicht, daß du in deine Familie hineingeboren wurdest?"

„Ja, doch."

„Ist es dann möglich, daß dein Familienname ‚Cho' lautet, wenn du glücklich bist, und er sich in ‚Kim' verwandelt, wenn du unglücklich bist?"

„Dein Familienname ist ‚Cho' heißt, egal, wie du dich dabei fühlst. Genauso bist du durch den Glauben an Jesus, als deinen Erretter, immer noch ein Kind Gottes und Mitglied der Familie Gottes. Dies ist gültig, ob du fühlst, daß es so ist, oder nicht."

Als ich diese Worte gehört hatte, war mein Problem gelöst, und ich konnte die folgende Schriftstelle verstehen: „Durch ihn aber seid ihr in Christus Jesus, welcher uns von Gott gemacht worden ist zur Weisheit, zur Gerechtigkeit, zur Heiligung und zur Erlösung" *(1. Kor. 1,30).*

Wenn Jesus als unser Retter in uns wohnt, haben wir mit ihm immer Gemeinschaft. Als Jesus gekreuzigt wurde, wurden wir mit ihm gekreuzigt. Als er ins Grab gelegt wurde, wurden wir mit ihm zusammen ins Grab gelegt, und als er auferstand, sind auch wir auferstanden. Die Bibel erklärt ausdrücklich: „So gibt es nun keine Verdammnis für die, welche in Christus Jesus sind" *(Röm. 8,1).*

Jesus nahm unsere Schuld auf sich und trug sie an das Kreuz. Nun kann es für die, die in Christus Jesus sind, keine Verdammnis mehr geben. Weil wir aber Menschen sind, die bisweilen sündigen, werden wir durch unsere Buße gereinigt und dadurch wieder von unserer Verdammnis befreit.

Ein Schuldgefühl ist eine schwere Last, die unser Leben zerstören kann. Sie macht uns traurig und entzieht uns Mut und Hoffnung. Es hindert aber auch unser Herz, die Gnade Gottes zu empfangen. Wir müssen dieses Schuldgefühl unbedingt loswerden.

Furcht

Der sechste Grund, der zum Versagen führt, ist ein negatives Gefühl, welches wir Sorge, Furchtsamkeit oder Furcht nennen können.

Echt gute Bücher von der Christlichen Gemeinde Köln:

David – Ein außergewöhnlicher Mann
Terry D. Jones
128 Seiten, Paperback, ISBN 3-926784-02-4

Kinder sind keine Engel
Christa Gertiser
64 Seiten, Taschenbuch, ISBN 3-926784-01-6

Die Vierte Dimension – Band 1
Paul Yonggi Cho
154 Seiten, Paperback, ISBN 3-926784-05-9

Die Vierte Dimension – Band 2
Paul Yonggi Cho
160 Seiten, Paperback, ISBN 3-926784-03-2

Erfolgreiche Hauszellgruppen
Paul Yonggi Cho
160 Seiten, Paperback, ISBN 3-926784-04-0

Leiden ... warum ich?
Paul Yonggi Cho
140 Seiten, Taschenbuch, ISBN 3-926784-00-8

Errettung, Heilung, Erfolg:
Unser dreifacher Segen in Christus
Paul Yonggi Cho
224 Seiten, Paperback, ISBN 3-926784-06-7

Die Aktualität der Wassertaufe
Terry D. Jones
44 Seiten, DIN A5, ISBN 3-926784-09-1

Theologie der Armut oder des Reichtums:
Ein Buch für Unternehmer und Christen in der Wirtschaft
Cho, Margies, Northrup, Jones, Broos, Paarmann
180 Seiten, Paperback, ISBN 3-926784-08-3

Ein gesundes Maß an Furcht ist gut. Die Furcht vor dem Feuer macht uns im Umgang mit Feuer vorsichtig, und die Furcht vor einem Auto läßt uns die nötigen Verkehrsregeln beachten. Die Furcht vor Bestrafung hilft uns, die Gesetze nicht zu übertreten. Auf der anderen Seite ist es nicht wünschenswert, daß wir uns vor Dingen fürchten, die uns nichts tun können.

Wenn wir uns in unserem Herzen nicht wohl fühlen, sind wir unglücklich, und unser Leben wird unausgeglichen sein. Wenn eine ruhelose Person ihre eigene Wohnung betritt, werden Klagen und Bitterkeit ihr folgen. Wohin diese unglückliche Person auch geht, es wird eine Kettenreaktion der Unruhe folgen.

Es gibt unter uns viele Menschen, die unter ständiger Furcht und Bedrängnis stehen. Wenn diese Gefühle eine bestimmte Stärke erreicht haben, ergreift diese Furcht Besitz von ihrem Herz und läßt alles, was sie sehen und hören, negativ erscheinen. Furcht versetzt ihren Verstand und ihren Körper in einen Schrumpfungsprozeß, der Krankheiten hervorruft.

Dr. Walter Clement Albers, ein Arzt an der Mayo-Klinik, schrieb in einer Veröffentlichung, daß alle Arten der Magenerkrankungen mit innerer Unruhe beginnen.

Napoleon Hill, ein berühmter Amerikaner, entwickelte die Philosophie des Erfolgs. Er erläuterte, daß es sieben Arten der Furcht gibt, die den Menschen zerstören können. Dabei steht die Furcht vor Armut bei weitem an erster Stelle. An zweiter Stelle steht die Furcht vor Kritik. Den dritten Platz nimmt die Furcht vor Krankheit ein. Die vierte Art der Furcht ist nach Hills Liste die Furcht vor Liebesverlust; weil der Mensch eine Seele hat, ist Liebe genauso wichtig wie Nahrung. Als fünfte Art nennt Hill die Furcht vor dem Älterwerden. Eigentlich ist dies die Furcht, daß man in den Hintergrund gedrängt werden könnte. An sechster Stelle steht die Furcht vor dem Verlust der Freiheit; bei Menschen, die, wie die Koreaner, einen Krieg miterlebt haben, ist diese Furcht viel stärker. Die siebte Art ist die Furcht vor dem Tod.

Woher kommen solche Ängste? Als Adam die verbotene Frucht gegessen hatte, wußte er, daß er nackt war und versteckte sich aus Scham hinter den Bäumen. Als Gott Adam suchte und ihn fragte, warum er sich versteckte, antwortete Adam: „Ich hörte deine Stimme im Garten und fürchtete mich; denn ich bin nackt, darum verbarg ich mich" *(1. Mo. 3,10).*

Adam aß von der verbotenen Frucht und erwartete wahrscheinlich, daß seine Augen sich öffnen würden und er plötzlich ein Gott wäre. Er hatte den Wunsch, unabhängig zu sein und nicht mehr unter dem Schutz Gottes leben zu müssen. Als er dann aber tatsächlich frei und nicht mehr unter dem Schutz Gottes war, weil er die verbotene Frucht gegessen hatte, traf ihn zuerst sein eigenes Schamgefühl. Er sah keine glorreiche Zukunft, sondern seinen Körper. Dies war das ursprüngliche Schamgefühl, das durch nichts anderes als durch die Gnade des Herrn bedeckt werden konnte.

Danach wurde Adam das Opfer der Furcht, daß er nicht eine Stunde allein im Wald verbringen könnte. Adam fürchtete sich vor seiner Zukunft und vor seiner Umgebung. Er war erschrocken und hatte seine Zufriedenheit verloren. In seiner Umgebung hatte eine plötzliche und furchteinflößende Veränderung stattgefunden. Die Tiere, die zahm und gefügig waren, wurden auf einmal gefährlich, und der friedliche Garten verwandelte sich in einen feindlichen Ort. Adams Furcht war ein Hinweis dafür, daß die Liebe und der Schutz Gottes nicht mehr bei ihm waren. Solange er in Furcht lebte, konnten die Liebe, der Glaube und die Hoffnung Gottes nicht in seinem Herzen wohnen.

Dann kam das Unausweichliche: Der Zorn Gottes. Dazu sagt die Bibel folgendes: „Furcht ist nicht in der Liebe, sondern die völlige Liebe treibt die Furcht aus, denn die Furcht macht Pein; wer sich aber fürchtet, ist nicht vollkommen geworden in der Liebe" *(1. Joh. 4,18).*

Furcht ist die Folge der Bedrückung durch den Teufel. Götzendiener fürchten die Vergeltung Satans. Der Teufel stiehlt, tötet, zerstört und hat mit dem Segen nichts zu tun. Das höchste Ziel der Menschen, die auf dieser Erde von Satan unterdrückt werden, ist, Schaden zu vermeiden. Furcht hat ihre Pein!

Gott arbeitet mit niemandem zusammen, der sich fürchtet. Als die Kinder Israel aus Ägypten gezogen und nach Kadesch-Barnea gekommen waren, das nicht weit vom Land Kanaan entfernt war, wählte Mose zehn Männer aus, die das verheißene Land erkunden sollten. Diese Männer kehrten voller Furcht aus dem Land Kanaan zurück und berichteten folgendes: „Aber das Volk, welches im Lande wohnt, ist stark, und die Städte sind sehr fest und groß. Und wir sahen auch Enakskinder daselbst. Das Land, das wir durchzogen haben, um es auszukundschaften, frißt seine Einwohner, und alles Volk, das wir darin sahen, sind Leute von hohem Wuchs. Wir sahen auch Riesen daselbst, Enakskinder aus Riesengeschlecht, und wir waren in unseren Augen wie Heuschrecken, und also waren wir auch in ihren Augen" *(4. Mo. 13,28.32.33)*.

In diesem Bericht erkennen wir wieder das Bild des gefallenen Adams. Trotz der Tatsache, daß sie bis zu jenem Zeitpunkt durch Gottes Gnade auf wunderbare Weise immer genug Nahrung, Kleidung und Schutz gehabt hatten, waren sie im entscheidenden Augenblick jedoch der Meinung: „Wir können diese Menschen nicht überwinden!" Wenn ein Mensch sich selbst in den Vordergrund stellt und seine Unabhängigkeit von Gott fordert, ist Furcht die gewöhnliche Folge. Josua und Kaleb vertrauten jedoch Gott und sprachen: „Das Land, das wir durchwandert haben, ist ein sehr, sehr gutes Land! Wenn der HERR Lust zu uns hat, so wird er uns in dieses Land bringen und es uns geben – ein Land, das von Milch und Honig fließt" *(4. Mo. 14,7.8)*.

Diese beiden Späher versicherten dem Volk nach ihrer Rückkehr, daß dieses Land tatsächlich ein gutes Land war. Sie hatten als Beweis eine Weinranke mitgebracht, die so groß und schwer war, daß sie auf einer Stange transportiert werden mußte.

Die zehn Späher jedoch, die zuerst ausgesandt worden waren, waren voller Furcht gewesen. Sie hatten ihren eigenen Fähigkeiten vertraut, während Josua und Kaleb Gottes Hilfe in Anspruch nahmen. Die zehn Kundschafter hatten das ganze Volk so sehr erschreckt, daß das ganze Volk die folgende Nacht weinte und einen neuen Führer auswählte, der sie nach Ägypten in die Sklaverei zurückbringen sollte. Darüber wurde Gott so zornig, daß Josua und Kaleb, die wohlwollend über das verheißene Land gesprochen hatten, die einzigen waren, die das verheißene Land betreten durften. Wegen ihrer Furcht mußten die Kinder Israel den Rest ihres Lebens in der Wildnis verbringen, ohne das verheißene Land jemals gesehen zu haben.

Da wir nun Ursache und Folgen der Furcht verstanden haben, können wir als nächstes untersuchen, womit wir die Furcht überwinden. Furcht entsteht, wenn wir unsere Augen von Gott abwenden und von unseren begrenzten Fähigkeiten abhängig sind. Wir sollten unsere Augen immer auf Gott richten und lernen, ihm zu vertrauen. Wir sollten nicht auf unsere Umgebung schauen und dieser gestatten, uns das Gefühl der Furcht oder des Vertrauens zu vermitteln, denn dadurch setzen wir unsere Hoffnung auf Äußerlichkeiten. Dies unterschied die beiden Kundschafter Josua und Kaleb, die dem Herrn vertauen, von den ersten zehn Kundschaftern.

König Saul und das Volk Israel waren zutiefst erschrocken, weil der drei Meter große Goliath sie herausgefordert hatte. Er stand vor ihnen und hielt ihnen seinen Speer entgegen, der die Größe eines Weberbaumes hatte. David aber hatte gelernt, Gott zu vertrauen. Weil David daran dachte, wie er als Hirte einmal einen Löwen getötet hatte, fürchtete er sich auch in dieser Situation nicht. Als er mit seinen fünf Steinen vor Goliath stand, schaute er nicht auf die Tatsache, daß er nur ein siebzehn Jahre alter Junge war. Seine Augen ruhten auf Gott gerichtet, dem Schöpfer des Universums, den er gut kennengelernt hatte.

Damit wir von Furcht befreit werden können, sollten wir aus unserer Erfahrung wissen, daß Gott, der den Himmel und die Erde und alles auf der Erde geschaffen hat, uns wie seinen Augapfel liebt und beschützt. Dann werden wir zu der festen Überzeugung gelangen, daß Gott in uns ist und er unser persönlicher Vater geworden ist. In dem Maß, in dem wir dem Herrn vertrauen, wird die Furcht aus unserem Herz vertrieben.

Kein einziger Mensch auf dieser Erde hat ohne die enge Gemeinschaft mit Gott jemals seine Furcht völlig überwunden, denn die Furcht entsteht in dem Augenblick, in dem sich der Mensch von Gott entfernt, und sie wird erst dann weichen, wenn der Mensch zu Gott zurückkehrt. „Keinen Frieden, spricht der HERR, gibt es für die Gottlosen" *(Jes. 48,22).*

Alle die, die weder Gott, noch Jesus kennen, führen ihr vergängliches Leben inmitten einer endlosen Unsicherheit und Furcht, weil ihnen ihre Sünden nicht vergeben wurden. Weil jedoch unser Gott ein Gott der Versöhnung ist, und wir zu ihm gekommen sind und seine Vergebung gesucht haben, werden uns alle Sünden vergeben. Durch ihn haben wir nun Ruhe und Frieden.

Frustration

Frustration ist eine weitere Erfahrung, die uns versagen läßt. Wenn Menschen miteinander Probleme haben oder in ihren geschäftlichen Dingen versagt haben, bezeichnen sie sich als Versager und verfallen in Minderwertigkeitsgefühle. Dadurch aber geben sie der Verzweiflung Raum. Wenn wir keinen offensichtlichen Erfolg sehen, kriecht das Versagen in jeden Bereich unseres Lebens hinein.

Wir stehen in unserem Leben den unterschiedlichsten Schwierigkeiten gegenüber. In jedem dieser Konflikte bemühen wir uns, die beste Lösung zu finden. Diese Suche nach Lösungen kann mit einer Folge von Türen verglichen werden. Bei unserer Suche, die richtige Tür zu finden, stoßen wir bisweilen gegen eine Wand oder einen Pfahl der Bedeutungslosigkeit oder wir stolpern über andere Hindernisse. Ungeduldige Menschen stoßen sich häufiger und härter an Schwierigkeiten, ruhigere Menschen seltener. Aber keiner ist von diesen schmerzlichen Erfahrungen völlig ausgeschlossen.

Was in unserem Leben über Erfolg oder Mißerfolg entscheidet, ist die Einstellung, mit der wir dem Versagen begegnen. Es gibt um uns herum viele erfolgreiche Menschen, die früher auf einem Gebiet sehr erfolglos gewesen sind, jedoch nicht aufgegeben haben. Immer wieder haben sie es von neuem versucht, bis sie schließlich Erfolg hatten.

Der berühmte amerikanische Maler J. M. Whistler erfuhr diese Verzweiflung, als sich direkt vor seinem Gesicht die Tür schloß. Er hatte sich in die Offiziersschule West Point eingeschrieben und mit großem Eifer gelernt. Unglücklicherweise hatte er in dem Fach Chemie versagt. Als er seinen Abschluß erhielt, war sein großartiger Traum zerstört.

Nachdem er einige Zeit in den Tiefen der Verzweiflung und der Minderwertigkeitsgefühle verbracht hatte, entschied sich Whistler, Ingenieur zu werden. Er schrieb sich an einer Technischen Hochschule ein und studierte eifrig, hatte jedoch so ungeschickte Finger, daß jeder über ihn lachte. Schließlich mußte er sein Ingenieurstudium abbrechen. Sein größtes Problem war, daß er seine Rechnungen nicht mehr bezahlen konnte, da sich keine einzige Tür für ihn öffnete. In dieser verzweifelten Situation erkannte er, daß nur noch Jesus zu dieser Tür werden könnte. So fiel er auf seine Knie und betete: „Herr, alle Türen sind für mich geschlossen. Keine öffnet sich. Herr Jesus, du bist der einzige Weg, der mir noch bleibt. Führe du mich!"

Dann begann Whistler, in seiner Freizeit zu malen. Als er herausfand, daß er auf diesem Gebiet talentiert war, wurde dies zu seinem Beruf. Seine Bilder fanden reißenden Absatz, und nach kurzer Zeit wurde er ein berühmter Porträtmaler, der in ganz Europa und in den USA einen hervorragenden Ruf genoß.

Ein anderes Beispiel ist Phillips Brooks, ein Pastor, der das bekannte Weihnachtslied „O kleine Stadt Bethlehem" schrieb. Als er die Schule beendet hatte, wurde er Lehrer. Mit großer Hingabe und Aufrichtigkeit übte er seinen Beruf aus; doch seine Schüler waren ungehorsam und bereiteten ihm immer wieder große Probleme. Er wechselte von Schule zu Schule, bis es für ihn keinen anderen Ort als die Kirche gab.

Darauf fand Brooks den Mut, ein theologisches Seminar zu besuchen und Pastor zu werden. Eigentlich war er von seinem neuen Beruf gar nicht so überzeugt. Um aber seinen Lebensunterhalt zu bestreiten, war er gezwungen, genau diesen Beruf auszuüben. Er studierte und wurde Pastor. Als er jedoch das erste Mal hinter der Kanzel stand, kam die Kraft Gottes so mächtig über ihn, daß seine Stimme wie die eines Engels klang. Während er predigte, wurden eine große Anzahl Menschen tief betroffen und gaben ihr Herz dem Herrn.

Auch der Apostel Paulus hatte diese Verzweiflung der geschlossenen Türen erlebt, als er sich entschieden hatte, in Bithynien zu predigen. Paulus dachte, daß, wenn er dort predigte, würde sich das Evangelium weiter in Afrika und Asien ausbreiten. Er wollte so bald wie möglich dorthin gehen und das Evangelium verkündigen, denn in seinen Augen war dies der Ort, an dem sein Traum in Erfüllung gehen konnte. Diese Gedanken zeigten die Ungeduld des Paulus. Er gab seinen Plan an die umliegenden Gemeinden weiter und bat sie um Gebetsunterstützung. Seltsamerweise wurde seine Abreise immer wieder von verschiedenen Umständen verzögert. Dies war kein Störversuch Satans. „Als sie aber Phrygien und die Landschaft Galatien durchzogen, wurde ihnen vom heiligen Geist gewehrt, das Wort in Asien zu verkünden. Und sie kamen gen Mysien und versuchten nach Bithynien zu reisen; und der Geist Jesu ließ es ihnen nicht zu" *(Apg. 16,6.7).*

Paulus ging nach Troas hinab – doch er hatte dies überhaupt nicht beabsichtigt hatte. Entmutigt und voller Verzweiflung schlug er den Weg nach Troas ein. Nur weil er ununterbrochen betete, wurde er von seiner Entmutigung befreit. Dann öffnete sich für ihn eine neue Tür. Es war eine größere und schönere Tür als die in Bythinien. „Und es erschien dem Paulus in der Nacht ein Gesicht: Ein mazedonischer Mann stand vor ihm, bat ihn und sprach: Komm herüber nach Mazedonien und hilf uns. Als er aber dieses Gesicht gesehen hatte, trachteten wir alsbald nach Mazedonien zu ziehen, indem wir daraus schlossen, daß uns der Herr berufen habe, ihnen das Evangelium zu predigen" *(Apg. 16,9.10).*

Paulus sollte nach Mazedonien gehen! Doch dies war der letzte Ort, an den Paulus hätte gehen wollen. Jetzt erkannte er, daß dies Gottes Plan war.

Es gibt keinen Menschen, der in seinem Leben nicht schon erfahren hätte, wie seine Träume erschüttert wurden. Sehr viele Menschen erleben Enttäuschungen und geschlossene Türen, während sie versuchen, ihre Träume Wirklichkeit werden zu lassen und gehen zu ihrem „Troas" hinunter. Dort bleiben sie dann auch meist! Den Rest ihres Lebens vergeuden sie damit, Umstände, Nachbarn und Freunde für ihre mißliche Lage verantwortlich zu machen. Aber wir werden eine neue Tür finden und ein besseres Leben haben, wenn wir wie Paulus in unserem „Troas" beten und mit einer positiven Haltung vor Gott treten. Zu unserem Vater können wir dann sprechen: „Vater, ich strecke meine Hände zu dir aus; ich kenne keine andere Hilfe." Die Bibel sagt in Jakobus 5,13: „Leidet jemand unter euch Unrecht, der bete".

Wenn wir Versagen oder Enttäuschungen erleben, sollten wir wie Elia beten. Selbst als er 450 Propheten des Baal getötet hatte, floh er, weil Isebel ihm nach dem Leben trachtete. Er lief eine Tagesreise weit in die Wildnis hinaus und setzte sich unter einen Wacholderbaum. Dort rief Elia zum Herrn um Hilfe. Gott hörte sein Gebet und gab ihm neue Kraft.

Jesus ist für uns der gute Hirte und zugleich auch die Tür, durch die wir ein- und ausgehen und gute Weide finden können. „Ich bin die Tür. Wenn jemand durch mich eingeht, wird er gerettet werden und wird ein- und ausgehen und Weide finden" *(Joh. 10,9).*

Wenn wir den bitteren Kelch des Versagens getrunken haben und dann auf unsere Knie fallen, um zu Jesus zu beten, wird er für uns zu einer viel besseren Tür. Hinter dieser Tür liegt eine wunderbare Welt, die unsere Träume weit übertrifft: „Was kein Auge gesehen, und kein Ohr gehört und keinem Menschen in den Sinn gekommen ist, was Gott denen bereitet hat, die ihn lieben" *(1. Kor. 2,9).*

Dies bedeutet, daß für alle, die nicht in „Troas" geblieben sind, gute Dinge vorbereitet sind, von denen wir noch nie gehört und worüber wir noch nie nachgedacht haben. Solche Menschen bauen ihren Altar aus Gebet und fallen auf ihre Knie, um Gottes Führung zu erhalten. Wenn Ihr Plan, nach

„Bythinien“ zu gehen, also zerbrochen ist, nehmen Sie die zerbrochenen Teile, und gehen Sie nach „Troas“! Die Stadt Troas könnte für Sie zu dem Ort eines großartigen Neuanfangs werden.

Nun haben wir also sieben Aspekte untersucht, die unser Leben ins Versagen führen, und die biblischen Antworten hierzu erfahren. Wenn wir in unserem täglichen Leben nüchtern und wachsam sind, werden wir Schritt für Schritt in ein erfolgreiches und glückliches Leben hineingeführt werden. Es ist so bedauerlich, eine Person zu beobachten, die das große Vermögen, das sie von ihren Eltern geerbt hat, nicht verwendet, sondern verschwendet. Wir sollten unsere Herzen genau prüfen, damit wir den „Segen des erfolgreichen Lebens“, den Jesus durch sein Blut für uns als Erbe erworben hat, nicht verlieren.

Ein erfolgreiches Leben

Ohne Ausnahme will jeder Mensch auf dieser Erde ein erfolgreiches und glückliches Leben führen. Jedoch kann Fröhlichkeit und Lebensinhalt nur in dem Erfolg gefunden werden, den Gott gibt. Ein Leben in finanziellem Wohlergehen ist auch ein erfolgreiches Leben.

Gott möchte, daß seine Kinder ein erfolgreiches, glückliches und angenehmes Leben führen. Noch während der Schöpfung offenbarte Gott, daß er sich für jedes seiner Geschöpfe ein erfolgreiches Leben gewünscht hatte. Jeder, der nach dem Bild und Wesen Gottes geschaffen wurde, erhielt auch die Fähigkeit und das Vorrecht, ein erfolgreiches Leben führen zu können. Dies ist Gottes grundsätzlicher Wille. „Tue deinen Mund weit auf, so will ich ihn füllen“ *(Ps. 81,11)*. „Gott aber ist mächtig, euch jede Gnade im Überfluß zu spenden, so daß ihr in allem allezeit alle Genüge habet und überreich seiet zu jedem guten Werk“ *(2. Kor. 9,8)*. „Mein Lieber, ich wünsche dir in allen Stücken Wohlergehen und Gesundheit, wie es deiner Seele wohlgeht“ *(3. Joh. 2)*.

Vom ersten Buch Mose bis zur Offenbarung finden wir viele Beispiele von großartigen Männern, die ein erfolgreiches Leben geführt haben. Zu diesen Menschen zählen Abraham, Isaak, Jakob, Mose und die Richter. Selbst Hiob und Jona, die zunächst versagten, waren schließlich erfolgreich. Im Neuen Testament erfahren wir, wie sehr sich das Leben des Petrus veränderte, und erhalten einen Einblick in das wahrhaft erfolgreiche Leben des Paulus, der im Vergleich zur Erkenntnis der Herrlichkeit Gottes alles andere als Mißerfolg betrachtete. Alles, worüber er früher stolz gewesen war, betrachtete er später als Abfall. Der Ort, den Gott für die wiedergeborenen Christen vorbereitet hat, wird im Buch der Offenbarung beschrieben. Dieses Buch bringt auch zum Ausdruck, wie sehr Gott möchte, daß wir in unserem Leben in allen Bereichen gesegnet sind. Deshalb sollten wir völlig von der Tatsache überzeugt sein, daß es Gott gefällt, wenn wir ein erfolgreiches Leben führen.

Was ist ein „erfolgreiches Leben"? Der moderne Mensch mißt Erfolg nur nach den Anhäufungen materieller Werte. In Gottes Augen gibt es noch anderen Erfolg. Wenn wir einer Tätigkeit nachgehen und diese uns zufrieden und vergnügt macht, wir uns dabei entfalten können, unser Ziel erreichen und Gott die Ehre dafür erhält – dann ist dies ein erfolgreiches Leben, weil Gott diesen Erfolg in uns bewirkt hat.

Wenn ein Geschäftsmann Gewinn erzielt, wenn ein Schüler die Früchte seines Fleißes erhält, wenn ein Prediger in der Verkündigung des Evangeliums erfolgreich ist, wenn ein Politiker oder Staatsmann seiner Nation wirtschaftlichen Nutzen verschafft, dann ist jeder von ihnen in seinem Gebiet erfolgreich.

Laßt uns einige Geheimnisse untersuchen, durch die jeder in seinen jeweiligen Bereichen erfolgreich sein kann.

Erkenne den Willen Gottes

Das Leben ist wie ein Schiff auf einem Ozean. Unser Lebensziel sollte wie ein Schiff sein, das mit großer Geschwindigkeit in eine bestimmte Richtung fährt. Wie ein Fußballspieler für seine Mannschaft nicht von Nutzen ist, wenn er nicht mit aller Kraft um den Sieg kämpft, genauso wenig kann ein Mann ein erfolgreiches Leben führen, wenn er kein Ziel hat, für das er sich wirksam einsetzen kann.

Wie können wir das Ziel für unser Leben finden? Welche Wahl wird uns Erfolg bringen, wenn wir uns für ein Ziel entscheiden müssen? Wie können wir einen guten Einstieg finden, wenn wir nur von Mauern umgeben sind? Was ist der Wille Gottes für uns? Um ein erfolgreiches Leben führen zu können, müssen wir so bald wie möglich den konkreten Willen Gottes für unser Leben herausfinden, denn es ist das wichtigste Ziel unseres Lebens, den Willen Gottes zu tun. Ich werde fünf Schritte erklären, durch welche wir den Willen Gottes erkennen können.

Absoluter Gehorsam

„Denn alle, die sich vom Geiste Gottes leiten lassen, sind Gottes Kinder" *(Röm. 8,14)*.

Wir können diesen Vers auch so verstehen: Alle Kinder Gottes werden vom Geist Gottes geleitet. Die Bibel sagt: „Denn ihr habt nicht einen Geist der Knechtschaft empfangen, daß ihr euch abermals fürchten müßtet, sondern ihr habt einen Geist der Kindschaft empfangen, in welchem wir rufen: Abba, Vater" *(Röm. 8,15)*.

Deshalb haben wir das Vorrecht, in unserem täglichen Leben durch den Heiligen Geist geleitet zu werden. In der Heiligen Schrift steht, daß Enoch die ganze Zeit mit Gott zusammen war (1. Mo. 5,25). Auch heute möchte Gott mit uns zusammen den Tag verbringen und uns seinen Willen mitteilen.

Zuerst sollten wir sicher sein, daß wir mit einem wirklich ehrlichen Herzen vor Gott stehen, damit wir seinen Willen erkennen können. Wir müssen ein völlig gehorsames Herz haben. Vielleicht haben wir die Einstellung, daß wir nur solange gehorsam sind, solange der Weg noch bequem ist. Wird dieser Weg unbequem, werden wir nicht mehr gehorsam sein. Wenn wir diese Haltung haben, wird Gott uns seinen Willen mit Sicherheit nicht offenbaren.

In der heutigen Kirche gibt es viele Menschen, die einen Glauben wie Jona haben. Jona stimmte mit dem Willen Gottes überein, die Stadt Ninive zu zerstören, war jedoch mit der Rolle, die er selbst innerhalb dieses Planes Gottes einnehmen sollte, ganz und gar nicht zufrieden. Er lehnte die ihm von Gott zugewiesene Aufgabe ab, in der Stadt Ninive auszurufen, daß die Menschen Buße tun sollten oder anderenfalls die Stadt zerstört werden müßte. Er setzte seinen eigenen Willen über den Willen Gottes. Wir nehmen Gottes Willen an, wenn er süß ist; ist sein Wille aber bitter, lehnen wir ihn ab. Eine solche Haltung wird auf unserem Weg mit Gott zum ersten Stolperstein.

In seinem Gebet kurz vor seiner Kreuzigung war Jesus ein Zeugnis völligen Gehorsams: „Und er sprach: Abba, Vater! Es ist dir alles möglich; nimm diesen Kelch von mir! Doch nicht, wie ich will, sondern wie du willst" *(Mk. 14,36)*.

Samuel kritisierte Sauls Ungehorsam sehr scharf: „Hat der Herr Wohlgefallen an Opfern und Brandopfern, gleichwie am Gehorsam gegen die Stimme des Herrn? Siehe, Gehorsam ist besser denn Fett von Widdern. Denn Ungehorsam ist Zaubereisünde, und Widerspenstigkeit ist Frevel und Abgötterei" *(1. Sam. 15,22.23)*.

Deshalb ist Gehorsam die Bedingung, durch welche uns der Wille Gottes in unserem Leben offenbart wird. Wenn wir mit einem Herzen zu Gott kommen, das bereit ist, zu tun, was immer auch geschehen mag, und ihm sagen: „Ich werde deinem Willen gehorsam sein, ob es für mich nun vorteilhaft ist oder nicht, ob ich erfolgreich sein oder umkommen werde", wird Gott uns seinen Willen mitteilen. Wenn nur wir meinen, eine bestimmte Sache haben zu müssen und Gott mit aller Kraft um die Erfüllung unserer Wünsche anflehen, wird unser Gebet nicht erhört werden, weil wir unseren Willen über den Willen Gottes gestellt haben. Wenn wir Gott aber ruhig und ernsthaft um seinen Willen bitten, und frei von jeder Begierde sind, wird Gott uns seinen Willen für unser Leben geben.

Unser größtes Verlangen

Wenn wir um den Willen Gottes beten, wird Gott uns göttliche Wünsche ins Herz legen. Gott thront nicht irgendwo in einem weit entfernten Himmel. Er ist auch keine Person, die lediglich vor 2000 Jahren im Tempel in Jerusalem erschien. Gott ist jetzt in uns gegenwärtig und begleitet uns täglich. Die Heilige Schrift sagt: „Denn Gott ist es, der in euch sowohl das Wollen als auch das Vollbringen wirkt, nach seinem Wohlgefallen“ *(Phil. 2,13)*.

Deshalb sollten wir, wenn wir beten, sehr genau darauf achten, welcher Wunsch in uns entsteht. Wenn Gott uns seinen Willen zeigt, handelt er dabei nicht gegen unseren eigenen Willen, sondern er schenkt uns ein spezielles Verlangen und läßt unseren Willen mit seinem Willen übereinstimmen.

Aus aller Welt werde ich als Sprecher zu Konferenzen eingeladen. Würde ich jede Einladung annehmen, könnte ich meinen Dienst als Pastor nicht mehr ausführen. Deshalb lege ich die einzelnen Einladungen auf meinen Tisch und bete: „Herr, ich kann nicht mehr als vier dieser Einladungen annehmen. Auf welchen Konferenzen soll ich sprechen? Diese Einladung ist aus England, diese aus Frankreich und diese aus den USA.“ Ich bete und faste wegen dieser Entscheidung die ganze Nacht hindurch. Dann legt Gott durch den Heiligen Geist ein Verlangen in mein Herz hinein, das mit seinem Willen übereinstimmt. Durch die Stimme, die ich während meines Gebets in meinem Herzen empfange, entscheide ich, welche Einladungen ich annehme. Manchmal wird das Land, in das ich sehr gerne gegangen wäre, nicht genannt, stattdessen aber ein anderes, das ich nur ungern ausgewählt hätte. Weil ich mich aber entschlossen habe, Gottes Willen völlig zu gehorchen, kann ich in Übereinstimmung mit dem Heiligen Geist trotzdem die richtige Wahl treffen. Als wir im Jahr 1969 überlegten, mit unserer Gemeinde auf der Yoido-Insel ein neues Gemeindezentrum mit 10 000 Sitzplätzen zu bauen, war ich nicht sicher, ob dies der Wille Gottes war. Damals lagen die Baukosten bei etwa einer Milliarde Won; unsere Gemeinde konnte jedoch nur eine Million Won aufbringen. Wenn der Gebäudebau deshalb nicht gemäß dem Willen Gottes gewesen wäre, hätte dieses Projekt unsere Gemeinde in den Bankrott gestürzt und mich mit heruntergezogen. Ebenso hätte Gott dadurch keine Ehre erhalten.

In einer besonders entscheidenden Stunde kniete ich mich vor dem Herrn nieder und flehte ihn an. Ich entleerte mein Herz von allen Gedanken, Plänen und Begierden. In völliger

Abhängigkeit kniete ich nun vor ihm. Plötzlich stieg mitten in meinem Beten die Gegenwart des Heiligen Geistes wie flüssiges Feuer in mir auf, und ein starkes Verlangen kam über mich. Es war nichts Greifbares – nichts, was zu hören oder zu sehen gewesen wäre. Dennoch konnte ich in meinem Herzen das starke Verlangen spüren, eine Kirche zu bauen, die mit Sitzmöglichkeiten für 10 000 Menschen ausgestattet war, und Missionare in alle fünf Kontinente aussenden würde. Wir begannen mit leeren Händen, und innerhalb der nächsten fünf Jahre bauten wir eine Kirche mit 10 000 Sitzplätzen. Alle Rechnungen des Bauprojekts sind bezahlt, und ausgesandte Missionare predigen das Evangelium in der ganzen Welt.

Unser *Verlangen* spielt eine so überaus wichtige Rolle, wenn wir den Willen Gottes erkennen wollen. Wir müssen um die Lösung unserer Probleme beten und fasten. Wir müssen die Bereitschaft haben, die ganze Nacht hindurch zu beten, falls notwendig, damit wir das starke und klare Verlangen, das in unserem Herzen aufsteigt, genau wahrnehmen können.

Mit dem Wort Gottes

Wenn ein Verlangen in unserem Herzen aufsteigt, müssen wir es im Licht des Wortes Gottes prüfen. Dadurch erkennen wir, ob dieser Wunsch mit dem Willen Gottes übereinstimmt. Die Bibel sollte von keiner Offenbarung übertroffen werden dürfen. Das Wort Gottes ist der höchste Maßstab und die oberste Autorität, an welcher alle Dinge gemessen werden. Als Jesus in der Wüste von Satan versucht wurde, trieb er Satan in die Flucht, weil er die Heilige Schrift mit den Worten „Es steht geschrieben" zitierte.

Wenn ein Verlangen mit dem Wort Gottes nicht übereinstimmt, wie stark es auch sein mag, so kommt es nicht vom Heiligen Geist. Die Wünsche unseres Herzens entstehen nicht alle durch das Reden des Heiligen Geistes. Fleischliche Lüste, Habsucht und böse Wünsche haben ihren Ursprung in unserer seelischen Natur und bei Satan.

Ein Amerikaner, der erst kurze Zeit der Leiter eines Chores gewesen war, hatte eine attraktive, vorbildliche Familie. In seinem Chor gab es eine ungewöhnlich hübsche junge Frau, zu der er sich sehr hingezogen fühlte. Er war von ihr so fasziniert, daß er in einem schwachen Augenblick seine Gefühle nicht mehr unter Kontrolle hatte. Er kniete im Gebet nieder und bat Gott: „Herr offenbare mir deinen Willen. Laß es dein Wille sein, daß ich und meine Frau von Anfang an nicht zusammengehörten und daß es schon im Himmel vorgesehen war, daß ich mich in dieses junge Mädchen verlieben und sie auch heiraten sollte."

Dies war ein sehr schlechtes Gebet! Eines Tages hatte der Chorleiter die Stimme des Teufels gehört, die ihm, als Stimme Gottes verkleidet, mitteilte, daß sein Gebet erhört, und Gott mit seinem Vorschlag einverstanden war. Noch am selben Tag telefonierte der Chorleiter mit seinem Pastor, und bat ihn um die Erlaubnis, sich von seiner Frau scheiden lassen zu dürfen. Sein Pastor ermahnte ihn mit dem Wort aus 1. Korinther 7,11: „Der Mann aber soll die Frau nicht verlassen", und versuchte ihn, vom Zorn Gottes zu überzeugen. Trotzdem gab der Chorleiter seinem fleischlichen Verlangen weiterhin nach, ließ sich von seiner Frau scheiden und heiratete die junge hübsche Frau aus dem Chor. Völlig enttäuscht von dem Verhalten ihres Ehemanns lehnte die Frau des Chorleiters es ab, weiter an Gott zu glauben und heiratete wieder.

Nach kurzer Zeit konnte der Chorleiter nicht mehr beten, weil sich der Heilige Geist von ihm abgewandt hatte. Erst, als er einen Nervenzusammenbruch erlitten hatte, erkannte er, daß er falsch gehandelt hatte. Er ging zur Gemeinde zurück, weinte bitterlich und schlug mit den Händen auf den Altar. Doch seine Tränen konnten den Schaden, den er verursacht hatte, nicht mehr bereinigen, weil er seinem Verlangen nachgegeben und jeden seelsorgerlichen Rat aus dem Wort Gottes abgelehnt hatte. Das Wort Gottes hat oberste Autorität. Jeder, der den Ratschlag aus dem Wort Gottes ablehnt, gelangt bald an den Punkt, an dem es unmöglich ist, zurückzugehen und die Verhältnisse wieder in Ordnung zu bringen.

Wenn in unserem Herz ein starkes Verlangen entsteht, müssen wir es im Licht des Wortes Gottes betrachten. Wenn es vor dem Wort Gottes nicht bestehen kann, sollten wir es entschieden ablehnen und es im Namen Jesu zurückweisen. Offenbarungen, Visionen, Zungen und Prophetien, die dem Wort Gottes widersprechen, sind nicht von Gott. Die Dinge, die nicht von Gott kommen, sind vom Teufel, selbst wenn sie Gottes Willen gut darzustellen scheinen.

Jedes Wort der Heiligen Schrift ist das genaue Wort Gottes, das ohne Irrtum und nur durch die Inspiration Gottes geschrieben worden ist. Es belehrt uns über die Bedingungen, unter denen wir den eindeutigen Willen Gottes erkennen und wissen können.

Beweis durch die Umstände

Gott ist ein Gott der Ordnung. Er bedient sich bestimmter Methoden, um uns seinen Willen mitzuteilen. Wenn während Ihres Gebets ein Verlangen in Ihnen aufsteigt und dieses Verlangen mit dem Wort Gottes übereinstimmt, dann müssen Sie Gott bitten, Ihnen durch die Umstände zu zeigen, daß er mit Ihrem Verlangen übereinstimmt.

Im Alten Testament lesen wir, daß Gott zur Zeit des Elia dreieinhalb Jahre den Regen über dem Land seines rebellischen Volkes zurückgehalten hatte. Die lange Dürrezeit und die nachfolgende Hungersnot brachten die Israeliten in äußerste Not, und auch viele ihrer Schafe und Rinder starben. Eines Tages, während dieser Dürrekatastrophe, stieg Elia auf den Berg Karmel, wo er sich auf den Boden warf und voller Ernst zu Gott betete. Seinen Knecht schickte Elia mit dem Auftrag fort, nach einer Wolke Ausschau zu halten, doch dieser kehrte ohne die erhoffte Antwort zu Elia zurück. Darauf sandte Elia seinen Diener ein zweites Mal aus. Dies geschah insgesamt siebenmal und jedesmal konnte der Knecht keine einzige Wolke am Himmel finden. Doch dann kam der Knecht zurück und berichtete Elia: „Siehe, es steigt eine kleine Wolke aus dem Meere auf, wie eines Mannes Hand“ *(1. Kön. 18,44)*.

Als Elia dies hörte, sagte er zu König Ahab: „Ziehe hinauf, iß und trink, denn es rauscht, als wolle es reichlich regnen“ *(1. Kön. 18,41)*.

Hinter dem Wort und dem Wunsch Elias gab es eine kleine Wolke. Wenn wir für unsere Wünsche beten, sollten wir beginnen, eine kleine Wolke des Glaubens zu sehen, die uns die Antwort bringt.

Einer der bedeutendsten Richter in Israel war Gideon. Während seiner Amtszeit waren die Midianiter in Israel eingedrungen und Israel war der Gefahr ausgesetzt, als Nation besiegt zu werden. Aus diesem Grund brannte das Herz des jungen Gideon danach, sein Volk aus der Unterdrückung der Midianiter befreit zu sehen. Eines Tages erschien der Engel Gottes Gideon, und versicherte ihm, daß Gideons Verlangen mit dem des Herrn übereinstimmte. Aber Gideon war von dieser Tatsache dennoch nicht ganz überzeugt. Wie Elia bat er um einen Beweis aus seiner Umgebung: „Willst du Israel durch meine Hand retten, wie du gesagt hast, siehe so will ich ein Schaffell auf die Tenne legen; wird der Tau nur auf dem Fell sein, der ganze Boden ringsum aber trocken bleiben, so werde ich merken, daß du Israel durch meine Hand erretten wirst, wie du gesagt hast" *(Ri. 6,36.37)*.

Am nächsten Morgen stand Gideon früh auf, nahm sein mit Tau bedecktes Fell und presste eine Tasse Wasser heraus. Dann sprach er zum Herrn: „Dein Zorn entbrenne nicht wider mich, daß ich noch einmal rede; ich will es nur noch einmal versuchen mit dem Fell: Das Fell allein möge trocken bleiben und Tau liegen auf dem ganzen übrigen Boden" *(Ri. 6,39)*.

In dieser Nacht antwortete Gott Gideon ein weiteres Mal, und ging auf seine Bitte ein. Nachdem er diese Beweise in seiner Umgebung erlebt hatte, zog Gideon hinaus und kämpfte voller Kühnheit gegen die Midianiter. Er wurde zu einem mächtigen Instrument Gottes, das Israel rettete. Wenn Gott uns seinen Willen zeigt, wird er uns auch immer die notwendige Bestätigung aus unserer Umgebung offenbaren, ob es nun eine kleine Wolke oder ein nasses Fell ist. Wir dürfen und sollten Gott wegen unserer Wünsche um eine solche Bestätigung aus unserer Umgebung bitten.

Mit Frieden in unseren Gedanken beten

Wenn wir unsere Bestätigung aus den Umständen erhalten haben, ist der Zeitpunkt gekommen, an dem wir um Gottes Frieden bitten sollten. Wo Satan ist, sind wir unruhig und besorgt. Wo Gott ist, spüren wir seinen Frieden. Welche Schwierigkeiten und Anfechtungen auch auf uns einstürmen mögen, wenn der Heilige Geist in uns wohnt, wird der immer wieder einkehrende Friede die Zustimmung Gottes beweisen. Der Heilige Geist wird in einer lieblosen und unfriedlichen Atmosphäre nicht wirksam sein.

Diejenigen, die all ihre Unzufriedenheit und Anklage ausleben, wo immer sie sich aufhalten, haben einen anderen Geist und nicht den Heiligen Geist empfangen. Auch wenn sie regelmäßig zum Gottesdienst gehen, verursachen sie Unruhe, Schwierigkeiten und Spaltungen. Es ist aber die Aufgabe des Heiligen Geistes, Frieden und Liebe zu bringen. Deshalb ist der abschließende Hinweis, durch den wir den Willen Gottes erkennen können, der Friede Gottes in unserem Herz und in unseren Gedanken. Wir mögen in unserem Herzen vielleicht einige andere starke Hinweise dafür haben, daß wir dem Willen Gottes folgen, bis wir zum letzten Hinweis kommen. Wenn dieser letzte Hinweis jedoch fehlt, bedeutet dies, daß unser Wunsch wohl im Willen Gottes, jedoch nicht in seinem Zeitplan ist. Wenn wir dies erfahren, sollten wir warten, bis wir in unserem Herzen und in unseren Gedanken Frieden haben, denn dann sind wir auch in Gottes Zeitplan. „Und jene wurden froh, daß sie sich legten; und er führte sie an das erwünschte Gestade" *(Ps. 107,30).*

Gott regiert seine ganze Schöpfung nach seinem Zeitplan. Im Wort Gottes steht: „Alles hat seine Zeit und jegliches Vornehmen unter dem Himmel seine Stunde" *(Pred. 3,1).* Die Stunde und die Zeit, die hier im Zusammenhang mit dem Willen Gottes genannt werden, können wir durch den Frieden, den wir in unserem Gebet erhalten, erkennen. Wenn Sie im Gebet über einer bestimmten Sache keinen Frieden haben, ist es nicht die richtige Zeit, diesem Plan weiter nachzugehen. Wenn jedoch der Friede wie ein Wasserstrom in Sie hineinfließt, werden Sie dies als ein Zeichen verstehen, sogleich zu handeln. Weil Sie Gottes Frieden spüren, können Sie sicher sein, daß Gottes Wille auch ausgeführt werden wird.

Nun haben wir also fünf Kriterien kennengelernt, durch welche wir den Willen Gottes herausfinden können:

1. Haben Sie die Einstellung, daß Sie in völligem Gehorsam tun werden, was immer Gott von ihnen verlangt.
2. Versuchen Sie im Gebet herauszufinden, welches Verlangen Gott in Ihrem Herzen aufsteigen lassen möchte.
3. Vergleichen Sie dieses Verlangen mit dem Wort Gottes, damit Sie herausfinden, ob es mit diesem übereinstimmt.
4. Bitten Sie Gott ernsthaft um Bestätigung aus Ihrer Umgebung.
5. Warten Sie, bis Sie in Ihrem Herzen und in ihren Gedanken den Frieden Gottes haben, und gehen Sie erst dann weiter.

Das Leben mit einem Ziel

Wenn Sie den Willen Gottes deutlich erkannt haben, sollte sein offenbarter Wille zu Ihrem Lebensziel werden. Ein Lebensziel gibt unserem Leben mehr Ordnung und Stärke. Ein Ziel verschafft unserem Leben auch mehr Erfolge. Ein Leben ohne konkretes Ziel gleicht einem dahintreibenden Blatt auf einem See, das irgendwann schließlich auf den Grund sinkt.

Während wir ein großes Hauptziel haben, das wir unser ganzes Leben lang verfolgen, sollten wir auch kleineren Zielen nachgehen. Für jeden Tag sollte ein genauer Plan erstellt werden, aus dem die einzelnen Arbeiten und Ziele in der zu erledigenden Reihenfolge ersichtlich sind. Der Apostel Paulus sprach über diese großen und kleinen Ziele mit den Worten „*wofür* ich von Christus ergriffen worden bin" und „ich jage aber darnach". Er beschrieb ein Leben, in welchem mit aller Energie ein Ziel erreicht wird. „Nicht, daß ich es schon erlangt habe oder schon vollendet sei, ich jage aber darnach, daß ich das auch ergreife, wofür ich von Christus ergriffen worden bin.

Brüder, ich halte mich selbst nicht dafür, daß ich es ergriffen habe; eins aber tue ich: ich vergesse, was dahinten ist und strecke mich aus nach dem, was vor mir ist, und jage nach dem Ziel, dem Kampfpreis der himmlischen Berufung in Christus Jesus" *(Phil. 3,12-14).*

Eine zielorientierte Haltung wird zu einem Stärkungsmittel, das unser Leben und unseren Glauben belebt. In den nächsten Abschnitten werden wir besprechen, wie ein Ziel erkannt und erreicht werden kann. Diesen Weg zu einem Ziel werden wir in verschiedene Teilstrecken aufteilen.

Ein klar umrissenes Ziel

Den meisten Menschen gelingt es heutzutage nicht, ein erfolgreiches Leben zu führen. Obwohl diese Menschen intelligent, gebildet und gesund sind, ziehen sie ziellos umher, weil sie keine Ausrichtung haben. Norman Vincent Peale, ein bekannter amerikanischer Seelsorger, führte während eines Golfspieles mit seinem Golfjungen folgendes Gespräch:

Peale: „Wie geht es?"

Golfjunge: „Nun, so la, la – es ist halt immer dasselbe!"

Peale: „Welche Arbeit möchten Sie wirklich tun?"

Golfjunge: „Ich weiß es nicht."

Peale: „Können sie etwas besonders gut?"

Golfjunge: „Nein, es gibt kein Gebiet, in dem ich besonders begabt bin."

Peale: „Welcher Beruf würde sie am meisten zufriedenstellen?

Golfjunge: „Ich glaube, daß es gar keinen Beruf gibt, der mich begeistern würde."

Peale: „Ich habe an Sie gerade drei sehr wichtige Fragen gestellt und Sie haben alle nur sehr unbestimmt beantwortet. Sobald sie heute zu Hause sind, nehmen Sie bitte einen Stift und einen Zettel zur Hand, und beginnen keine andere Tätigkeit, bevor sie nicht alle meine Fragen beantwortet haben. Ich treffe Sie morgen wieder."

Am nächsten Tag, als Peale mit dem Golfjungen wieder auf dem Golfplatz war, berichtete ihm der junge Mann, daß er ein

Vorarbeiter in einer kunststoffverarbeitenden Fabrik werden wollte. Schließlich erreichte er dieses Ziel, wurde zum Vorarbeiter befördert und war mit seinem Leben zufrieden. Das Wichtigste in unserem Leben ist, ein Ziel zu setzten. Obgleich wir so viel Glauben haben mögen, daß wir Berge versetzen können, hat unser Glaube keinen Wert, wenn wir nicht ein ganz klares Ziel haben – ein „Beharren, auf dem, was man hofft" *(Hebr. 11,1).*

Außer in ganz außergewöhnlichen Fällen respektiert Gott die Wünsche seiner Gläubigen, die ihn lieben, und er läßt ihre Wünsche gelingen. Die folgende Schriftstelle bestätigt dies: „Habe deine Lust an dem HERRN, so wird er dir geben, was dein Herz begehrt" *(Ps. 37,4).* „Darum sage ich euch: Alles, was ihr im Gebet verlangt, glaubet, daß ihr es empfangen habt, so wird es euch zuteil werden" *(Mk. 11,24).*

In unserem Leben müssen wir ein Ziel haben, durch das Gott seine Ehre offenbaren kann. Unser Ziel und jede kleinste Angelegenheit der verschiedenen Teilbereiche zu diesem Ziel müssen Punkt für Punkt unter dem Licht des Wortes Gottes betrachtet werden. Gott freut sich sehr über detaillierte Pläne und Gebete. Wenn ein Mensch, der schlechte Augen hat, die falsche Brille trägt, wird er nicht nur schlecht sehen, sondern auch schnelle und präzise Arbeit nicht ausführen können. Dies ist die Situation eines Mannes, der kein klares Ziel für sein Leben hat. Er wird nie die Fähigkeit erlangen, ein erfolgreiches Leben zu führen. Ein klar umrissenes Ziel ist die Abkürzung zum Wohlergehen.

Ein brennendes Verlangen

Es spielt keine Rolle, wie groß und ausgearbeitet unsere Pläne sind; ohne ein *brennendes Verlangen,* dieses Ziel zu erreichen, ist es so, als ob wir ein Auto besäßen, das nur als Zeichnung auf einem Blatt Papier existiert. Wenn wir uns ein Ziel gesetzt haben, sollten wir mit brennendem Herzen und aller Konzentration diesem Ziel nachjagen. Ein Mensch, der nur wenig Interesse hat, sein Ziel zu erreichen, ist zu keinerlei kreativer Arbeit fähig. Der Charakter eines Menschen wird mehr von der

Begeisterung für sein Ziel als von vergangenen Erfolgen oder seinem gegenwärtigen Lebensstil geprägt. Nicht nur sein Charakter, sondern auch die Angelegenheiten seines Lebens und seines Todes werden durch seine Hingabe an sein Ziel maßgeblich bestimmt.

Dr. George E. Brooks, ein weltbekannter Fachmann auf dem Gebiet der Mikrobiose am Tallon Medical College, sagte: „Der schnellste Weg zu sterben, ist, sich pensionieren zu lassen und sein Leben anschließend zu vergeuden. Wenn Sie ihr Leben fortsetzen wollen, müssen Sie ein Ziel haben, das Sie mit Interesse verfolgen können."

Der Mensch ist ein Wesen, das ein Ziel verfolgt. Folglich wird sein Leben kraftvoller und zufriedener sein, je stärker er diesem Ziel nachgeht.

Die folgende Begebenheit unterstreicht dies: „Eine Witwe hatte einen zweijährigen Sohn. Weil sie an Krebs erkrankt war, war es ihr innigster Wunsch, nicht eher sterben zu müssen, bis ihr Sohn sein Studium an der Universität beendet hatte. Durch ihre gewaltige Willenskraft und ihren starken Wunsch, lebte die Frau weitere zwanzig Jahre, obwohl die Ärzte sie schon lange aufgegeben hatten. Tatsächlich erlebte diese Frau den Universitätsabschluß ihres Sohnes. Sechs Wochen später starb sie. Die Kraft, die das Leben dieser Frau verlängert hatte, beruhte nicht auf den Medikamenten, auf ihrem Wissen oder auf irgendwelchen anderen materiellen Dingen. Ihr Ziel beruhte auf ihrer Liebe zu ihrem Sohn und auf ihrem brennenden Verlangen, seinen Universitätsabschluß mitzuerleben.

In dem Gleichnis über den Richter und die Witwe lehrt uns Jesus die Macht eines brennenden Verlangens (Lk. 18,1-8). Dieser Richter war ungerecht, stolz und grausam. Er hatte keine Ehrfurcht vor Gott, noch viel weniger achtete er die Menschen. Die Witwe jedoch bat ihn immer wieder um Gerechtigkeit gegenüber ihrem Feind und bedrängte ihn solange, bis der Richter schließlich nachgab und sich entschloß, ihren Feind seiner gerechten Strafe zu zuführen. Ihr brennendes Verlangen, Ihr Ziel zu erreichen, wird eine ebenso machtvolle Kraft sein. Die

Bibel sagt uns: „Im Fleiß lasset nicht nach, seid brennend im Geist, dienet dem Herrn“ *(Röm. 12,11).*

Gott vollbringt keine Wunder für diejenigen, die kein brennendes Verlangen haben. Dieses brennende Verlangen gelangt durch unermüdliches Gebet vor Gott, und wird durch das Maß unseres Glaubens auf übernatürliche Weise erfüllt.

Ein brennendes Verlangen, Wunder zu erleben, vergrößert immer unseren Glauben, Gott für Wunder zu vertrauen und schon zu sehen, wie sie geschehen. Oft wird das Verlangen, das in den Herzen der Menschen sein sollte, unterdrückt. Hierfür gibt es mehrere Gründe. Der erste Grund ist die Furcht vor erwartetem Versagen. Wer sich vor der Zukunft fürchtet, kann nicht einen einzigen Schritt vorwärts gehen. Eine solche Person sollte nicht erwarten, daß ihr Leben erfolgreich sein wird. In Korea haben wir ein Sprichwort: „Wenn wir unser Bestes gegeben haben, lassen wir den Rest in der Hand Gottes.“ Wenn wir uns nicht selbst disziplinieren, Gott zu vertrauen, das bedeutet, Glauben zu haben, haben wir kein wirklich brennendes Verlangen. Selbst wenn es so zu sein scheint, daß wir ein brennendes Verlangen haben, ist es nur ein vorübergehender Tagtraum.

Der zweite Grund ist mangelndes Selbstvertrauen. Ein leichtgläubiger und ehrlicher Narr ohne Talent befindet sich in einer besseren Lage als derjenige, der etliche Fähigkeiten und Gaben hat, jedoch von Gefühlen der Minderwertigkeit überwältigt wird. Eine solche Person versteckt ihr Verlangen aus Furcht, bei irgendeinem Leistungsvergleich in ihrem Erfolg zu weit hinter den anderen Teilnehmern zu liegen. Diese Menschen sind notorische Erfinder von Ausreden für ihre mangelnde Leistung. Ein Auto, das stillsteht, besitzt keine Kraft. Wenn es jedoch gestartet wird, entwickelt es große Energie. Der Mensch erhält nicht eher die Fähigkeit, etwas zu tun, bis er mit brennendem Herzen eine Arbeit beginnt.

Der dritte Weg, ein brennendes Verlangen zu unterdrücken, besteht darin, die Umstände eines Menschen einzuengen. Ein Beispiel hierfür sind Eltern, die ihre Kinder zwingen, den von ihnen für ihre Kinder vorgeplanten Weg zu gehen und den

Wünschen der Eltern nachzugeben. Wir können nur dann wirklichen Erfolg und Freude haben und erleben, daß unsere Pläne gelingen, wenn unser Leben mit den von Gott gegebenen Fähigkeiten und Wünschen übereinstimmt.

Wenn wir mit brennender Hingabe an unser Ziel unsere Pläne Schritt für Schritt in die Tat umsetzen, nehmen unsere Pläne langsam Gestalt an, bis sie schließlich völlig verwirklicht werden können. Ein brennendes Verlangen wird in unseren Herzen eine wunderbare Überzeugung wachsen lassen, daß wir unser Ziel erreichen können. Glühendes Gebet und ein brennendes Verlangen bringen eine feste Überzeugung hervor, daß wir Gott in allen Widrigkeiten vertrauen können, selbst wenn die äußeren Beweise fehlen.

Zwei Gesetze, die uns helfen, unsere Ziele zu erreichen

Wenn wir mit aller Energie unserem Ziel nachjagen, müssen wir zwei Gesetze beachten. Das erste nenne ich das „Gesetz der Gruppe“, das zweite ist das „Gesetz der korrekten Sicht“. Diese beiden Gesetze sind weltumfassend und schöpferisch zugleich.

Das Gruppengesetz ist ein natürliches Gesetz, das durch die Tatsache veranschaulicht wird, daß Vögel gleichen Gefieders zusammen fliegen. Die Menschen, die ein positives Selbstbild haben und wissen, daß sie erfolgreich sind, ein genaues Ziel und ein brennendes Verlangen haben, sind oft mit Menschen zusammen, die das gleiche Selbstbild haben. Die Menschen, die von Furcht und Minderwertigkeitsgefühlen erfüllt sind, verbringen viel Zeit mit genau solchen Menschen.

Freunde und loyale Personen, wie Jonathan und Joab, hielten sich bei David auf, der mutig war und die Gerechtigkeit liebte. Salomo war von vielen verständigen Männern umgeben. Rehobeam war sehr dumm, und alle, die sich um ihn scharten, waren nicht viel intelligenter; Rehobeam hörte auf den Rat seiner Freunde und erlitt eine Niederlage. Über ihn wird berichtet, daß er als König versagte und der Geschichte einen Schandfleck hinterlassen hat. Durch seine Dummheit wurde das

Königreich in zwei Teile gerissen, in das Reich Juda und das Reich Israel.

Wenn wir ein brennendes Verlangen haben, werden sich alle diejenigen, die ein ähnliches brennendes Verlangen haben, bei uns sammeln. Erfolgreiche Menschen reden immer über positive und hoffnungsvolle Dinge, die ihren zukünftigen Erfolg bestätigen. Wenn wir auf die Klugheit derer hören, die erfolgreich waren, und unsere Pläne in die Hände der geeigneten Menschen legen, können wir unser Ziel viel einfacher erreichen.

Das Gesetz der korrekten Sicht läßt uns Schritt für Schritt auf das Ziel unseres Verlangens zugehen. Wenn wir unsere Glaubensaugen gespannt auf ein Ziel richten, das zunächst noch in unserer Vorstellung existiert, und dieses Ziel umbeten, werden wir uns diesem Ziel nahen, oder es wird uns entgegengehen. Der Sündenfall von Adam und Eva begann mit dem Anblicken der verbotenen Frucht. Davids Ehebruch mit Bathseba begann, als er vom Dach seines Palastes den nackten Körper Bathsebas betrachtete.

Lots Frau wurde zur Salzsäule, als sie nach Sodom und Gomorrha zurückblickte. Der blinde Bettler, der an der Tempelpforte lag, konnte stehen und springen, als er Petrus und Johannes anblickte. Als Gott Abraham eine große Nachkommenschaft verhieß, erklärte er ihm, daß er zum Himmel blicken und die Sterne anschauen sollte. „Der Herr sprach zu Abraham, nachdem sich Lot von ihm getrennt hatte: Hebe doch deine Augen auf und schaue von dem Orte, da du wohnst, nach Norden, Süden, Osten und Westen! Denn das ganze Land, das du siehst, will ich dir und deinem Samen geben auf ewig" *(1. Mo. 13,14.15)*.

Nicht unser Wille regiert unser Herz, sondern unsere Glaubensaugen und unser Vorstellungsvermögen. Vorstellung bedeutet Denken. Unser Sehen ist nicht an das gebunden, was unsere Augen erblicken können. Mit unserem Vorstellungsvermögen und unseren Gedanken können wir auch mit geschlossenen Augen sehen. Deshalb lesen wir im Wort Gottes: „Mehr als alles andere behüte dein Herz, denn von ihm geht das Leben aus" *(Spr. 4,23)*.

Wenn wir eifrig auf unser Ziel schauen und jeden Gedanken unter den Gehorsam Christi bringen, wird die Entfernung zwischen uns und unserem Ziel immer geringer. Schließlich werden wir unser Ziel besitzen, das wiederum uns nicht mehr losläßt.

Im Philliperbrief 4,8 steht: „Im übrigen, meine Brüder, was ehrbar, was gerecht, was keusch, was liebenswert, was wohllautend, was irgendeine Tugend oder ein Lob ist, dem denket nach".

Verlieren sie niemals den Frieden ihrer Seele: Erkennen Sie den Erfolg in Ihrem Leben an!

Damit wir ein erfolgreiches Leben führen können, dürfen wir niemals den Frieden unserer Seele verlieren. Wenn unser Herz unruhig ist wie ein Schiff, das von den Wellen hin und her geworfen wird, wird uns nichts gelingen. Ungeachtet der Tatsache, wie nützlich unser Ziel zu sein scheint, wie glühend unser Verlangen ist und wie gut wir das Gesetz der Gruppe oder das Gesetz der korrekten Sicht verstanden haben, wenn wir unseren Frieden verlieren, können wir unserem Ziel nicht mehr entgegengehen; dann wird alle Mühe vergeblich sein.

Der Friede unseres Herzens wird meist durch Habsucht zerstört. Natürlich sollten wir ein hohes Ziel haben, aber wir müssen auch bereit sein, mit kleinen Dingen zu beginnen. Selbst der Bau eines großen Hauses beginnt mit einem Backstein. Eine Reise, die 15 000 Kilometer umfaßt, beginnt mit dem ersten Meter. Wenn Tränen gesammelt werden, entsteht ein See.

Fruchtlose Gedanken erzeugen Habsucht, die uns in das Versagen führt, weil wir den Blick für die Realität verloren haben. Wenn wir aber in unserem Herzen Frieden haben und uns von jeglicher Habsucht befreien, wird das Wunder unseres Erfolgs eintreten. Kühner Glaube und Überzeugung – dies sind wichtige Faktoren, die den Frieden in unser Herz hineinpflanzen: „Reiniget die Hände, ihr Sünder, und machet eure Herzen keusch, die ihr geteilten Herzens seid" *(Jak. 4,8)*. „Er bitte aber im Glauben und zweifle nicht; denn wer zweifelt, gleicht der Meereswoge, die vom Winde hin und her getrieben wird. Ein solcher Mensch denke nicht, daß er etwas von dem Herrn empfangen werde. Ein Mann mit geteiltem Herzen ist unbeständig in allen seinen Wegen" *(Jak. 1,6-8)*.

Der Mensch wurde nach dem Bild und Wesen Gottes geschaffen. Gott schuf diese Welt durch sein Wort. Deshalb kann der Mensch, der nach dem Bild und Wesen Gottes geschaffen wurde, seine Situation verbessern und seine Umgebung durch seine Sprache verändern. Wie das Wort Gottes müssen auch unsere im Glauben gesprochenen Worte die wundervolle schöpferische Kraft Gottes zum Ausdruck bringen.

Jesus kam als das Wort in diese Welt. Dies bedeutet, daß Gott von Anfang an die Welt hatte retten wollen. Tatsächlich vergab, heilte und trieb Jesus durch sein Wort unreine Geister aus. Durch sein Wort ließ er die Blätter des Feigenbaumes verdorren. Petrus und Johannes, die während ihrer drei Jahre mit Jesus die Vollmacht der gesprochenen Worte kennengelernt hatten, bewirkten durch ihre Worte, daß der lahme Mann an der Tempelpforte aufstehen und springen konnte.

Die Schrift bestätigt uns, daß unsere Sprache einer der Faktoren ist, der unseren Charakter und unser Geschick bestimmt. Durch das Hilfsmittel der Sprache übermitteln wir anderen, was wir denken. Die Sprache ist das Band, das unser Leben mit unserem Denken verbindet. Eine Seidenraupe spinnt einen Kokon mit der Seide, die sie mit ihrem Mund produziert. Genauso kontrolliert sich ein Mensch durch die Sprache, die aus seinem Mund gelangt. „Du [bist] durch ein mündliches Versprechen gebunden, gefangen durch die Reden deines Mundes" *(Spr. 6,2)*. „So ist auch die Zunge ein kleines Glied, und rühmt sich doch großer Dinge" *(Jak. 3,5)*.

Jesus kam in diese Welt und wohnt immer noch in uns. Sein Wort ist in unserem Herz und in unserem Mund. Wenn wir Jesus in unser Herz aufnehmen, nehmen wir auch das Wort in unser Herz auf.

Tatsächlich bedeutet unsere Wiedergeburt, daß wir unsere weltliche Sprache mit der Sprache Gottes austauschen. Deshalb betont die Bibel: „Denn mit dem Herzen glaubt man, um gerecht, und mit dem Munde bekennt man, um gerettet zu werden" *(Röm. 10,10)*.

Unser Sprechen sollte eine Sprache der Wunder sein, die Gott Ehre gibt und unsere Nachbarn mit dem Segen Gottes erreicht. Deshalb sollten wir gleichzeitig zu unseren Nachbarn und zu Gott sagen: „Ich bin sicher, daß ich gesegnet sein werde. Jesus hat mich würdig gemacht, als er sein Blut für mich vergoß. Deshalb wird mein Vorhaben mit seiner Zustimmung sicherlich gelingen."

Über andere, die sich abmühen, werden wir vielleicht sagen: „Obwohl er etwas ungestüm ist, wird er eine wertvolle Person werden, sobald er an Jesus glaubt. Obwohl er jetzt noch arm ist, wird sich seine finanzielle Situation bessern. Ich liebe, verstehe und erwarte viel von ihm."

Zum Herrn werden wir dann sagen: „O Herr, ich danke Dir! Du bist Gott, der Schöpfer. Dankeschön für deine wunderbaren Werke, die mein Leben verändern! Danke, daß du meine Pläne erfolgreich machen wirst. Mein Herr, ich lobe Dich!"

Wenn wir die Macht Gottes mit unserem Mund anerkennen, wird unser Leben erfolgreich. Wenn wir mit unserem Mund die Errettung durch Jesus bekennen, wird uns Errettung gehören. Wenn wir den Segen anerkennen, wird er uns gegeben.

Die Bibel sagt auch: „Denn wahrlich ich sage euch, wenn jemand zu diesem Berg spräche: Hebe dich und wirf dich ins Meer, und in seinem Herzen nicht zweifelte, sondern glaubte, daß das, was er sagt, geschieht, so wird es ihm zuteil werden" *(Mk. 11, 23)*.

Jesus sagte, daß derjenige ein Wunder erleben würde, der, anstatt nur zu beten, auch ausspricht, woran er glaubt. Wir können das Wunder erleben, daß wir selbst einen Berg ins Meer werfen. Wir können ein erfolgreiches Leben führen. Deshalb benötigen wir zuerst ein klar umrissenes Ziel und einen ausführlichen Plan, mit dem wir unseren Erfolg im Licht des Wortes Gottes erkennen können.

Zweitens müssen wir mit brennendem Verlangen die Verwirklichung dieses Ziels herbeisehnen. Wenn wir ein verzehrendes Verlangen haben, werden wir äußerst motiviert sein, wirklich alles zu tun, damit wir unsere Pläne in kürzester Zeit erfüllt sehen.

Drittens müssen wir mit Hilfe der Gesetze der Gruppe und der korrekten Sicht einen prächtigen Erfolgsplan auf der Leinwand unseres Vorstellungsvermögens entwerfen, und wissen, daß Gott durch unseren Erfolg geehrt wird, weil er unser Ziel bereits gutgeheißen hat.

Viertens sollten wir unseren Erfolg mit schöpferischer Sprache anerkennen. Das Bekenntnis unseres Mundes setzt ein Siegel unter diesen Plan.

Was jetzt noch zu tun ist: Nachdem Sie erlebt haben, wie erfolgreich der allmächtige Gott Ihren Plan verwirklicht hat, geben Sie Ihm die Ehre! Lassen Sie ab jetzt Gott für Sie arbeiten. Mächtige Wunder werden geschehen!

Ein Mensch – in allen Dingen gesegnet

Jetzt verlassen wir im Haus der dreifachen Segnung den zweiten Raum, den Raum des Erfolgs in unseren Umständen.

Bevor Gott den Menschen bildete, schuf er für ihn die materielle Welt und übergab ihm den reichen und wunderschönen Garten Eden. Nachdem der Mensch die Souveränität Gottes an sich gerissen hatte, indem er die verbotene Frucht aß, war sein Leben von harter Arbeit und Versagen geprägt. Unser Gott griff jedoch ein und sandte uns Jesus, seinen einzigen Sohn. Er sollte unsere Armut und unseren Fluch auf sich nehmen und statt uns ans Kreuz genagelt werden. Christus zerbrach diesen Fluch und befreite uns von dieser Last.

Natürlicherweise nimmt der Teufel jede Gelegenheit wahr, die vom Herrn Erwählten zu Fall zu bringen. Deshalb müssen wir uns von jeglichem Haß und Zorn, von jeglicher Habgier und von jeglichem Perfektionismus, von Schuldgefühlen, Furcht und Enttäuschung befreien. Unser Erfolg ist von dieser Freiheit abhängig. Damit wir ein erfolgreiches Leben führen können, müssen wir auch den Willen Gottes erkennen und Ziele setzen, die seinem Willen entsprechen.

Wir, die wir in allen Dingen gesegnet worden sind, sollten

die souveräne Macht Gottes anerkennen, indem wir unseren Zehnten geben, die „Frucht des Baumes der Erkenntnis“ in unserer heutigen Zeit. So kommen wir nicht wieder unter den Fluch. Wir sollten auch das Gesetz der Saat und Ernte anwenden, damit wir körperlichen Segen erhalten. Dies ist die leichte Last, die Jesus uns auferlegte.

Wie Gott diese von ihm geschaffene gute Welt in die Hände von Adam und Eva gelegt hatte, so hat auch Jesus uns eine neue Welt gegeben, weil er den Fluch der Sünde am Kreuz getragen und uns von dieser Last befreit hat. Dies ist die Welt, die uns Erfolg und Segen bringt. Wegen ihres Ungehorsams und ihres Hochmuts verloren Adam und Eva ihre Vorrechte. Wenn wir uns weigern, Gottes Souveränität anzuerkennen, heißen wir die Bindungen des Teufels erneut willkommen, der uns in alle möglichen Arten des Versagens zurückwerfen möchte.

Nachdem wir den Raum des Erfolgs nun verlassen haben und gesegnet sind, kann die Macht Satans uns nicht mehr knechten. Wir haben durch die Gnade Jesu Christi Macht und Herrschaft über die Welt zurückerhalten. Unsere Zunge hat die Autorität eines Herrschers. In unseren Gedanken befindet sich kreative Weisheit, und durch den Heiligen Geist haben wir den allmächtigen Gott in unserem Herzen – all dies, weil Jesus für uns das Erlösungswerk vollbrachte.

Die Menschen, die schon vor ihrer Errettung mit Erfolg gesegnet worden waren, erhalten ein neues Selbstbild. Da sie vom Fluch erlöst wurden, sollten sie das neue Bild ihres veränderten Lebens sehen können, als ob sie in einen Spiegel blicken würden. „Durch ihn aber seid ihr in Christus Jesus, welcher uns von Gott gemacht worden ist zur Weisheit, zur Heiligung und zur Erlösung“ *(1. Kor. 1,30)*.

Wenn wir in Christus sind, sind unsere Sünden, der Fluch und der Tod von uns weggenommen worden. Stattdessen wurde ein neues Bild von uns aufgehängt: „Dadurch, daß er die gegen uns bestehende Schuldschrift, welche durch Satzungen uns entgegen war, auslöschte und sie aus der Mitte tat, indem er sie ans Kreuz heftete. Als er so die Herrschaften und Gewalten auszog, stellte er sie öffentlich an den Pranger und triumphierte über sie an demselben" *(Kol. 2,14.15).*

Damit wir in jedem Bereich unseres Lebens erfolgreich sein können, sollten wir jedes Problem durch das Kreuz Jesu betrachten. Betrachten wir uns selbst, müssen wir unser neues Selbstbild anschauen, das durch Jesu Erlösung am Kreuz geschaffen worden ist.

Es ist unentbehrlich, daß wir uns auf das vollbrachte Erlösungswerk Jesu Christi verlassen. Erst dann können wir ein erfolgreiches Leben beginnen und dieses auch fortführen.

Zweitens sollten wir ein klar definiertes und wünschenswertes geistliches Wertsystem über materielle Dinge aufstellen. Bestenfalls erleichtern materielle Dinge unser Leben, sie dürfen unser Leben und uns jedoch nicht beherrschen.

In der geistlichen und materiellen Welt gibt es eine festgelegte Ordnung. Es ist unabdingbar, daß der Mensch Gott gehorcht, der die Quelle dieser Ordnung ist. Denn erst durch den Namen und die Autorität Jesu Christi können wir über die Dämonen und über die ganze materielle Welt herrschen.

Dennoch sind viele Menschen in ihrem Leben durch ihren Besitz gebunden. Obwohl sie im Reichtum leben, sind sie doch nicht in allen Lebensbereichen gesegnet. Einige denken auch, daß Freude nur in materiellen Werten oder in ihrer Umgebung gefunden werden kann. Dies ist falsches Denken. Wenn wir in unserem Leben Gott an die erste Stelle setzen, werden uns materielle Dinge nicht binden können.

Wir müssen die Souveränität Gottes über uns, über unser Leben und über unseren Besitz anerkennen. Wir müssen auch Gott und unsere Nachbarn lieben. Dann können wir in unserem Leben wirklich über die materielle Welt herrschen. Nachdem wir Christen geworden sind, sollten wir in allen Dingen gesegnet sein.

Kapitel 4
Und daß Du gesund seist

Wir befinden uns immer noch im Haus des dreifachen Segens. Nachdem wir das Haus durch die Eingangshalle betreten hatten, besuchten wir den ersten Raum, in dem wir lernten, daß es Gottes Wille ist, daß es unserer Seele wohlgeht. Dann betraten wir den zweiten Raum, wo wir lernten, daß es uns in allen Dingen wohlgeht. Und nun stehen wir vor der Tür zum dritten und letzten Raum, in dem wir herausfinden werden, daß es Gottes Wille ist, daß wir in guter Gesundheit leben.

Gottes Wunsch ist es, daß wir gesund seien. Der Tod, den alle Menschen fürchten, war nicht von Anfang an in Gottes Plan für die Menschen. Als Gott den Menschen bildete, schuf er ihn so, daß er ewig leben sollte. Der Mensch war ursprünglich dazu bestimmt, mit Gott im Garten Eden zu leben und die Früchte des Lebensbaumes zu genießen. Der Fall des Menschen brachte Tod auf ihn selbst und Sklaverei durch Krankheit, die ein Instrument des Todes ist. Der Mensch war jetzt ein sterbliches Wesen. In dem weltumspannenden Plan Gottes, die Menschen zu retten, war Befreiung von Krankheit deshalb konsequenterweise ein Teil dieses Planes. Gott legte diese Verantwortung auf seinen einzigen eingeborenen Sohn, Jesus. So stark war sein göttlicher Wille und seine Sorge um unsere Gesundheit!

Laßt uns nun die Tür des dritten Raumes seines göttlichen Willens öffnen und eintreten. Nachdem die Tür offen ist, sehen wir, daß Gott will, daß alle seine Kinder gesund sind! Zuerst sollten wir nun herausfinden, was Gesundheit verhindert. Welches ist die Quelle – die Ursache von Krankheit? Danach werfen wir einen Blick in die moderne Kirche und die Gabe göttlicher Heilung. Das einzige, was uns dann noch zu tun übrigbleibt, ist, den Raum auf dem Weg zu verlassen, auf dem unsere Krankheit geheilt wird. Dadurch haben wir zwangsläufig eine andere Sicht der Dinge. Unsere alte Vorstellung von Krankheit, Fluch und Schmerzen wird hinweggenommen werden.

Der Ursprung der Krankheit

Um unseren schwachen Körper zu kräftigen und Gesundheit wiederzuerlangen, müssen wir die Wurzel der Krankheit erkennen. Ohne dieses Wissen können wir keine Befreiung von Krankheit erlangen. Die Art und Ursachen der Krankheit wollen nicht ans Licht kommen, genauso wie Krebszellen ihren Ursprung nicht aufdecken wollen. Wenn die Ursache der Krankheit dem Kreuz Christi ausgesetzt wird, wird sie momentan gebrochen und erlischt, genauso wie Leprabakterien augenblicklich sterben, wenn sie dem Licht ausgesetzt sind.

Die drei Übel, die Krankheit über uns brachten, sind der Teufel, die Sünde und der Fluch. Weil sie immer gemeinsam auftreten und zusammenarbeiten, kann man sie nicht getrennt behandeln. Der Teufel verführt den Menschen, gegen Gott zu sündigen, und die Sünde bringt Fluch von Gott. Nun wollen wir die Mächte des Todes betrachten, die der Ursprung der Krankheit sind.

Sünde

Die Ursache für den geistlichen Tod, der Adam und Eva sofort traf, war ihre Sünde: „Und Gott der HERR gebot dem Menschen und sprach: Du sollst essen von allerlei Bäumen im Garten. Aber von dem Baum der Erkenntnis des Guten und Bösen sollst du nicht essen. Denn welches Tages du davon issest, wirst du des Todes sterben" *(1. Mo. 2,16-17).*

Trotz dieser schrecklichen Warnung Gottes wurden Adam und Eva von Satan verführt. So aßen sie die verbotene Frucht und kamen unter die Herrschaft Satans. „Im Schweiße deines Angesichts sollst du dein Brot essen, bis daß du wieder zu Erde werdest, davon du genommen bist. Denn du bist Erde und sollst zu Erde werden" *(1. Mo. 3,19).*

Dies war der Beginn der menschlichen Tragödie. Der Mensch starb geistlich, und seine Freundschaft mit Gott war zerbrochen. Dieser Tod bedeutete nicht, daß der Mensch aufhörte, körperlich zu existieren. Es war ein geistlicher Tod. Der Mensch wurde als Folge immer mehr vom Teufel beeinflußt, dem Ursprung des Todes. So trieb Gott den Menschen aus dem Garten Eden, „daß er nicht ausstrecke seine Hand und nehme auch von dem Baum des Lebens und lebe ewiglich" *(1. Mo. 3,22).* Gott verbannte Adam und Eva aus dem Garten Eden, so daß sie und ihre Nachkommen dem körperlichen Tod nicht für immer entkämen. Seit dieser Zeit begann die Macht des Todes, Adams menschlichen Geist zu verderben und seinen Körper zu zerstören: „Wie durch einen Menschen die Sünde in die Welt gekommen ist und durch die Sünde der Tod und so der Tod zu allen Menschen durchgedrungen ist, weil sie alle gesündigt haben" *(Röm. 5,12).*

Beim Fall des Menschen ging der Tod des Geistes oder das Ende des Dialogs zwischen Gott und dem Menschen dem Tod des Körpers voraus. Wir könnten sagen, daß der geistliche Tod den Beginn des Todes überhaupt bedeutete. Eine Schriftstelle im Buch Hiob sagt: „Die Kraft der Glieder seines Leibes wird verzehrt werden. Seine Glieder wird verzehren der Erstgeborene des Todes" *(Hiob 18,13).* Dieser Text bezieht sich in symbolischer Form auf diesen Tod.

Der „Erstgeborene des Todes" ist die Seele, die wegen ihrer Sünde tot ist, und die „Kraft der Glieder" bezieht sich auf unseren Körper. Als Adam Sünde beging, starb sein Geist augenblicklich, und die Zerstörung seines Körpers begann. Der menschliche Körper war von Gott vollkommen geschaffen worden; nachdem der Geist des Menschen gestorben war, dauerte es deshalb nahezu tausend Jahre, bis die Macht des Todes auch seinen Körper zerstört hatte.

Weil die Welt heute voller Sünde ist, benötigt die Macht des Todes weniger als hundert Jahre, um unsere Körper zu töten. Das beweist, daß der Mensch durch die Macht der Sünde und des Todes gebunden ist.

Sünde verursachte den Tod des Geistes, was wiederum den Tod des Körpers zur Folge hatte. Die erste Stufe dieses Prozesses war Krankheit. Entsprechend wurde der Tod des Geistes der „Erstgeborene des Todes."

Heute sollten wir nicht nur Behandlung für unsere körperlichen Nöte suchen. Wenn wir den Ursprung der Krankheit suchen und diesen behandeln, können wir schneller und umfassend behandelt werden. Aus diesem Grund ermahnt uns Jakobus in seinem Brief: „Bekennt nun einander eure Sünden und betet füreinander, daß ihr gesund werdet" *(Jak. 5,16)*.

Hier wird vorausgesetzt, daß Krankheit aufgrund von Sünde entstand. Deshalb müssen wir unsere Sünden bekennen, bevor unsere Krankheit geheilt werden kann. Unser Heilmittel ist in der erlösenden Gnade Jesu, und wir erhalten Heilung für den Körper, sobald unsere Sünden vergeben sind.

Der Teufel

Es besteht eine zweifache Beziehung zwischen der Sünde und dem Teufel. Wo immer sich der Teufel befindet, da ist auch Sünde. Wo immer Sünde ist, da ist auch der Teufel. Der Teufel versucht einen Menschen zur Sünde, indem er ihn gegen Gott rebellieren läßt. Als sein Partner bringt die Sünde Krankheit, die die Menschen unaufhörlich zerstört und verdirbt.

„Denn der Lohn der Sünde ist der Tod" *(Röm. 6,23)*. Der Teufel hat die Macht des Todes (Hebr. 2,14) und benutzt diese Kraft, um unaufhörlich Krankheit zu verbreiten, „um zu stehlen, zu töten und zu zerstören" *(Joh. 10,10)*.

Deshalb kann eine umfassende Behandlung von Krankheit nur so erfolgen, daß die geistliche Behandlung vor der körperlichen geschieht. Es ist der innewohnende menschliche Geist, der dem menschlichen Körper Leben und Kraft gibt, daß er funktionieren kann. Sobald der Geist den Körper verlassen hat, hört auch der stärkste und kräftigste Körper zu leben auf und beginnt zu zerfallen. Lukas schreibt in Kapitel 8, daß Jairus, der Leiter der Synagoge, Jesus bat, für seine Tochter zu beten, als sie gestorben war. Als Jesus in das Haus kam, nahm er das tote Kind bei der Hand und sagte: „Mägdlein, stehe auf." Sofort kam der Geist des Kindes in sie zurück, und sie wachte auf.

Dies ist eine gute Beschreibung dafür, daß Leben neu beginnt, wenn der Geist in den Körper zurückkehrt. Die Tatsache, daß der Geist den Körper erholt, wird an mehreren Stellen in der Bibel erwähnt: „Eines Mannes Geist erträgt seine Krankheit; aber einen niedergeschlagenen Geist, wer richtet den auf?" *(Spr. 18,14)*; „Ein fröhliches Herz bringt gute Besserung, aber ein niedergeschlagener Geist dörrt das Herz aus" *(Spr. 17,22)*.

Als der Mensch durch seine Sünde unter die Herrschaft des Todes geriet, begann der Teufel, seinen Körper anzugreifen und ihn sogar zu töten. Wahre körperliche Gesundheit entsteht dann, wenn der Geist eines Menschen freigesetzt worden ist von der Macht des Todes und mit dem Leben Gottes erfüllt ist.

Krankheit entsteht durch eine Reihe von negativen Einwirkungen auf die Organe und hat als Endziel die Zerstörung des physischen Lebens. Der Teufel steht hinter der Krankheit und sorgt für ihre destruktive Energie. Seine Arbeit besteht darin, zu rauben, zu töten und zu zerstören. Daher werden folgerichtig die Krankheiten zerfallen und verschwinden, sobald der Teufel sich von der Krankheit trennt. Dann ist niemand mehr da, der die Krankheit füttert oder ihr zur Verbreitung verhilft. Die Bibel lehrt, daß „Gott Jesus von Nazareth, wie Gott ihn mit Heiligem Geist und mit Kraft gesalbt hat, der umherging und wohltat und alle heilte, die vom Teufel überwältigt waren" *(Apg. 10,38)*.

Hinter all den verschiedenartigen Krankheiten, die Jesus heilte, stand immer der Teufel und lieferte die nötige Energie für die Krankheit. Wenn Jesus den Geist des Teufels austrieb, war die Kraft der Krankheit gebrochen, und der beschädigte Körper wurde völlig wiederhergestellt. In der Bibel erscheinen viele Beispiele von Krankheiten: „Als es Abend geworden war, brachten sie viele Besessene zu ihm, und er trieb die Geister aus mit einem Wort" (Mt. 8,16). „Als aber Jesus sah, daß eine Volksmenge zusammenlief, bedrohte er den unsauberen Geist und sprach zu ihm: Du stummer und tauber Geist, ich gebiete dir, fahre von ihm aus und fahre nicht mehr in ihn hinein" *(Mk. 9,25).*

Der Teufel und seine zahllosen Dämonen bringen alle Arten von Krankheiten und Leiden. Wenn Menschen mich fragen, „sind nicht Viren der Auslöser für diese Krankheit?", dann antworte ich ihnen, daß Satan alle Krankheitselemente, einschließlich der Viren, mit destruktiver Energie versorgt. Wenn jemand völlig geheilt werden möchte, muß er zuallererst seine Sünden bekennen und an Jesus glauben, der der einzige ist, der die Macht besitzt, Sünde und Tod zu zerstören. Krankheit und Leiden sind die Waffen Satans. Der Gläubige muß das lebensspendende Werk des Heiligen Geistes in seine Seele aufnehmen. Das Leben des Heiligen Geistes weist die Werke des Teufels zurück, die Krankheit und Tod verursachen. Dann weicht der Teufel. Dann geschieht es, daß nicht nur die Gesundheit wiederhergestellt wird, sondern der Mensch wird gesünder, als er jemals zuvor war.

Der Fluch

Gott ist ein gerechter Gott. Als der Mensch sündigte, brach er ein direktes Gebot Gottes. Weil Gott gerecht ist, mußte er Sünde bestrafen. Der Fluch von Krankheit, Tod und Schmerz ist das Resultat unseres Ungehorsams Gott gegenüber. Durch unseren Ungehorsam werden wir Partner des Teufels. Trotzdem bereitete Gott den Weg der Erlösung für uns vor, weil er nicht nur gerecht, sondern auch der Gott der Liebe und des Mitleids ist. Wenn die Menschen nicht auf seinen Ruf und seine Mahnung reagieren, überläßt sie Gott ihrem verderbten Wesen, so daß sie „den gebührenden Lohn ihrer Verirrung an sich selbst erhielten" *(Röm. 1,27).* So begann die Krankheit, die als Fluch auf uns kam. „Warum soll man euch noch weiter schlagen, da ihr ja doch im Abfall (von Gott) bleibt? Das ganze Haupt ist krank, das ganze Herz ist matt. Von der Fußsohle bis zum Scheitel ist nichts Heiles mehr an dir. Nur Beulen, Striemen und blutende Wunden, die nicht gereinigt und verbunden werden, noch mit Öl gelindert sind" *(Jes. 1,5.6).*

Gewöhnlich kommt Krankheit als Fluch des Gesetzes. Sie ist der Fallstrick und die Folter des Teufels, der versucht, zu „rauben, töten und zu zerstören" *(Joh. 10,10).* Satan ist ein Peiniger. Wenn Gott in seiner Freundlichkeit und Gnade die Welt vor der bösen Macht des Teufels nicht geschützt hätte, wäre die Welt schon längst umgekommen. Wenn Gott uns nicht seine Güte erwiesen und nicht auf unsere reuevolle Rückkehr zu ihm gewartet hätte, wären wir längst zerstört worden wie Sodom und Gomorrha.

Wir wollen jetzt den Fluch der Krankheit betrachten, den Gott zuließ, weil der Mensch ungehorsam war: „Der HERR wird den Fluch, die Bestürzung und die Verwünschung gegen dich senden in allem Geschäft deiner Hand, das du tust, bis du vernichtet bist und bis du schnell umkommst wegen der Bosheit deiner Taten, mit denen du mich verlassen hat. Der HERR wird die Pest an dir haften lassen, bis er dich ausgerottet hat aus dem Land, wohin du kommst, um es in Besitz zu nehmen. Der HERR wird dich schlagen mit Schwindsucht und mit Fieberglut und mit Hitze und mit Entzündung und mit Dürre und mit Getreidebrand und mit Vergilben (des Korns), und sie werden dich verfolgen, bis du umgekommen bist" *(5. Mo. 28,20-22).*

„Der HERR wird dich schlagen mit den Geschwüren Ägyptens und mit Beulen und mit Krätze und mit Grind, daß du nicht geheilt werden kannst. Der HERR wird dich schlagen mit Wahnsinn und mit Geistesverwirrung" *(5. Mo. 28,27-28)*

„Der HERR wird dich schlagen mit bösen Geschwüren an den Knien und an den Schenkeln, von deiner Fußsohle bis zu deinem Scheitel, daß du nicht (mehr) geheilt werden kannst" *(5. Mo. 27-28).*

„Er wird auch alle Seuchen Ägyptens gegen dich wenden, vor denen du dich fürchtest, und sie werden an dir haften (bleiben). Auch alle Krankheiten und Plagen, die nicht in dem Buch dieses Gesetzes geschrieben sind, der HERR wird sie über dich kommen lassen, bis du vernichtet bist" *(5. Mo. 28,60-61).*

Was für ein furchtbarer und schrecklicher Fluch ist das doch! Dies ist der Fluch des Gesetzes, der die Menschen traf, die nach ihrer Lust lebten. Genau dieses Phänomen breitet sich vor unseren Augen heute aus. Trotz aller Bemühungen, die Menschen von Krankheit und Tod zu befreien, nimmt die Zahl der Patienten in den Krankenhäusern zu, und unheilbare Krankheiten nehmen eher zu als ab.

Jetzt werden meine Leser etwas verwirrt sein, denn in den früheren Abschnitten dieses Buches wurde hervorgehoben, daß die Ursache von Krankheit der Fluch der Sünde und des Satans war; in diesem Abschnitt jedoch wird behauptet, daß Krankheit als Fluch Gottes auf uns kommt, weil die Menschen willentlich den Geboten Gottes nicht gehorchten. Natürlich ist Krankheit an sich durch die Sünde des Menschen verursacht und vom Teufel verstärkt worden, dem die Macht des Todes gegeben ist (Hebr. 2,14). Der Mensch sündigte und fiel unter das Gericht des Fluches und wurde dem Teufel übergeben, der ihn durch Krankheit und Tod unterdrückte.

Die jetzt zitierte Stelle ist aus Hiob 2,6-7: „Da sagte der HERR zu Satan: Gut, er sei in deiner Hand ... Da ging Satan vom Angesicht des HERRN und schlug Hiob mit Aussatz vom Scheitel bis zur Sohle."

Krankheit kam in die Welt, als der Mensch in die Hand Satans gegeben wurde durch den Fluch des Gesetzes wegen seiner Sünde. Heute läßt Gott das Gericht auf die Körper der Menschen kommen, die Sünde begehen. Der Mensch ist unter der Hand des Teufels und kommt unter den Fluch der Krankheit.

Der Apostel Paulus schrieb: „denn alle haben gesündigt und erlangen nicht die Herrlichkeit Gottes" *(Röm. 3,23).* Diese Schriftstelle zeigt, daß alle Menschen in der Hand des Teufels sind und unter dem Fluch des Gesetzes. Diese Schriftstelle beweist auch, daß medizinische Behandlung allein die Krankheit nicht besiegen kann. Auch wenn wir eine Krankheit überwinden, wird der Teufel unweigerlich eine andere unheilbare Krankheit verursachen, solange Sünde im Leben ist. Wir müssen unsere Sünden bekennen; wir müssen gereinigt und losgesprochen sein, bevor wir frei von Sünde und dem Fluch des Teufels sind. Wir brauchen einen allmächtigen Herrscher, der uns befreien und erlösen kann von dieser Quelle der Krankheit. Es ist unser Herr Jesus Christus, der wahrhaftig die Gute Nachricht für uns geworden ist. In der Bibel steht: „Und werden umsonst gerechtfertigt durch seine Gnade, durch die Erlösung, die in Christus Jesus ist" *(Röm. 3,25)*. „Christus hat uns losgekauft vom Fluch des Gesetzes, indem er ein Fluch für uns geworden ist. Denn es steht geschrieben: Verflucht ist jeder, der am Holz hängt" *(Gal. 3,13)*.

Diese Worte der Verheißung und der Gnade bringen uns die wunderbare Liebe Gottes zurück. Unser Gott ist wahrhaftig der Gott der Gerechtigkeit und des Gerichts. Er ließ den Menschen die Heimsuchung der Krankheit erleben, aber er ist gleicherweise der Gott der Liebe und des Erbarmens. Aus dieser Liebe heraus sandte er Jesus, auf den er unseren Ungehorsam und unsere Sünden legte. Auf diese Weise kam Christus für uns unter den Fluch.

Jeder, der seine Sünden bekennt und an das kostbare Blut und die Macht des Herrn Jesus glaubt, hat Vergebung der Sünden und wird errettet. Er ist befreit vom Fluch des Gesetzes: „Der uns errettet hat aus der Gewalt der Finsternis und versetzt in das Reich des Sohnes seiner Liebe! In ihm haben wir die Erlösung, die Vergebung der Sünden" *(Kol. 1,13-14)*.

Sobald unsere Sünden vergeben sind, sollten wir von der Qual der Sünde und Krankheit des Körpers befreit sein. Nun also, beinhaltet die erlösende Gnade Jesu Christi auch unsere Krankheit? Lassen Sie uns jetzt diese Frage betrachten.

Jesus trug unsere Krankheit

Jesus und göttliche Heilung

Vor mehr als 20 Jahren begann ich meinen Dienst in einem schäbigen Zelt in Pulkwang-dong. Es war meine erste Stelle, nachdem ich die Bibelschule abgeschlossen hatte, und ich sollte eine Beerdigung vornehmen. So suchte ich also in der Bibel nach Predigten, die Jesus bei Beerdigungen gehalten hatte. Obwohl ich die Bibel von Anfang bis Ende durchforschte, fand ich nichts Entsprechendes. Jesus hielt eine Bergpredigt, die die Seligpreisung enthielt. Er hielt auch eine Predigt über einen Sämann am Ufer des Sees Genezareth. Aber er hielt nicht eine einzige Beerdigungspredigt. Im Gegenteil, er hob eine Beerdigung auf und erweckte den Toten zum Leben!

Als die Tochter des Synagogenvorstehers tot war, hielt Jesus keine Totenrede. Stattdessen sagte er zu dem kleinen Mädchen: „Mägdlein, ich sage dir, steh auf!" *(Mk. 5,41).*

Ein anderes Mal, als Lazarus schon 4 Tage tot gewesen war, sagte Jesus: „Lazarus, komm heraus, und Lazarus kam heraus, gebunden an Händen und Füßen mit Grabtüchern" *(Joh. 11,43.44).*

Diese Vorkommnisse überzeugen uns, daß Jesus Christus der Herr des Lebens ist, der Eine, der Tod und Grab und ihre Macht besiegt hat. Wir sehen, daß Jesus überall, wohin er auch kam, Sünden vergab und Kranke heilte. Er gab Leben, indem er die Toten aufweckte, nicht nur die geistlich Toten, sondern auch die körperlich Toten.

Vergebung von Sünden und Heilung

Vergebung und Heilung waren die beiden Gaben, die Jesus jedem schenkte, wo immer er auch hinkam. Sie waren zwei wichtige Element seines Dienstes. An allen Orten vergab er Sünden und heilte Krankheit. Zwei Drittel seines Dienstes bestanden aus Heilungen. Wohin er auch ging, die Sünder und Kranken folgten ihm. Sie gaben Zeugnis von den Wundern, durch die Kranke geheilt wurden und von ihren Betten aufstanden.

Eines Tages, als Jesus die Frohe Botschaft in einem Haus in Kapernaum predigte, räumten vier Männer das Dach eines Hauses teilweise ab und ließen einen Gelähmten durch die Decke, damit Jesus für ihn beten konnte. Jesus sagte zu dem Gelähmten: „Mein Sohn, deine Sünden sind dir vergeben." Einige Schriftgelehrte waren entrüstet und dachten, „wer kann denn Sünden vergeben, außer Gott?“ Jesus erkannte, was sie dachten und sagte zu ihnen: „Was ist leichter, zu dem Gelähmten zu sagen, deine Sünden sind dir vergeben oder zu sagen, steht auf, nimm dein Bett auf und geh umher? Damit ihr aber wißt, daß der Sohn des Menschen Vollmacht hat, auf der Erde Sünden zu vergeben, spricht er zu dem Gelähmten: Ich sage dir, nimm dein Bett auf und geh in dein Haus“ *(Mk. 2,9-11).*

Als seine Sünde vergeben war, war die Krankheit geheilt. Noch deutlicher gesagt, wem die Sünden vergeben sind, der sollte auch von der Knechtschaft der Krankheit befreit sein. Jesus sagte ausdrücklich in Johannes 8,34-36: „Jeder, der die Sünde tut, ist der Sünde Sklave. Der Sklave aber bleibt nicht für immer im Haus, der Sohn bleibt für immer. Wenn nun der Sohn euch freimachen wird, so werdet ihr wirklich frei sein.“ Wie wird uns der Sohn befreien? Der Sohn befreit den Menschen von der Sklaverei der Sünde und löst ihn von seiner Sünde und Krankheit, die als Strafe für seine Sünde auf ihn kam. Da Jesus wahrhaftig Gott war, hatte er die Macht, Sünden zu vergeben. Ironischerweise wurde diese Tatsache durch die kritische Frage der Schriftgelehrten bewiesen. Jesus verband Vergebung und Heilung miteinander und zeigte uns dadurch, daß die beiden nicht voneinander getrennt werden dürften. Sogar die Schriftgelehrten, die sagten, „wer ist dieser, daß er auch Sünden vergibt“ *(Lk. 7,49),* konnten nichts an Jesus aussetzen, als sie sahen, wie der Mann aufstand, sein Bett nahm und nach Hause ging. Was für eine vollkommene Demonstration der Tatsache, daß Jesus die Autorität besaß, Sünden zu vergeben!

Als Jesus die Kranken heilte, vergab er ihre Sünden und schenkte ihnen den Glauben, daß ihnen vergeben war. Unser Herr sagte zu dem Mann am Teich Bethesda: „Sündige nicht mehr, daß dir nichts Ärgeres widerfahre“ *(Joh. 5,14).*

Als eine Frau, die zwölf Jahre lang an Blutungen gelitten hatte, den Saum seines Gewandes beruhrte, sagte Jesus: „Dein Glaube hat dich geheilt“ *(Mt. 9,22).*

Natürlich sagt die Bibel auch, daß es Krankheiten gibt, die nicht durch Sünde verursacht worden sind. Der Mann, der von Geburt an blind war, ist hierfür ein Beispiel. Jesus sagte, daß weder seine Sünde noch die Sünde seiner Eltern die Ursache für seine Blindheit war. Vielmehr war er blind geboren, damit die Werke Gottes sich an ihm erweisen würden. Das bedeutet, daß nicht jegliche Krankheit unbedingt durch Sünde verursacht wird. Aber Krankheit entstand und erreichte alle Menschen durch die Sünde Adams und Evas, mit denen uns eine gemeinsame Verantwortung verbindet. Aus diesem Grunde sollte jeder zuerst Vergebung von Sünden erhalten, bevor er von Krankheit geheilt wird.

In der Bibel heißt es, daß jedesmal der Teufel ausgetrieben wurde, wenn Jesus Sünden vergab: „Jesus von Nazareth, von Gott mit dem Heiligen Geist und mit Kraft gesalbt, der umherging und wohltat und alle heilte, die vom Teufel überwältigt waren. Denn Gott war mit ihm" *(Apg. 10,38).*

Wenn der Herr Sünden vergab und Wunder tat, fuhren von vielen Menschen die unreinen Geister mit großem Geschrei aus, die in diesen Menschen gehaust hatten. Denn von dem Augenblick an, in dem Jesus die Sünden der Kranken vergeben hatte, verlor der Teufel das Anrecht, die Kranken als Sklaven gefangenzuhalten. Die Tatsache, daß wir von Krankheit befreit worden sind, verdeutlicht auch die andere Tatsache, daß wir aus den Banden Satans befreit worden sind.

Jesus bezog sich auf das Halljahr des Alten Testaments, als er in Lukas 4,19 sagte: „... auszurufen das angenehme Jahr des Herrn." Das Halljahr ist ein genaues Bild des Segens, den wir durch die uns erteilte Gnade bekommen. Wenn wir 3. Mose 25,8-12 lesen, stellen wir fest, daß es vor der Ankündigung des Halljahres den Tag des Sühnopfers gab. Am Tag des Sühnopfers wurde ein Opfertier getötet, und sein Blut wurde über den Gnadenstuhl gesprengt, damit die Sünden des Volks vergeben wurden. Anschließend wurde die Halljahrstrompete geblasen. Die Menschen, die ihre Ländereien oder ihre Häuser längere Zeit zuvor verloren hatten, erhielten sie zurück. Die Menschen, die wegen ihrer Schulden in die Sklaverei verkauft worden waren, wurden frei, und ihre Familien wurden wiederhergestellt.

Dies ist ein Symbol dafür, daß Gottes Segen und sein Erbarmen uns nur über den Weg der Erlösung durch den gekreuzigten Jesus erreichen.

Jesus wurde unser Sühnopfer, als er am Kreuz auf Golgatha starb und sein Blut über den Gnadenstuhl des Himmels gesprengt wurde. So hat Jesus mit seinem Blut alles, was zerstört war, wiederhergestellt. Als er uns den Heiligen Geist sandte, blies er die freudenvolle Posaune des Evangeliums und erklärte damit unsere Befreiung vom Teufel.

Nachdem die Halljahrstrompete geblasen wurde, befahl Gott dem Volk Israel: „Ihr sollt im Land Freilassung für all seine Bewohner ausrufen ... und ihr werdet jeder wieder zu seinem Eigentum kommen und jeder zu seiner Sippe zurückkehren" *(3. Mo. 25,10).*

Wir sind das Volk Christi, das Volk des Einen, der ein vortrefflicheres Opfer unter einem besseren Bund gestiftet hat. Deshalb haben wir es umso nötiger, uns unsere Sünden vergeben zu lassen, damit wir von der Macht des Bösen befreit werden.

Überdies sind die Taten Jesu, Vergebung von Sünden und Heilung von Krankenheiten, der Beweis dafür, daß Jesus uns vom Fluch des Gesetzes freigesetzt hat, weil der Ursprung der Krankheit in dem durch die Sünde verursachten Fluch liegt: „Christus hat uns losgekauft von dem Fluch des Gesetzes, indem er ein Fluch für uns geworden ist, denn es steht geschrieben: Verflucht ist jeder, der am Holz hängt" *(Gal. 3,13).*

Jesus wurde ans Kreuz geschlagen, um uns vom Fluch zu erlösen. Dadurch setzte er uns frei von jeder Krankheit. Ebenso wie Sünde mit Krankheit Hand in Hand geht, um den Menschen nach Adams Fall zu zerstören, so gehen Vergebung und Heilung Hand in Hand, um den Menschen durch die erlösende Gnade und rettende Kraft Jesu Christi wiederherzustellen. Sie handelten in Übereinstimmung, um dem Menschen ewiges Leben zu geben. Vergebung und Heilung sind wie zwei unzertrennliche Gefährten im Dienst Jesu. Als Jesus seine Jünger aussandte, befahl er ihnen, sowohl die Kranken zu heilen als auch Vergebung auszusprechen. Dies ist der große Befehl des Herrn, der nie zurückgenommen wurde: „Und als er seine zwölf Jünger herzugerufen hatte, gab er ihnen Vollmacht über unreine Geister, sie auszutreiben und jede Krankheit und jedes Gebrechen zu heilen“ *(Mt. 10,1)*.

Warum heilte Jesus die Kranken?

Wie wir gesehen haben, bestanden zwei Drittel des öffentlichen Dienstes Jesu in Krankenheilungen. Warum war Heilung für Jesus so wichtig?

Zum einen wollte Jesus durch Zeichen und Wunder göttlicher Heilung zeigen, daß er der Messias war. Jesus sagte zu den Menschen, die ihn der Anmaßung beschuldigten und nicht glauben wollten, daß er der von Gott gesandte Messias war: „Wenn ich nicht die Werke meines Vaters tue, so glaubt mir nicht, wenn ich sie aber tue, so glaubt den Werken, wenn ihr auch mir nicht glaubt, damit ihr erkennt und glaubt, daß der Vater in mir ist und ich in ihm“ *(Joh. 10,37.38)*.

An dieser Stelle bezeugt Jesus nachdrücklich, daß Heilung das Werk Gottes war und daß derjenige, der dieses Werk ausführte, der Messias war. Jesus ließ diese Worte auch Johannes dem Täufer sagen. Zu der Zeit war Johannes auf Befehl des Königs Herodes im Gefängnis. Johannes hatte bezeugt, daß Jesus das Lamm Gottes war. Als er jedoch erleben mußte, daß Jesus das Volk Israel nicht sofort von der römischen Herrschaft freisetzte, war er enttäuscht und begann zu zweifeln. Deshalb schickte er seine Jünger zu Jesus und ließ ihn fragen: „Bist du der Kommende, oder sollen wir auf einen anderen warten?“ *(Lk. 7,20)*.

Gerade zu der Stunde sahen die Jünger des Johannes, wie Jesus vielen Blinden das Augenlicht schenkte. Jesus antwortete ihnen: „Gehet hin und verkündet Johannes, was ihr gesehen und gehört habt: daß Blinde sehend werden, Lahme gehen, Aussätzige gereinigt werden, Taube hören, Tote auferweckt werden, Armen gute Botschaft verkündigt wird“ *(Lk. 7,22)*.

Johannes der Täufer hatte einen politischen Messias erwartet, aber Jesus zeigte und erwies sich als der Messias, der die Menschen aus den Ketten Satans befreite. Diese Ketten wogen schwerer als jene der römischen Regierung. Wenn wir also glauben, daß Jesus der Messias und Retter ist, müssen wir seine Heilung erfahren und ihr vertrauen.

Zum anderen ist Heilung die Offenbarung der Gnade und Barmherzigkeit Jesu. In Psalm 145,8 sagt David: „Gnädig und barmherzig ist der HERR, langsam zum Zorn und groß an Gnade." Als Jesus, die zweite Person der Dreieinigkeit, auf Erden lebte, hatte er Mitleid mit denen, die unter Krankheit und Dämonen litten. Er heilte die Kranken und warf Dämonen aus Besessenen hinaus: „Und Jesus war innerlich bewegt und streckte seine Hand aus, rührte ihn an und spricht, ich will, sei gereinigt" *(Mk. 1,41).*

Mitleidvoll vollbrachte Jesus Wunder um Wunder, heilte die Kranken, obwohl die vor Zorn schnaubenden religiösen Führer der Juden ihn bedrohten, weil er das ihnen kostbare mosaische Gesetz am Sabbat gebrochen hatte. Gerade am Sabbat heilte Jesus „eine Frau, die 18 Jahre einen Geist der Schwäche hatte, und sie war zusammengekrümmt und gänzlich unfähig, sich aufzurichten" *(Lk. 13,11).*

Daraufhin wies der Vorsteher der Synagoge das Volk unwillig zurecht und sagte: „Sechs Tage sind es, an denen man arbeiten soll; an diesen nun kommt und laßt euch heilen und nicht am Tag des Sabbats. Der Herr nun antwortete ihm und sprach: Heuchler! Bindet nicht jeder von euch am Sabbat seinen Ochsen oder Esel von der Krippe los und führt ihn hin und tränkt ihn? Diese aber, die eine Tochter Abrahams ist, die der Satan gebunden hat, siehe, achtzehn Jahre lang, sollte sie nicht von dieser Fessel gelöst werden am Tag des Sabbats?" *(Lk. 13,15-18).*

So heilte Jesus die Kranken mit Zartgefühl und Mitleid, wohin er auch kam. Gnade und Barmherzigkeit sind Eigenschaften der Liebe. Die Bibel sagt, „Gott ist Liebe" *(1. Joh. 4,16).* Aus dieser Liebe heraus, wurde Gott, der Sohn, Mensch und kam auf diese Welt. Er vergab unsere Sünden und heilte unsere

Krankheiten. Zuletzt wurde er als Sündopfer ans Kreuz geschlagen, um unsere Sünden zu sühnen. Er ist unser barmherziger und treuer Hohepriester und Fürsprecher. So ermahnt uns die Bibel: „Denn wir haben nicht einen Hohepriester, der nicht Mitleid haben könnte mit unseren Schwachheiten, sondern der in allem in gleicher Weise wie wir versucht worden ist, doch ohne Sünde. Laßt uns nun mit Freimütigkeit hinzutreten zum Thron der Gnade, damit wir Barmherzigkeit empfangen und Gnade finden zur rechtzeitigen Hilfe" *(Hebr. 4,15.16).*

Weil er so gnädig und barmherzig ist, können alle, die krank sind, zu unserem Hohenpriester, Jesus Christus, kommen und durch sein vergossenes Blut Vergebung ihrer Sünden erlangen. In gleicher Weise können sie auch Heilung ihrer Krankheiten erhalten. Wenn wir das Werk göttlicher Heilung nicht erwarten, verleugnen wir Jesus als unseren Retter und lehnen seine Liebe ab.

Erlösung im Alten Testament

Die Voraussetzung für den Hauptgegenstand dieses Buches, ist das Kreuz Jesu. Diese Voraussetzung kann so beschrieben werden: Der Mensch beging Sünde, als er gegen Gott rebellierte. Sein Geist, seine Seele und sein Leib gerieten unter Satans Knechtschaft. Aber durch das Blut Jesu, das am Kreuz vergossen wurde, ist der Mensch aus der Knechtschaft der Sünde und des Todes befreit worden. Im Hinblick auf diese Voraussetzung muß Krankheit, als Folge von Sünde, in der erlösenden Gnade des Kreuzes miteingeschlossen sein. Wäre diese Gnade beim Erlösungswerk am Kreuz nicht inbegriffen gewesen, dann hätte Jesus noch so liebevoll und barmherzig zwei Drittel seines Dienstes auf Krankenheilung verwenden können: Alles wäre nur das mitleidige Werk während eines bestimmten Zeitraums gewesen. Der neue Bund, den Gott mit dem Menschen schloß, kann nur durch das Kreuz auf ewig wirksam werden.

Ist es also wahr, daß Erlösung von Krankheit durch das Kreuz Teil des göttlichen Heilsplans war, den Gott schon vorbereitet hatte, bevor die Welt existierte? Wenn es stimmt, daß Heilung von Krankheit eine wichtige Rolle in seinem ewigen

Erlösungsplan spielt, dann muß Heilung prophetisch oder symbolhaft bereits im Alten Testament angekündigt worden sein. Das Alte Testament weist den Weg zum Neuen Testament. Wir wollen nun Erlösung von Krankheit an Beispielen im Alten Testament betrachten.

Das Passahlamm

Das Beispiel des Passahlammes zeigt uns, daß Erlösung von Krankheit ein Teil des Werkes Christi am Kreuz ist. Das Passahlamm ist ein Symbol für Jesus Christus. Als die Israeliten das Blut des Lammes auf die Türpfosten strichen, wurden sie vor der Plage des Todesengels verschont. Das bedeutet, daß unsere Sünden durch das Blut des Gotteslammes Jesus Christus vergeben worden sind und daß unsere Seelen vor dem Gericht bewahrt werden.

Welche Bedeutung hat das Fleisch des Lammes? In 2. Mose 12,46 und 4. Mose 9,12 lesen wir, daß die Kinder Israel in der Passahnacht das Fleisch eines Lammes essen mußten und nichts davon bis zum anderen Morgen übrigbleiben durfte. Sie sollten auch keinen Knochen des jeweiligen Lammes zerbrechen. So vergleicht die Bibel den Leib des gekreuzigten Sohnes Gottes mit dem Fleisch des Passahlammes. Erinnern wir uns, daß die römischen Soldaten die Beine der Diebe brachen, die an den anderen Kreuzen hingen, aber nicht die Beine Jesu (Joh. 19,32-33).

Das Fleisch des Passahlammes gab den Kindern Israel für die vor ihnen liegende lange Reise Stärke und Gesundheit. Ebenso versorgt Jesus uns heute mit Heilung und mit Stärke für unsere lange Reise durch das Leben, bis er wieder auf die Erde zurückkehrt. Der Prophet Jesaja schrieb uns das Wort des Heiligen Geistes: „Durch seine Wunden sind wir geheilt" *(Jes. 53,5).*

Der Apostel Petrus bezeugte, vom Geist der Offenbarung inspiriert: „Der unsere Sünden an seinem Leib selbst an das Holz hinaufgetragen hat, damit wir, den Sünden abgestorben, der Gerechtigkeit leben, durch dessen Striemen ihr geheilt worden seid" *(1. Petr. 2,24).*

Das Passahfest des Alten Testaments zeigt bereits in seiner Symbolik durch die Striemen, die Jesu Rücken verletzten, die Gnade der Versöhnung, die uns von unseren Krankheiten erlöst.

Das Wasser von Mara

Als Mose mit dem Volk in die Gegend von Mara in die Wüste Schur kam, war es heiß, und das Volk wurde durstig. Das einzige Wasser jedoch, das sie finden konnten, war das bittere Wasser von Mara. Die Menschen beklagten sich bei Mose. Mose fiel auf sein Angesicht vor Gott, und dieser zeigte ihm einen Baum. Mose warf auf die Anweisung Gottes hin den Baum ins Wasser, und es wurde süß, so daß die Menschen es trinken konnten.

Diese Begebenheit weist zeichenhaft darauf hin, daß die erlösende Gnade Gottes, die uns von Krankheit befreit, Teil des Werkes Christi am Kreuz ist. Das Alte Testament ist der Schatten des Neuen Testaments. Mose, der die Israeliten aus Ägypten führte, von den Ketten befreite und durch die Wüste ins Land Kanaan brachte, ist ein Symbol für Christus. Christus, der große Erlöser, ruft sein Volk aus einer sündigen Welt heraus, um es zu dem neuen Himmel und der neuen Erde zu führen.

Das bittere Wasser von Mara versinnbildlicht die Nöte und Krankheiten, durch die wir uns auf unserer Lebensreise kämpfen müssen; der in in das Wasser geworfene Baum ist das Kreuz Christi. Und genau in Mara schloß Gott einen Heilungsbund mit dem Volk Israel: „Dort legte Gott Ordnung und Recht für das Volk fest, und dort prüfte er es, und er sprach: Wenn du willig auf die Stimme des HERRN, deines Gottes, hörst und tust, was in seinen Augen recht ist, seinen Geboten gehorchst und all seine Ordnungen hältst, dann werde ich dir keine der Krankheiten auferlegen, die ich den Ägyptern auferlegt habe, denn ich bin der Herr, der dich heilt" (2. Mo. 15,25-26).

Das hebräische Wort im Urtext für „der HERR, der dich heilt" heißt *Jahwe Rophekah.* Dieser heilige Name des ewigen Gottes verdeutlicht, daß Gott nicht Krankheit verursachen will, sondern daß er sie heilt und daß er nicht Tod, sondern Leben bringen will.

Als Gott das bittere Wasser von Mara in Süßwasser verwandelte, begannen zwei Millionen Israeliten sich auf den Gott, der heilt, zu verlassen. Sie lebten in einer Wüste, in der es keine sanitären Anlagen gab und Nahrung, Kleidung und Unterkünfte sehr dürftig waren. Wenn Gott sie nicht tatsächlich geheilt und ihre Wunden verbunden hätte, wären unzählige Menschen im Verlauf der Reise krank geworden und gestorben.

Aber alle Israeliten glaubten den Verheißungen Gottes und gehorchten Ihm, und alle wurden von ihren Krankheiten geheilt. Auf der ganzen Reise gab es weder Schwache noch Kranke unter ihnen. Inspiriert vom Heiligen Geist, schrieb der Psalmist: „Dann führte er sie heraus mit Silber und Gold, und kein Strauchelnder war unter seinen Stämmen" *(Ps. 105,37).*

Die aus der ägyptischen Gefangenschaft befreiten Israeliten sind mit den heutigen Christen vergleichbar, die von einem sündigen Leben befreit worden sind. Der Durchzug durch das Rote Meer ist ein treffendes Beispiel für die Wiederbelebung der Gläubigen.

Das Leben der Israeliten in der Wüste gleicht dem unseren heute insofern, als auch wir Pilger und Fremdlinge auf dem Weg in das verheißene himmlische Land sind.

So sollte geistliche und körperliche Heilung unsere normale Erfahrung sein, weil wir unter „einem besseren Bund leben, der aufgrund besserer Verheißungen gestiftet worden ist" *(Hebr. 8,6).* Und so folgen wir Jesus, der „eines besseren Bundes Bürge" geworden ist *(Hebr. 7,22).* Diese Verheißung steht in Markus 16,17-18: „Die Zeichen aber werden denen folgen, die glauben: In meinem Namen werden sie Dämonen austreiben ... Kranken werden sie die Hände auflegen, und sie werden sich wohl befinden."

Der Heilungsvertrag, den Gott am Wasser von Mara mit dem Volk Israel geschlossen hatte, zeigt gleichnishaft, daß Heilung Teil der Erlösung am Kreuz ist. Dieser Vertrag wurde am Kreuz besiegelt.

Deshalb können wir jetzt in guter Gesundheit leben, bis wir jene Welt betreten, in der „der Tod nicht mehr sein wird, noch Trauer, noch Geschrei, noch Schmerz“ *(Offb. 21,4).*

Die eherne Schlage

„Und sie brachen auf vom Berg Hor, auf dem Weg zum Schilfmeer, um das Land Edom zu umgehen. Und die Seele des Volkes wurde ungeduldig auf dem Weg; und das Volk redete gegen Gott und gegen Mose: Wozu habt ihr uns aus Ägypten heraufgeführt? Damit wir in der Wüste sterben. Denn es ist kein Brot und kein Wasser da, und unserer Seele ekelt es vor dieser elenden Nahrung. Da sandte der HERR feurige Schlangen unter das Volk, und sie bissen das Volk; und es starb viel Volk aus Israel. Da kam das Volk zu Mose, und sie sagten: Wir haben gesündigt, daß wir gegen den HERRN und gegen dich geredet haben. Bete zu dem HERRN, daß er die Schlangen von uns wegnimmt! Und Mose betete für das Volk. Und der HERR sprach zu Mose: Mache dir eine Schlange und tue sie auf eine Stange! Und es wird geschehen, jeder, der gebissen ist und sie ansieht, der wird am Leben bleiben. Und Mose machte eine Schlange von Bronze und tat sie auf die Stange; und es geschah, wenn eine Schlange jemanden gebissen hatte und er schaute zu der ehernen Schlange, so blieb er am Leben“ *(4. Mo. 21,4-9).*

Dieser Bericht über die eherne Schlange ist eine Vorausschau auf das erlösende Werk Jesu, der uns am Kreuz von Krankheit befreit hat.

Wahrscheinlich gab es in der Gegend viele gefährliche Schlangen; Aber das Volk war sicher vor dieser Gefahr, weil Gottes starker Arm es beschützte. Sobald das Volk jedoch gegen Gott rebellierte und sündigte, wurde Gottes Schutz aufgehoben, und die gefährlichen Schlangen fielen augenblicklich über die Menschen her, bissen und töteten sie. Die bösartigen Schlangen sind das Sinnbild des Teufels. An dieser Begebenheit erkennen wir, daß der Teufel immer, wie der Löwe seine Beute, die Gläubigen angreift, sobald sie sich aus dem Schutzbereich Gottes hinausbegeben.

Gott befahl Mose, eine eherne Schlange anzufertigen und sie auf einem Stock zu befestigen; und jeder, der von der bösartigen Schlange gebissen war, wurde augenblicklich geheilt, wenn er seinen Blick auf die eherne Schlange richtete. Als das Volk Israel seine Sünden bereute, kehrte Gottes Schutz zu ihm zurück. Diese Geschichte hatte prophetische Bedeutung: Eines Tages würde der Teufel, der die Menschen andauernd quälte, vollständig besiegt sein. Diese Prophetie erfüllte sich buchstäblich durch das Leben und Werk Jesu.

Als Nikodemus, ein Oberster der Juden, in der Nacht zu Jesus kam, sagte Jesus ihm: „Und wie Mose in der Wüste die Schlange erhöhte, so muß der Sohn des Menschen erhöht werden, damit jeder, der an ihn glaubt, ewiges Leben habe" *(Joh. 3,14-15)*.

Moses eherne Schlange weist zeichenhaft auf das Erlösungswerk hin, das Jesus am Kreuz erfüllen würde. Diese Schlange hatte prophetische Bedeutung. Als Mose sie hoch oben an einem Stock befestigte, symbolisierte dies die völlige Niederlage unseres Feindes, des Teufels, der als „die alte Schlange, der Teufel und Satan" beschrieben wurde (Offb. 12,9). So vollendete Jesus am Kreuz tatsächlich die totale Niederlage des Teufels. Die Bibel bestätigt: „Er sprach aber zu ihnen: Ich sah den Satan wie einen Blitz vom Himmel fallen. Siehe, ich gebe euch die Macht, auf Schlangen und Skorpione zu treten und über die ganze Kraft des Feindes, und nichts soll euch irgendwie schaden" *(Lk. 10,18.19)*. „Jetzt ist das Gericht dieser Welt: jetzt wird der Fürst dieser Welt hinausgeworfen werden" *(Joh. 12,31)*. „In meinem Namen werden sie Dämonen austreiben" *(Mk. 16,17)*. „Als er die Gewalten und die Mächte völlig entwaffnet hatte, stellte er sie öffentlich bloß. In ihm hielt er über sie einen Triumph" *(Kol. 2,15)*.

Diese „Mächte und Gewalten" werden in Epheser 6,12 beschrieben. Ebenso wie das tödliche Gift der Schlangen unwirksam wurde, als Mose die eherne Schlange auf dem Stab aufrichtete, so wurde die Gewalt des Teufels endgültig gebrochen.

Als das Volk Israel auf die aufgerichtete eherne Schlange blickte, fand ein machtvolles Heilungswerk statt. Das Leben von unzähligen Menschen wurde gerettet, die sonst gestorben wären. So ist dieses Bild ein Beispiel für die Erlösung durch Jesus Christus, der die Macht hat, alle Menschen zu heilen, die sich Ihm zuwenden.

Der große Erweckungsprediger F. F. Bosworth, der mit der machtvollen Gabe göttlicher Heilung ganz Amerika und Kanada aufrüttelte, schrieb in seinem Buch *Christus, der Heiler: Die Botschaft der göttlichen Heilung:* „Wenn Heilung nicht Teil des Sühnopfers war, weshalb wurden dann die sterbenden Israeliten aufgefordert, auf das Symbol der Sühne für ihre körperliche Heilung aufzusehen? Da dort Heilung und Vergebung durch das Symbol der Sühnung geschah, warum nicht hier für uns heute durch Christus, den Versöhner selbst?"

Wir haben drei Beispiele im Alten Testament aufgezeigt, die die Bedeutung des Erlösungswerks Jesu, die Wiederherstellung unserer kranken Körper und Seelen beschreiben. Unser Gott ist „der Gott, der heilt", er will unsere Krankheiten heilen, daß wir gesund sind. Es ist der Wille unseres guten Gottes.

Krankheit kam in die Welt als Strafe für die von Adam und Eva begangene Sünde. Als Jesus nach drei Tagen von den Toten auferstand, war der Teufel bereits gebunden. Wer seit dieser Zeit den Namen Jesu Christi anrief, erhielt Vergebung von Sünden und Heilung.

Wir wollen diese Tatsache genauer erklären und uns deshalb in die Botschaft vertiefen, die der Prophet Jesaja predigte; denn das Leben Jesu Christi und sein Auftrag werden in Jesaja 53 sehr lebendig vorhergesagt.

Jesaja: Die Botschaft göttlicher Heilung

Jesaja war ein Prophet Gottes, der zwischen 750 und 695 vor Christus im Land Juda lebte. Das Buch Jesaja kann als „Evangelium im Alten Testament" beschrieben werden, weil es eine so detaillierte Vorhersage der Kreuzigung Jesu gibt, daß man denken könnte, der Autor hätte sie als Augenzeuge miterlebt. Wenn wir dieses Kapitel sorgfältig lesen, wird uns der Erlösungstod des Herrn Jesus Christus in ergreifender Weise geoffenbart. Ich führe an dieser Stelle die Übersetzung einiger hebräischen Wörter auf, die in Jesaja 53 vorkommen und die zum besseren Verständnis wichtig sind:

Choli: Krankheit, Leiden

Das hebräische Wort *choli* bedeutet „Krankheit" und „Leiden" im ganzen Alten Testament hindurch. „Und der HERR wird jede Krankheit (choli) von dir abwenden" *(5. Mo. 7,15).* „Auch alle Krankheiten (choli) und alle Plagen" *(5. Mo. 28,61).* Das hebräische Wort *choli* in Jesaja 53,3-4 wird mit dem deutschen Wort „Leid" oder „Leiden" übersetzt. Deshalb ist „mit Leiden vertraut" in Vers 3 gleichbedeutend mit „vertraut mit Krankheit" und „jedoch unsere Leiden, er hat sie getragen" in Vers 4 gleichbedeutend mit „jedoch unsere Krankheit, er hat sie getragen." Das heißt also, Jesus kannte unsere Krankheiten, und er trug sie.

Makob: Leiden, Pein

„Sein Fleisch fühlt nur noch für sich selber Schmerz (makob), und seine Seele trauert nur um sich" *(Hiob 14,11).* „Auch wird er gezüchtigt durch Schmerzen (makob) und ununterbrochen währt der Streit in meinen Gebeinen" *(Hiob 33,19).* Das hebräische Wort *makob* wird mit dem deutschen Wort „Sorgen" übersetzt (Jes. 53,3-4). Das hebräische Wort „makob" bedeutet also „Sorge, die durch die Schmerzen der Krankheit entsteht." Mit diesem Hintergrundwissen können wir Jesaja 53,4 folgendermaßen lesen: „Wahrlich, er trug unsere Krankheit (Leiden) und trug unsere Pein (Sorge, die durch Leiden entsteht)."

Dieser Vers sagt wörtlich, daß Jesus an unserer Statt all unsere Krankheiten auf sich lud und alle Arten von Schmerz, Todesangst und Sorgen trug, die aus den Krankheiten heraus entstanden. Die Verwendung dieser hebräischen Worte bewahrt uns davor, diesen Vers anders zu interpretieren, d.h. ihn geistlich oder symbolisch auszulegen. Zudem haben wir noch einen anderen Beweis für die Bedeutung dieser Stelle. Es ist der Heilige Geist, der Matthäus das Wort eingab: „Als es aber Abend geworden war, brachten sie viele Besessene zu ihm; und er trieb die Geister aus mit einem Wort, und er heilte alle Leidenden, damit erfüllt würde, was durch den Propheten Jesaja geredet ist, der spricht: „Er selbst nahm unsere Schwachheiten und trug unsere Krankheiten" *(Mt. 8,16.17).*

Im letzten Teil dieser Aussage aus Jesaja 53,4 erklärt der Heilige Geist die Geschehnisse. In diesem Zitat zeigt er uns ganz klar, daß göttliche Heilung durch die Erlösung am Kreuz geschieht. Deshalb kann niemand die Wahrheit widerlegen, daß Jesus uns durch sein Erlösungswerk auch von Krankheiten und Sorgen erlöst hat.

Sabal: Tragen, Aufladen

Das hebräische Wort *sabal* läßt uns erkennen, daß Sünde und Krankheit gleicherweise auf ihn geladen waren: „Um der Mühsal seiner Seele willen wird er Frucht sehen. Er wird sich sättigen: ... durch seine Erkenntnis wird der Gerechte, mein Knecht, den Vielen zur Gerechtigkeit verhelfen. Und ihre Sünde wird er sich selbst aufladen (sabal)" *(Jes. 53,11).*

„Wahrlich, er hat unsere Leiden getragen und unsere Schmerzen auf sich geladen (sabal)" *(Jes. 53,4).*

Das Wort *sabal* in diesen Versen bezeugt, daß Jesus sowohl unsere Schmerzen und Leiden als auch unsere Sünden trug. Wenn wir also glauben, daß Jesus unsere Sünden vergeben hat, müssen wir auch glauben, daß er uns von unseren Krankheiten befreit hat. Das ist eine Tatsache, die wir weder ändern, noch ablehnen können, denn sie steht klar in Gottes Wort.

Das hebräische Wort *sabal* bedeutet auch „in Wehen stöhnen". So können wir uns auch Jesus am Kreuz vorstellen, wie er unsere Sünden und Krankheiten trug. Er brachte Erlösung und Heilung zur Welt in Todesangst und Schmerzen in den letzten Stunden seines Lebens.

Nasa: [Er] trug

In Jesaja 53 steht noch ein anderes Wort, das bedeutet, daß Jesus gleichzeitig unsere Sünden und Krankheiten trug und uns von beiden erlöste. Es ist das hebräische Wort *nasa.*

„Er aber hat die Sünden vieler getragen (nasa)" *(Jes. 53,12).* „Wahrlich, unsere Leiden, er hat sie getragen (nasa)" *(Jes. 53,4).*

An diesen beiden Schriftstellen erkennen wir, daß das Wort *nasa* sowohl im Zusammenhang mit „Sünden tragen", als auch mit „Krankheit tragen" benutzt wird. Seine Bedeutung ist „aufheben, wegtragen, entfernen." Dasselbe Wort wird in 3. Mose 16 genannt, wo beschrieben wird, wie der Sündenbock alle Schuld der Israeliten trägt und in ödes Land gejagt wird. „Und Aaron lege seine beiden Hände auf den Kopf des lebenden Ziegenbocks und bekenne auf ihn alle Schuld der Söhne Israel und all ihre Vergehen nach allen ihren Sünden. Und er lege sie auf den Kopf des Ziegenbocks und schicke ihn durch einen bereitstehenden Mann fort in die Wüste, damit der Ziegenbock all ihre Schuld auf sich trägt (nasa) in ein ödes Land; und er schicke den Ziegenbock in die Wüste" *(3. Mo. 16,21-22).*

Am Versöhnungstag brachten die Kinder Israel zwei Ziegenböcke. Sie töteten den einen, um die Sünden Israels zu sühnen, und sie sprengten sein Blut auf den Altar. Den zweiten jedoch sandten sie als Sündenbock in die Wüste; der Sündenbock lief in der Wüste umher und trug die zahllosen Sünden der Kinder Israel, bis er am Ende umkam.

Der Sündenbock ist ein Symbol für unseren Herrn Jesus Christus. Wie der Sündenbock die Sünden der Israeliten in die Wüste trug, so starb Jesus, mit unseren Sünden beladen, am Kreuz und zahlte ein für allemal den Preis für unsere Sünden. Dieser Aspekt der Botschaft über göttliche Heilung wird ganz deutlich in Jesaja 53,5 beschrieben: „Doch er war durchbohrt um unserer Vergehen willen, zerschlagen um unserer Sünde willen. Die Strafe lag auf ihm zu unserem Frieden, und durch seine Striemen ist uns Heilung geworden."

Auch Petrus zitiert diese Stelle und schreibt, daß unser Herr uns gleichzeitig von Sünden und Krankheiten erlöst hat: „Der unsere Sünden an seinem Leib selbst an das Holz hinaufgetragen hat, damit wir, den Sünden abgestorben, der Gerechtigkeit leben; durch dessen Striemen ihr geheilt worden seid" *(1. Petr. 2,24).*

Unser Tröster, der Heilige Geist, betont diese Wahrheit besonders, wenn er sagt: „... [ihr seid] geheilt worden" (Vergangenheit). Vor 2000 Jahren wurde der Preis für unsere Sünden und Krankheiten am Kreuz vollständig bezahlt. Alles, was wir noch zu tun haben, ist, an diese vollbrachte Tat fest zu glauben und sie uns anzueignen.

Gott wünscht von ganzem Herzen, daß wir von Krankheiten befreit werden. Jesaja spricht dieses Verlangen Gottes aus: „Doch dem HERRN gefiel es, ihn zu zerschlagen. Er hat ihn leiden lassen“ *(Jes. 53,10).*

Warum wollte Gott, daß sein einziger Sohn, Jesus Christus, das Leiden und den Tod am Kreuz auf sich nahm? Gott wollte uns von Sünden befreien. Warum schwieg Jesus und öffnete seinen Mund nicht und war bis zuletzt wie ein Lamm, das seinen Mund nicht auftut vor seinen Scherern? Er gab sich freiwillig hin, um uns von Krankheit und Schmerzen zu erlösen.

Wenn es also Christen gibt, die bekennen, daß ihre Sünden vergeben sind, jedoch nicht von Krankheit und Schmerzen befreit werden wollen, begehen sie eine schwere Sünde und stellen sich gegen den ausdrücklichen Willen Gottes. So bleibt der Erlösungsplan für ihr Leben unvollständig. Leider haben viele Christen einen solchen Halbglauben. Gott sah das voraus und beklagte dies durch den Mund Jesajas, der sagte: „Wer hat unserer Verkündigung geglaubt?“ *(Jes. 53,1).* Das Studium von Jesaja 53 überzeugt uns, daß Gott uns auch von Krankheiten und Schmerzen befreien will. Welche Einstellung hat die moderne Kirche zu der Gabe göttlicher Heilung?

Die moderne Kirche und göttliche Heilung

Die frühe Kirche lehrte Heilung als eine der gottesdienstlichen Handlungen des Sakraments, wie auch Taufe und Kommunion und setzte voraus, daß diese Riten bis zum Ende der Zeit bestehen sollten. Trotzdem haben moderne Kirchen dieses Sakrament verändert. In einigen Kirchen wurde die Taufe so umgewandelt, daß nur noch ein bißchen Wasser auf den Täufling geträufelt wird. Bis jetzt wird das Abendmahl noch gehalten, in manchen Kirchen jedoch nur noch ein- oder zweimal im Jahr. Was Heilung anbetrifft, so haben fast alle Kirchen sie völlig weggelassen. Dieser Zustand zeigt deutlich, daß die moderne Kirche sich vom Wort Gottes weit entfernt hat.

War die Gabe göttlicher Heilung wirklich der Kirche gegeben worden? Wenn ja, gilt sie auch heute noch? Setzt der Heilige Geist sein Werk der Heilung immer noch fort?

Die Gaben göttlicher Heilung werden von Gott ausgeteilt

„Und die einen hat Gott in der Gemeinde gesetzt erstens zu Aposteln, zweitens zu Propheten, drittens zu Lehrern, sodann Wunderkräfte, sodann Gnadengaben der Heilungen" *(1. Kor. 12,28).*

Gaben der Heilung sind ein Teil der verschieden Gaben, die Gott in der Gemeinde eingesetzt hat. Das wird uns durch Jakobus bestätigt: „Ist jemand krank unter euch? Er rufe die Ältesten der Gemeinde zu sich, und sie mögen über ihm beten und ihn mit Öl salben im Namen des Herrn. Und das Gebet des Glaubens wird den Kranken retten, und der Herr wird ihn aufrichten, und wenn er Sünden begangen hat, wird ihm vergeben werden" *(Jak. 5,14.15).*

Jakob, der leibliche Bruder Jesu, war der Leiter des Apostelkonzils in Jerusalem (Apg. 15,13). Der Apostel Paulus sagte von Jakobus, daß er eine Säule der Gemeinde war (Gal. 2,9). Als sich beim Konzil wegen unterschiedlicher Meinungen über die Frage der Beschneidung zwei Parteien bildeten, beendete Jakobus den Streit souverän und sagte: „Deshalb urteile ich ..." *(Apg. 15,19).* Eine solche Autorität besaß Jakobus unter den Aposteln. Die anderen Jünger schwiegen nach diesem Beschluß und ordneten sich ihm unter. Da seine Erklärung in einem offenen Brief an alle Gemeinden gesandt wurde, können wir auch die Autorität akzeptieren, mit der Jakobus über die Gaben der Heilung schrieb, die Gott der Kirche gegeben hatte.

Dieser Brief wurde im letzten Teil des apostolischen Zeitalters geschrieben, als nur noch wenige Aposteln lebten. Deshalb konnte auch die Kraft des Heilens nicht nur den Händen der Apostel anvertraut werden. Die Kraft zu heilen wurde auch anderen Gemeindeleitern, hauptsächlich den Ältesten, weitergeben, die jedem in der Gemeinde leicht zur Verfügung standen. Deshalb haben die Ältesten der Kirche die biblische Autorität, diese von Gott eingesetzte Gabe zu empfangen und sie auszuüben, solange die Kirche auf Erden existiert. Die Ältesten der Kirche in jener Zeit sind vergleichbar mit den heutigen Gemeindeleitern, nämlich den Pastoren, Predigern, Ältesten und jenen, die mit dem Heiligen Geist und dem Wort erfüllt sind.

Die Gabe göttlicher Heilung ist eine sehr wesentliche, von Gott eingesetzte Gabe, und diese Gabe wird bestätigt durch die, die dem Leib Christi dienen. Manche unter Ihnen werden vielleicht immer noch Zweifel haben und sich fragen, ob die Gabe der Heilung nicht nach der Zeit der frühen Kirche aufgehört hat. Ich möchte Ihnen darauf mit den folgenden Schriftstellen antworten.

Jesus kam am Sabbat in die Synagoge von Nazareth und las die Stelle aus dem Propheten Jesaja: „Der Geist des Herrn ist auf mir, weil er mich gesalbt hat, Armen gute Botschaft zu verkündigen; er hat mich gesandt, Gefangenen Befreiung auszurufen und Blinden, daß sie wieder sehen, Zerschlagene in Freiheit hinzusenden, auszurufen ein angenehmes Jahr des Herrn" *(Lk. 4,18.19)*.

Diese Schrift war tatsächlich erfüllt. Jesus befreite Menschen nicht nur aus der Gebundenheit der Sünde, sondern warf sogar die Dämonen aus einem Mann aus Gerasa, der von unzähligen Dämonen besetzt war, die sich selbst Legion nannten. Und Jesus öffnete nicht nur die Augen der geistlich Blinden, sondern gab einem Mann das Augenlicht wieder, der von Jugend an blind gewesen war. Er heilte den blinden Bettler Bartimäus. Was bedeutet der Satz „Zerschlagene in Freiheit hinzusenden"? Die Antwort finden wir in der Rede, die Petrus im Hause des Kornelius, einem Heidenchristen, hielt: „Jesus von Nazareth, wie Gott ihn mit heiligem Geist und mit Kraft gesalbt hat, der umherging und wohltat und alle heilte, die vom Teufel überwältigt waren. Denn Gott war mit ihm" *(Lk. 4,21)*.

Deshalb bedeutet „Zerschlagene in Freiheit hinzusenden", daß Menschen aus der Unterdrückung des Teufels befreit werden. Jesus setzte solche Menschen frei, einschließlich der Kranken. Nachdem Jesus diese Stelle aus dem Buch Jesaja vorgelesen hatte, sagte er: „Heute ist diese Schrift vor euren Ohren erfüllt" *(Lk. 4,21)*.

Der Herr sagte nicht, daß diese Schrift in der Zukunft erfüllt werden würde, sondern erklärte mit Nachdruck, daß sie in jenem Augenblick bereits erfüllt war. Jesus Christus will jetzt in diesem Augenblick die Gabe der Heilung überfließend über uns ausgießen, damit heute das angenehme Jahr des Herrn gepredigt werden kann.

Im Alten Testament sagte der Prophet Joel voraus, daß in den letzten Tagen Gott seinen Geist auf alle Menschen ausgießen würde (Joel 2,28). Zu Pfingsten predigte der Apostel Petrus voll Heiligen Geistes, daß dies jene letzten sind, an denen der Heilige Geist ausgegossen wird, wie es Joel prophezeit hatte, und sich diese Prophezeiung auf die heutige Zeit beziehen würde. Jakobus sprach vom Früh- und Spätregen (Jak. 5,7). Der Heilige Geist gießt seinen Spätregen jetzt über uns aus. Können wir die „Offenbarung des Geistes" bestreiten, wie sie in 1. Korinther 12,7 beschrieben ist?

Das Offenbarwerden des Geistes beinhaltet auch die Gaben der Heilung (1. Kor. 12,9), und diese Gaben wirken durch den absoluten Willen Gottes (1. Kor. 12,11). Folglich hat die Gabe der Heilung nicht aufgehört. Sie wird vielmehr in den heutigen Gemeinden mehr und mehr offenbar werden, da das Ende der Zeit näherkommt.

Heilung, das Fundament des Reiches Gottes

Als Jesus die Frohe Botschaft predigte, wurden Dämonen ausgetrieben und alle Arten von Krankheiten geheilt. Dies trug ihm den Spott der Pharisäer ein, die meinten, „dieser treibt die Dämonen nicht anders aus als durch den Beelzebub, den Obersten der Dämonen" *(Mt. 12,24)*. Jesus aber wies sie scharf zurecht und sagte, „wenn ich aber durch den Geist Gottes die Dämonen austreibe, so ist also das Reich Gottes zu euch gekommen" *(Mt. 12,28)*.

Durch sein Wort hob Jesus deutlich hervor, daß das Austreiben von Dämonen sowie die Krankenheilung Zeichen der Gegenwart des Reiches Gottes sind. Jesus ist Gott und lebt unter uns. Wenn Er mit uns ist, ist das Reich Gottes mit uns, und göttliche Heilung ist der Beweis dafür. Nachdem Heilung das Fundament des Reiches Gottes ist, muß der Messias, der der Schöpfer des Himmels ist, auch folgerichtig der Heiler sein. Johannes der Täufer sandte seine Jünger zu Jesus und ließ fragen: „Bist du der Kommende, oder sollen wir auf einen anderen warten?" *(Lk. 7,22).*

Darauf antwortete Jesus: „Geht hin und verkündet Johannes, was ihr gesehen und gehört habt: daß Blinde sehend werden, Lahme gehen, Aussätzige gereinigt werden, Taube hören, Tote auferweckt werden, Armen gute Botschaft verkündigt wird" *(Lk. 7,22).*

Der Messias, der uns aus Todesangst und Verderben befreit hat, will auch unser Heiler sein. Jesus war der große Arzt, der uns geistlich heilte und unseren Geist wiederbelebt. Warum sollte er körperliche Krankheit nicht heilen können, die doch nicht so schwerwiegend ist wie geistliche Krankheit?

In Maleachi, dem letzten Buch des Alten Testaments, steht eine wunderbare Prophetie über den Messias als Heiler: „Aber euch, die ihr meinen Namen fürchtet, wird die Sonne der Gerechtigkeit aufgehen, und Heilung ist unter ihren Flügeln. Und ihr werdet hinausgehen und umherspringen wie Mastkälber" *(Mal. 3,20).*

Weil wir von Jesus, dem Heiler, von geistlicher und körperlicher Krankheit geheilt worden sind, können wir ein gesundes und kraftvolles Leben führen wie Mastkälber, die aus dem Stall herausgelassen werden. Es gibt heute viele Christen, die schwach und krank sind. Der Grund ist, daß sie geistlich und körperlich nicht geheilt sind.

Das Reich Gottes ist noch nicht auf ihren Geist und Körper gekommen. Wenn das Evangelium gepredigt wird, kommt das Reich Gottes in unsere Gegenwart. Und das Werk der Heilung geschieht als Ergebnis der Predigt des Evangeliums und beweist, daß das Reich Gottes bereits gekommen ist.

Als Jesus siebzig Jünger ernannte und sie aussandte, das Evangelium zu predigen, beauftragte er sie: „Und heilt die Kranken darin (in der Stadt) und sprecht zu ihnen: Das Reich Gottes ist nahe zu euch gekommen" *(Lk. 10,9)*.

Jesus ermahnte seine Jünger, den Menschen zu erklären, daß die wunderbaren Heilungen der Beweis für das schon angebrochene Reich Gottes waren. Jesus erklärte noch einmal die Verbindung zwischen Heilung und der Gegenwart des Reiches Gottes, als die siebzig Boten wiederkehrten: „Und die Siebzig aber kehrten mit Freuden zurück und sprachen: Herr, auch die Dämonen sind uns untertan in deinem Namen. Er sprach aber zu ihnen: Ich sah den Satan wie einen Blitz vom Himmel fallen ... doch darüber freut euch nicht, daß euch die Geister untertan sind; freut euch aber, daß eure Namen im Himmel angeschrieben sind" *(Lk. 10,17.18.20)*.

Haben Sie Jesus als Ihren Erlöser angenommen? Dann ist das Reich Gottes schon zu Ihnen gekommen. Glauben Sie, daß es schon in Ihnen ist? Dann wird die Heilungskraft Jesu Christi sich zeigen. Er ist die „Sonne der Gerechtigkeit" (Mal. 3,20), und der Gott, der heilt. Er ist der barmherzige Herr, der Striemen bekam und gekreuzigt wurde, um Sie von Krankheit und Leiden zu erlösen.

Das Reich Gottes wurde zuerst von Jesus verkündigt, dann von seinen zwölf Jüngern und später von den siebzig Jüngern. Dann wurde es von den zahllosen Christen ausgerufen, die vor uns gelebt haben. Heute bezeugen es mehr als 1.5 Milliarden Christen auf der ganzen Welt. Die Kraft und das Werk der Heilung sollten Seine Kirche und die ganze Welt überfluten. Und doch ist die Kirche heute voll von Menschen, die an Geist und Körper schwer erkrankt sind, weil die Kirche nicht die gute Botschaft der Heilung predigt. Wie betrübt muß Gott sein!

Wir sollten aufhören, darüber zu streiten, ob Heilung für die Kirche heute noch nötig ist und beginnen, uns durch das Wort Gottes Klarheit über Heilung zu verschaffen. Dann sollten wir, die wir an Geist und Körper geheilt worden sind, anderen da von erzählen. Genauso wie die Kirche nutzlos ist, die nicht das Reich Gottes predigt, so ist die gute Botschaft deformiert, die nicht Heilung enthält. Auch heute noch wünscht Jesus ernstlich, daß wir uns durch die Gabe der Heilung am Bau des Reiches Gottes beteiligen.

Das Werk des Heiligen Geistes, des anderen Trösters

Wir haben erkannt, daß Jesus Christus unsere Krankheiten getragen und daß Gott die Gabe der Heilung unter uns eingesetzt hat. Wir haben auch erkannt, daß Heilung das Fundament des Reiches Gottes und die Offenbarung der Gegenwart des Reiches Gottes ist. Einige unter den Lesern dieses Buches haben vielleicht immer noch Zweifel und Fragen, wie z.B. diese: „Jesus, der Dämonen ausgetrieben und Krankheit beseitigt hat, ist ja schon vor 2000 Jahren von den Toten auferstanden und in den Himmel aufgefahren. Wir Menschen heute können ihn nicht sehen. Wer führt sein Werk also heute auf der Erde weiter?"

Diesen fragenden Menschen stellen wir jetzt den anderen Tröster, den Heiligen Geist, vor. Unser Gott ist ein guter Gott, deshalb ist Jesus Christus, die zweite Person der Dreieinigkeit, auch gut. Er trug die Dornenkrone und wurde gekreuzigt. Die dritte Person der Dreieinigkeit ist der Heilige Geist, und er ist der gute Heilige Geist, der nach den Anweisungen unseres guten Gottes Rettung, Gesundheit und Wohlergehen in uns bewirkt.

Vor seiner Himmelfahrt gab Jesus uns ein wunderbares Versprechen, das vorher niemand gegeben hatte und auch später niemand geben kann: „Geht nun hin und macht alle Nationen zu Jüngern, indem ihr diese tauft auf den Namen des Vaters und des Sohnes und des Heiligen Geistes, und lehrt sie alles zu bewahren, was ich euch geboten habe. Und siehe, ich bin bei euch alle Tage bis zur Vollendung des Zeitalters" *(Mt. 28,19.20).* „Denn wo zwei oder drei versammelt sind in meinem Namen, da bin ich in ihrer Mitte" *(Mt. 18,20).*

Jesus wurde gekreuzigt, das ist erwiesen. Er starb und wurde in ein Grab gelegt, stand von den Toten auf und fuhr in den Himmel. Wir können keine menschlichen Spuren seines Lebens auf dieser Erde entdecken. Jesus versprach, daß er unter uns und mit uns sein würde. Wenn Jesus heute mit uns ist, dann sollten dieselben Dinge, die er vor 2000 Jahren bewirkt hat, sich auch heute täglich bei uns ereignen. Dadurch stellt sich heraus, ob die Worte Jesu wahr sind oder nicht: Wenn diese Dinge nicht auch heute unter uns geschehen, dann sind die Versprechungen Jesu nichts als leere Worte.

Wie nun ist Jesus hier bei uns? Er sagte: „Und ich werde den Vater bitten, und er wird euch einen anderen Beistand geben, daß Er bei euch sei in Ewigkeit, den Geist der Wahrheit, den die Welt nicht empfangen kann, weil sie ihn nicht sieht, noch ihn kennt. Ihr kennt ihn, denn Er bleibt bei euch und wird in euch sein. Ich werde euch nicht verwaist zurücklassen, ich komme zu euch." *(Joh. 14,16-18).*

Der Tröster ist die Beschreibung einer Person, die als Fürsprecher eintritt und immer mit dem anderen ist. Aus dieser Schriftstelle geht hervor, daß Jesus der erste Tröster ist. Der Geist der Wahrheit, den Jesus „einen anderen Tröster" nannte, ist mit dem griechischen Wort *allos* beschrieben, was mit „eines von zwei identischen Dingen" übersetzt wird. Also sind Jesus und der Heilige Geist beide Tröster. Sie unterscheiden sich nur darin, daß der eine zuerst kam und der andere ihm folgte.

Der Heilige Geist, der an Pfingsten fiel, nachdem Jesus auferstanden und in den Himmel aufgefahren war, tat das Werk Jesu in seinem Namen und an seiner Stelle. Deshalb ist der Heilige Geist der andere Tröster. Jesus sagte, „ich will euch nicht verwaist zurücklassen, ich komme zu euch" *(Joh. 14,18).* Das bedeutet, daß die Gegenwart des Heiligen Geistes die Gegenwart Jesu ist. Um dies noch klarer darzustellen, sagte Jesus: „An jenem Tage werdet ihr erkennen, daß ich in meinem Vater bin und ihr in mir und ich in euch" *(Joh. 14,20).*

Jesus sagte ihnen, daß er den Heiligen Geist senden würde, der die Lücke ausfüllen würde, die durch seinen eigenen Abschied entstanden war und daß er bis zum Ende der Welt bei uns bleiben würde.

Welche Art von Arbeit tat der Heilige Geist, als er kam? Petrus sagt in Apostelgeschichte 2,33: „Nachdem er (Jesus) nun durch die Rechte Gottes erhöht worden ist und die Verheißung des Heiligen Geistes vom Vater empfangen hat, hat er dieses ausgegossen, was ihr seht und hört."

Was ist „dieses, was ihr seht und hört"? Die Bibel sagt: „Er (der Heilige Geist) wird mich verherrlichen; denn von dem Meinen wird Er nehmen und euch verkündigen. Alles, was der Vater hat, ist mein; darum sagte ich, daß Er von dem Meinen nimmt und euch verkündigen wird" *(Joh. 16,14.15).*

Jesus sagt uns also deutlich, daß „dieses, was ihr seht und hört" das Werk der Erlösung ist, das er in dieser Welt tat, Vergebung von Sünden und Heilung. Dies ist der Wille und die Absicht Gottes, unseres Vaters, für uns. In den Versen Jesajas, die Jesus zitierte, sehen wir das Werk Jesu, das der Heilige Geist bewirkte: „Der Geist des Herrn ist auf mir, weil er mich gesalbt hat, Armen gute Botschaft zu verkündigen; er hat mich gesandt, Gefangenen Befreiung auszurufen und Blinden, daß sie wieder sehen, Zerschlagene in Freiheit hinzusenden, auszurufen ein angenehmes Jahr des Herrn" *(Lk. 4,18-19).*

Diese Worte sind die Verkündigung der guten Botschaft Jesu Christi, und Jesus sagte, daß er dieses Werk durch die Salbung des Heiligen Geistes tat. Nun ist derselbe Heilige Geist gekommen, um dasselbe Werk in der Gemeinde, dem Leib Christi, weiterzuführen. Auch heute wird das Evangelium den geistlich und körperlich Armen gepredigt. Den in Sünde Gefangenen wird Befreiung, geistlich Blinden wird das Licht, Kranken und vom Teufel Unterdrückten wird Heilung und der ganzen Welt Erlösung gepredigt. So teilt der andere Tröster, der Heilige Geist selbst, die Gnadengaben aus, die Jesus Christus durch Leiden und den Tod am Kreuz bezahlte.

Der Heilige Geist bezeugt nicht nur die Gnade der Erlösung Jesu (Joh. 15,26) und verkündigt sie uns (Joh. 16,12-14), sondern dank seiner einzigartigen Fähigkeit, geistliche Offenbarung in uns zu bewirken, verhilft er uns zur Erkenntnis (1. Kor. 12,3). Aufgrund dieser Offenbarung können Menschen geistlich wiedergeboren werden, und jeder, der sein Herz für Jesus öffnet, kann das erfahren (Röm. 8,1-4). Selbstverständlich sind die Heilungen, die durch Jesus geschahen, Teil der oben erwähnten Schriftstellen. Die Bibel sagt an anderer Stelle: „... einem anderen aber Gnadengaben der Heilungen in dem einen Geist" *(1. Kor. 12,9).* Beachten Sie, daß der Ausdruck „Gaben der Heilungen" in der Mehrzahl ist.

Der Heilige Geist, der andere Tröster, der unter uns ist und Jesu Werk fortsetzt, befähigt uns, das durch Jesu Opfer auf Golgatha geschehene Werk der Vergebung zu verstehen und anzunehmen. Als Beweis, daß uns vergeben wurde, heilt er uns. Dank dem Heiligen Geist haben wir die Gnade der Erlösung mit der Heilung als ihrem sichtbaren Zeichen. Wenn wir also an Jesus glauben, und wenn der Heilige Geist, der Tröster, mit uns ist, dann sollten die großen Werke, die Jesus vor 2000 Jahren tat, auch unter uns heute offenbar werden.

Die Meinung, daß Heilung nicht notwendig sei

Die Befreiung von Krankheit als Jesu heilende Gnade, geschieht weiterhin in seiner Kirche, und so sollte es auch sein. Trotzdem wird oft gesagt, daß Heilung nicht nötig sei. Natürlich ist dieses Denken nur unserem Vertrauen in den heutigen Fortschritt der medizinischen Forschung und der Entwicklung unserer Umwelt zuzuschreiben.

Was immer die Gründe für diese Denkweise sein mögen: Wer mit den Augen des Glaubens Krankheit im Licht ihrer Beziehung zur Erlösung von der Sünde sieht, kann leicht erkennen, wie weltlich und fleischlich eine solche Annahme ist.

Weil wir Erlösung und Gaben göttlicher Heilung gleichzeitig empfangen, rufen wir die Wahrheit hinaus, daß alle, die gerettet sind, auch Heilung erfahren sollen. In der Bibel lesen wir, daß alle Jünger Jesu dies gelehrt haben und denselben Nachdruck auf Erlösung wie auch auf göttliche Heilung legten. Die ganze evangelistische Arbeit des Apostels Petrus drehte sich um Rettung von Seelen, um die wunderwirkende Tat göttlicher Heilung und um das Bezeugen dieser Heilungen (1. Petr. 2,24). „... so daß sie (die Menschen) die Kranken auf die Straßen hinaustrugen und auf Betten und Lager legten, damit, wenn Petrus käme, auch nur sein Schatten einen von ihnen über schatten möchte. Es kamen aber auch die Menge aus den Städten um Jerusalem zusammen, und sie brachten Kranke und von unreinen Geistern Geplagte, die alle geheilt wurden" *(Apg. 5,15.16)*.

Auch der Apostel Johannes, der beim letzten Abendmahl an Jesu Brust gelegen hatte, sprach einem verkrüppelten Bettler, der vor der Schönen Pforte des Tempels saß, im Namen des Herrn Jesu Heilung zu (Apg. 2,6-8). Johannes schrieb in seinem Brief: „Geliebter, ich wünsche, daß es dir in allem wohlgeht und du gesund bist" *(3. Joh. 2)*.

Die Apostel der frühen Kirche hielten Heilungswunder für ebenso wichtig wie die Verkündigung des Evangeliums zur Rettung von Seelen, und sie beteten für solche Wunder. Gleich zu Beginn der christlichen Kirche wurden die Apostel Petrus und Johannes zum Verhör vor den Hohen Rat gebracht. Und die Kirche betete folgendermaßen: „Und nun Herr, sieh an ihre Drohungen und gib deinen Knechten, dein Wort mit aller Freimütigkeit zu reden; und strecke deine Hand aus zur Heilung und daß Zeichen und Wunder geschehen durch den Namen deines heiligen Knechtes Jesus" *(Apg. 4,29-30)*.

Gott freute sich über dieses Gebet. Als Zeichen dafür „bewegte sich die Stätte, wo sie versammelt waren: und sie wurden alle mit dem Heiligen Geist erfüllt und redeten das Wort Gottes mit Freimütigkeit" *(Apg. 4,31)*. Und weiter sagt die Bibel: „Und mit großer Kraft legten die Apostel das Zeugnis von der Auferstehung des Herrn Jesus ab; und große Gnade war auf ihnen allen" *(Apg. 4,33)*.

Heute vertreten manche die Meinung, daß nur das Evangelium gepredigt werden sollte. Sie betrachten es als ungehörig oder schämen sich, wenn der Heilige Geist während der Verkündigung Zeichen und Wunder wirkt und kritisieren diese Taten sogar. Solch falsche Frömmigkeit und Gesetzlichkeit sind Heuchelei, denn wer gegen diese Werke predigt, kommt selbst nicht in den Himmel und erlaubt auch anderen nicht, hineinzukommen.

Unsere Verkündigung des Evangeliums muß in der Kraft des Heiligen Geistes geschehen und von Zeichen und Wundern begleitet sein; denn wo immer das Evangelium gepredigt wird, wird der alte Mensch hinausgeworfen und unser alter Herr, der Teufel, fährt mit lautem Schrei aus. Für den Apostel Paulus, den größten unter den Aposteln, war es ganz selbstverständlich, daß sich die Kraft des Heiligen Geistes in seiner Predigt offenbarte; und er bekannte, daß dies den Erfolg seiner Predigt bewirkte: „Ich habe also in Christus Jesus etwas zum Rühmen in den Dingen vor Gott. Denn ich werde nicht wagen, etwas von dem zu reden, was Christus nicht durch mich gewirkt hat zum Gehorsam der Nationen durch Wort und Werk in der Kraft der Zeichen und Wunder, in der Kraft des Geistes, so daß ich von Jerusalem und ringsumher bis nach Illyrien das Evangelium des Christus völlig verkündigt habe" *(Röm. 15,17-19)*.

Weil wir diese Werke, die der Apostel Paulus damals tat, heute nicht in unserer Kirche vollbringen, füllen wir die Welt innerhalb und außerhalb der Kirche mit zivilisierten Heiden.

Wenn fortgeschrittene Wissenschaft, Philosophie und Bildung heutzutage in der Kirche wirksamer sind als die Krafttaten des Apostels Paulus, warum gelingt es uns dann nicht, unsere Gesellschaft mit Hilfe von Philosophie und Bildung völlig zu evangelisieren? Es gibt heute mehr Heiden um uns herum und in unserer Gesellschaft als zu der Zeit des Apostels Paulus. Wie können wir diese Heiden in den Gehorsam Christi führen? Damit wir nicht auf Nebengleise ausweichen können, gab uns Jesus in aller Klarheit den großen Auftrag, der nicht verändert werden kann: „Geht hin in die ganze Welt und predigt das Evangelium der ganzen Schöpfung. Wer gläubig geworden und getauft worden ist, wird errettet werden; wer aber nicht gläubig geworden ist, wird verdammt werden. Diese Zeichen aber werden denen folgen, die glauben: In meinem Namen werden sie Dämonen austreiben, sie werden in neuen Sprachen reden, werden Schlangen aufheben, und wenn sie etwas Tödliches trinken, wird es ihnen nicht schaden; Schwachen werden sie die Hände auflegen, und sie werden sich wohl befinden" *(Mk. 16,15-18)*.

Dieser große Befehl ist der unabänderliche Wille Gottes. Der Versuch unserer Kirchen, sich von Zeichen und Wundern und der Kraft des Heiligen Geistes zu distanzieren und diese zu kritisieren, war ursprünglich der Versuch, die Kraftlosigkeit der Leiterschaft zu verdecken und zu rechtfertigen. Das Resultat bekümmerte Gott und befriedigte den Teufel. Für eine erfolgreiche Predigt des Evangeliums sind Zeichen, Wunder und die Kraft des Heiligen Geistes unerläßlich. „Wie werden wir [der Vergeltung] entfliehen, wenn wir eine so große Errettung mißachten? Sie hat [ja] den Anfang ihrer Verkündigung durch den Herrn empfangen und ist uns von denen bestätigt worden, die es gehört haben, wobei Gott zugleich Zeugnis gab durch Zeichen und Wunder und mancherlei Machttaten und Austeilungen des Heiligen Geistes nach seinem Willen" *(Hebr. 2,3.4)*.

Die Gaben der Heilung sollten zur Ehre Gottes gebraucht werden, weil Gott sie verordnet, in der Kirche eingesetzt und selbst bestätigt hat. Natürlich ist es beklagenswert, daß diese kostbaren Gaben auch verschwendet und mißbraucht worden sind. Aber wo immer das gute Werk Gottes getan wird, tritt der Teufel dazwischen, der sich „in einen Engel des Lichts" verwandelt (2. Kor. 11,14).

Wir müssen den wahren Charakter des Teufels aufdecken und ernstlich um den Glauben kämpfen, der ein für allemal den Gläubigen gegeben wurde (Judas 3). Wir müssen der ganzen Welt die Kraft des Evangeliums demonstrieren, indem wir die Wahrheit durch das Wort aufrichten. Dadurch bewahren wir unsere verletzliche und durstige Herde davor, unversehens falschen Lehrern, sowie Okkultisten zu folgen, die in Schafskleidung herumgehen, jedoch vom Teufel beeinflußt sind. Wir werden sie vom Irrtum auf den richtigen Weg führen können.

Laßt uns unser Herz dem Reich Gottes öffnen und diese Wahrheiten durch Heilung in Christus in uns selbst und in unseren Häusern lebendig werden. Laßt unsere kranken Körper die wunderwirkende Heilkraft des anderen Trösters, des Heiligen Geistes, erfahren, der uns gerade jetzt mit derselben Heilungskraft beschenken will, die Jesus hatte. Laßt uns das Evangelium der Erlösung und der Heilung annehmen, damit der Schmerz jener Striemen, den Jesus unsretwillen erlitt, nicht umsonst war.

„Er selbst aber, der Gott des Friedens, heilige euch völlig; und vollständig möge euer Geist und Seele und Leib untadelig bewahrt werden bei der Ankunft unseres Herrn Jesus Christus" *(1. Thess. 5,23).*

Wie können unsere Krankheiten geheilt werden?

Wir haben nun gesehen, daß die Erlösung Jesu Christi zugleich Erlösung von unseren Krankheiten bewirkt; und sogar heute offenbart sich durch den anderen Tröster, den Heiligen Geist, die Heilungskraft Jesu Christi in unserem Körper. Diese Wahrheit ist so unerschütterlich wie Himmel und Erde. Dennoch befinden sich unzählige Christen immer noch in Schmerzen, gebunden durch körperliche Krankheiten. Wenn wir durch den Glauben an Jesus errettet sind, sollte als Folge Heilung geschehen. Warum sind denn so viele Kinder Gottes, die Jesus als ihren Retter bekennen, immer noch durch Leiden gebunden, die die Folge der Sünde sind?

Wie enttäuscht und verletzt muß Gott sein, wenn er sieht, daß wir trotz Sündenvergebung so gebunden und gequält leben, weil wir uns weigern, die Segnungen anzunehmen, die er für uns vorbereitet hat! Obwohl der erfrischende Regen im Überfluß vom Himmel herabströmt, können wir ihn nicht auffangen, weil unser Gefäß zugedeckt ist. Wenn wir von Sünde und ihrer Qual befreit werden und die Segnungen des Himmels empfangen wollen, die zu unserer Freude vorbereitet worden sind, dann müssen wir unser Gefäß öffnen, um den Segen entgegenzunehmen. Wenn wir den Deckel vom Gefäß abnehmen, bricht der Segen Gottes wie eine Flut über uns herein und sprengt jede Kette der Krankheit und der Schmerzen. Dann werden wir von Krankheit befreit und in Gesundheit leben, bis wir heimgerufen werden, um für immer bei Gott zu sein. Ich möchte Ihnen nun zeigen, wie Sie Ihr Gefäß vorbereiten können, um den Segen der Gesundheit aufzufangen.

Verlangen Sie leidenschaftlich nach Gesundheit

Gott segnet Menschen, die um Segnungen bitten. So kommt

Heilung auch zu denen, die sie sehnlichst verlangen. Gott kann Menschen nicht beschenken, die gleichgültig sind oder nicht wissen, ob sie sein Geschenk überhaupt annehmen wollen. Menschen, die von der Macht der Krankheit befreit werden wollen, sollten den starken Wunsch nach vollkommener Gesundheit haben. Sie sollten sich verlangend danach ausstrecken.

Jesus traf beim Teich Bethesda einen Mann, der schon dreizig Jahre lang krank gewesen war. Er hatte täglich am Teich auf den Moment gewartet, als erster ins Wasser zu steigen, sobald ein Engel das Wassser berührte. Er war jedoch so schwach daß jedesmal andere vor ihm im Wasser gewesen waren. Jesus stellte ihm die merkwürdige Frage: „Willst du gesund werden?" *(Joh. 5,6)*. Jesus fragte, ob der Mann wirklich geheilt werden wollte – ob er mit allem Ernst Heilung begehrte.

Jeder von uns fällt im täglichen Leben zahllose Entscheidungen. Diese führen uns zum Guten oder zum Schlechten. Wenn ein Patient sich entscheidet, gesund zu werden, wird normalerweise die Medizin, die er einnimmt, schnell wirken, und die Behandlung ist effektiv. Gibt der Kranke dem Gedanken nach, daß er immer krank sein wird und dem Tod entgegengeht, kann ihm keine Medizin helfen.

Tatsächlich möchten manche Kranke nicht geheilt werden, denn als Kranke bekommen sie eine Menge Aufmerksamkeit und Zuwendung. Wieder andere sind krank, weil sie sich wünschen, beim Herrn zu sein. Sie meinen, so könne sie niemand wegen ihres mangelnden Lebenswillens tadeln.

Bevor kranke Menschen Heilung empfangen, müssen sie zuerst einmal ihr Herz vorbereiten. Gott kann uns nicht helfen, wenn wir uns seine Hilfe nicht wirklich wünschen.

Nachdem Jesus das Gleichnis vom ungerechten Richter und der Witwe erzählt hatte, sagte er: „Hört, was der ungerechte Richter sagt: Gott aber, sollte er das Recht seiner Auserwählten nicht ausführen, die Tag und Nacht zu ihm schreien, und sollte er es bei ihnen lange hinziehen?" *(Lk. 18,6-7)*.

Das bedeutet, daß Gott unsere Gebete nicht erhören kann, wenn wir nicht den brennenden Wunsch haben, geheilt zu werden oder eine Antwort von ihm zu erhalten. Wenn wir jedoch einen starken Wunsch haben und dieser Wunsch nicht dem Willen Gottes widerspricht, wird er diesen erfüllen. Über unsere Wünsche und deren Erfüllung sagt uns die Bibel: „Habe deine Lust am HERRN, so wird er dir geben, was dein Herz begehrt" *(Ps. 37,4).* „Denn Gott ist es, der in euch wirkt sowohl das Wollen als auch das Wirken zu seinem Wohlgefallen" *(Phil. 2,13).* Und „... der Wunsch der Gerechten wird gewährt" *(Spr. 10,24).*

Naeman, Befehlshaber der Armee des syrischen Königs, hatte Ehre, Reichtum und eine hohe Stellung, aber er war aussätzig. Seine Zukunft war düster. Sein Herz brannte von dem Wunsch, geheilt und von seiner Krankheit befreit zu werden. So wies er den Ratschlag eines Sklavenmädchens nicht zurück.

Als die Sklavin ihm von dem Propheten Elisa in Israel berichtet, der seinen Aussatz heilen könnte, bereitete er unverzüglich alles vor und reiste nach Israel. Da Syrien zu der damaligen Zeit im Streit mit Israel lag, bestand zudem die Gefahr, daß er getötet oder gefangengenommen werden könnte; sein brennender Wunsch jedoch, von dieser Krankheit geheilt zu werden, brachte ihn dazu, sein Leben zu riskieren und Elisa zu besuchen.

Naeman war sehr entmutigt und wollte bereits aufgeben, als Elisa ihm mitteilen ließ, daß er siebenmal im Jordan baden solle. Er hörte jedoch auf den Rat seiner Diener und Freunde, stieg in das schmutzige Wasser und tauchte siebenmal unter. Er mußte seinen Stolz aufgeben und dem Befehl des Dieners Gottes gehorchen. Zuerst dachte er wirklich, er sei zu gut, um in das dreckige Wasser zu steigen. Sein Wunsch, geheilt zu werden, war aber so stark daß er es trotzdem tat. Das Ergebnis war, daß sein Fleisch so rein wurde wie das eines Kindes.

Als Jesus in seiner Heimatstadt predigte, wies er die Menschen wegen ihres Unglaubens zurecht: „Und viele Aussätzige waren zur Zeit des Propheten Elisa in Israel, und keiner von ihnen wurde gereinigt als nur Naeman, der Syrer" *(Lk. 4,27).*

In Markus 5,25-34 wird eine Frau erwähnt, die zwölf Jahre lang blutflüssig gewesen war. Auch sie wurde geheilt, weil sie den starken Wunsch hatte, geheilt zu werden. Sie war nur noch Haut und Knochen und hatte viele Ärzte aufgesucht, für die sie ihr ganzes Geld ausgegeben hatte, und die ihr dennoch nicht helfen konnten. Da Blutgang, ebenso wie Aussatz, eine unreine Krankheit war, litt sie geistlich und körperlich. Sie lebte getrennt von Freunden und Verwandten in einem Hinterzimmer oder einer elenden kleinen Hütte, und im Lauf der Zeit wurde sie immer schwächer. Trotzdem hatte sie den starken Willen zu leben und gesund zu sein.

Von diesem brennenden Verlangen beseelt, fing sie die Nachricht von Jesus auf, die sie unter normalen Umständen vielleicht nicht mitbekommen hätte. Trotz der Zurückweisung der Menschen ging sie in die Nähe Jesu, um wenigstens den Saum seines Gewandes zu berühren. Niemand hatte ihr gesagt, daß sie geheilt würde, wenn sie seine Kleider anrührte. Tausende von Menschen streiften Jesus täglich, wenn sie sich den Weg bahnten, um in seine Nähe zu kommen. Ihnen geschah nichts. Diese Frau aber hatte eine persönliche Offenbarung: „Wenn ich nur den Saum seines Gewandes berühre … werde ich geheilt." Es war der brennende Wunsch, der sie solange suchen ließ, bis sie tatsächlich sein Gewand berührte. Ihr Wunsch brachte Glauben hervor. Als sie im Glauben handelte, spürte Jesus, daß Kraft von ihm ausgegangen war.

Wenn wir geheilt werden möchten, müssen wir ein Verlangen und den brennenden Wunsch nach Gesundheit haben und uns gleichzeitig mit aller Entschiedenheit näher an Jesus herandrängen, um Befreiung von Krankheit zu bekommen. Wenn wir uns erst einmal in diesem Stadium befinden, sind wir der Heilung bereits einen Schritt näher.

Tut Buße

Wenn wir an Jesus als unseren Retter glauben und Ihn mit unserem Mund bekennen, sind wir wiedergeboren aus Wasser und Heiligem Geist. Diese Handlung bewirkt eine Veränderung in unserer ganzen Persönlichkeit. Durch diese Veränderung werden wir aus den Bindungen Satans befreit und werden Gottes Kinder. Aber Satan geht umher wie ein brüllender Löwe und wartet immer auf eine Gelegenheit, seine Macht über uns wiederzuerlangen. Der Teufel ist dasselbe böse Wesen, das Judas Ischariot versuchte, Jesus für Geld zu verraten und auch Petrus dazu anstifteten wollte, das Erlösungswerk Jesu zu zerstören. Der Teufel ist auch heute noch an der Arbeit.

Wenn ein Gläubiger entgegen der Führung des Heiligen Geistes in seinem Leben handelt und der Heilige Geist sich zurückzieht, übernimmt das Fleisch wieder die Kontrolle, und Satan nimmt viele Bereiche seines Lebens wieder in Besitz: „Und wie sie (die Menschen) es nicht für gut fanden, Gott in der Erkenntnis festzuhalten, hat Gott sie dahingegeben in einen verworfenen Sinn, zu tun, was sich nicht geziemt: erfüllt mit aller Ungerechtigkeit, Bosheit, Habsucht, Schlechtigkeit, voll von Neid, Mord, Streit, List, Tücke; Ohrenbläser, Verleumder, Gottverhaßte, Gewalttäter, Hochmütige, Prahler, Erfinder böser Dinge, den Eltern Ungehorsame, Unverständige, Treulose, ohne natürliche Liebe, Unbarmherzige ... Obwohl sie Gottes Rechtsforderung erkennen, daß, die solches tun, des Todes würdig sind, üben sie es nicht allein aus, sondern haben auch Wohlgefallen an denen, die es tun" *(Röm. 1,28-32).*

Wenn wir dem Teufel erlauben, seine Saat in unseren Sinn zu säen, wird unser Denken von ihm kontrolliert und manipuliert. Es kann nicht deutlich genug gesagt werden, daß er darauf aus ist, alle aus Gottes Volk auf jede Weise zu berauben, zu töten oder zu zerstören. Wenn er lange genug unkontrolliert in unseren Gedanken, Haltungen und unserer Lebensweise regieren darf, wird er Krankheit aussäen, die langsam den Geist und den Körper tötet. Wir müssen uns aus Satans Machtbereich befreien, indem wir uns durch das Lesen des Wortes heiligen (da das Wort uns immer heiligt). Wir müssen Gebete der Buße beten und dem Wort gehorchen, bis wir den Platz der völligen Befreiung von Krankheit erreicht haben (1. Tim. 4,5 und Eph. 5,26).

Das griechische Wort für „Buße" ist *metanoia,* was wörtlich eine Änderung im Denken bedeutet. Wenn wir unsere Sünden bekennen und unseren Sinn mit dem Wort erneuern, so daß unser Verstand Gott gehört statt dem Teufel, dann wird Satan unser Gedankenleben nicht länger regieren. Dann wird die Krankheit, deren Verursacher er ist, ihre Kraft verlieren und sterben. Denn der Teufel ist nicht mehr da, um sie zu füttern und am Leben zu erhalten. Sobald Satan verschwunden ist, wird neues Gewebe und neues Leben die zerstörten Stellen an unserem Körper ersetzen, weil Jesus kam, um Leben und Leben im Überfluß zu geben! Die folgenden Schriftstellen werden uns helfen: „Mehr als alles, was man (sonst) bewahrt, behüte dein Herz! Denn in ihm (entspringt) die Quelle des Lebens" *(Spr. 4,23)*. „Bekennt nun einander die Vergehungen und betet füreinander, damit ihr geheilt werdet" *(Jak. 5,16)*.

Jesus heilte die Kranken immer und vergab gleichzeitig Sünden. Wenn ich in meinem eigenen Dienst für Menschen um Heilung betete, erlebte ich, daß viele geheilt und gleichzeitig wiedergeboren wurden. Wenn wir unsere Sünden bereuen, erschrickt der Teufel und entfernt sich schnell, weil er sein Anrecht auf unser Leben verloren hat. Gott gewährt dauernde Heilung nur denen, die ihre Sünden bekennen und sich entschließen, ein auf Gott ausgerichtetes Leben zu führen und ihren Sinn dem Wort Gottes entsprechend zu erneuern.

Vergebung

Vergebung ist die Quelle, aus der Heilung fließt, die unseren Geist und Körper wiederherstellt. Als Jesus sagte: „Mensch, deine Sünden sind vergeben" *(Lk. 5,20)*, stand der Gelähmte sofort auf und ging umher. Wenn wir durch die Kraft und Autorität Jesu geheilt werden wollen, müssen wir als erstes unsere Sünden bekennen und um Vergebung bitten.

Wenn wir krank sind, müssen zunächst unsere Sünden vergeben sein, bevor wir den Frieden im Herzen haben, der durch die Vergebung bewirkt wird. Sogar nachdem wir Gewißheit der Vergebung erhalten haben, wird uns der Teufel anklagen und unsere vergangenen Fehler und Übertretungen ausgraben. Wenn wir unsere Sünden bekennen, bitten wir Jesus, uns an unsere in Wort, Tat und Gedanken begangenen Sünden zu erinnern, damit wir alle Sünden bekennen, seien sie groß oder klein. Das umfaßt alles, an das uns der Heilige Geist erinnern wird, beispielsweise auch die Sünde, daß wir Gott Kummer bereitet oder unserem Nächsten, unseren Familienangehörigen und Freunden Schaden zugefügt haben. Wir müssen Vergebung aller unserer Sünden haben und die feste Überzeugung bekommen, daß uns vergeben ist.

Der Teufel versucht immer, uns Schuld einzureden. Wenn wir uns durch die Lügen Satans verwirren lassen und durch ein schuldiges Gewissen kontrolliert werden, wird Furcht folgen. Diese Furcht bringt Sorge und unser Körper wird krank werden. Der Heilige Geist kann uns die feste Überzeugung schenken, daß unsere Sünden vergeben sind. Dann können wir auch uns selbst vergeben und sind frei von den Anschuldigungen des Teufels. Wenn wir diese Gewißheit erlangt haben, sollten wir in unserem Glauben nicht wanken, daß Gott uns vergeben hat. Er vergibt uns mit Freude, wenn wir bereuen. „Kommt denn und laßt uns miteinander rechten, spricht der HERR. Wenn eure Sünden rot wie Karmesin sind, wie Schnee sollen sie weiß werden. Wenn sie rot sind wie Purpur, wie Wolle sollen sie werden" *(Jes. 1,18).*

Kostet uns dann die Vergebung unserer Sünden nichts? Nein, weit entfernt. Weil Gott der Herr der Gerechtigkeit ist, bestimmt er den Preis für die Sünde. Die große Flut zur Zeit Noahs und die Zerstörung von Sodom und Gomorrha beweisen das. Warum kann der gerechte Gott unsere Sünden vergeben? Er kann sie vergeben, weil er den Tod seines sündlosen Sohnes annahm, der für unsere Sünde mit dem Tod bezahlte. Das kostbare Blut Jesu, voll Kraft und Macht, Sünden abzuwaschen, ist die einzige Sicherheit seiner Vergebung. Diese Sicherheit erlischt nie. Deshalb kann uns vergeben werden, wenn wir Jesus unsere Sünden bekennen und glauben, daß sein Blut die Macht hat, unsere Sünden abzuwaschen.

Durch Vergebung unserer Sünden werden wir von einem schuldigen Gewissen befreit und von der Krankheit, die durch das schuldige Gewissen verursacht wird. Der Teufel wird versuchen, zurückzukommen und Krankheit in den Geist und Körper des Menschen zu säen, der immer noch mit einem schuldbeladenen Gewissen lebt und den Preis ignoriert, den Jesus schon für seine Sünden bezahlt hat. Dieser Mensch ist wie jemand, dem ein Geschenk gemacht wird und der es nicht annimmt oder benutzt. Wenn wir unsere Sünden bekannt haben, können wir uns von dem schuldigen Gewissen befreien. Wir müssen uns an den Preis erinnern, den Jesus für die Sünden bezahlt hat, und dann mutig in der Überzeugung leben, daß uns vergeben worden ist.

Wir müssen auch unseren Nächsten und anderen Menschen ihre Fehler vergeben. Jesus sagte zu Petrus, daß er seinem Nächsten siebzig mal sieben mal vergeben sollte. Jesus gab uns ein Beispiel, als er einer Frau vergab, die beim Ehebruch ertappt worden war. Am Ende krönte er sein Werk der Vergebung, als er jenen vergab, die ihn kreuzigten und auch dem Dieb, der mit ihm gekreuzigt wurde.

Wir sollten unseren Nächsten im Namen Jesu Christi vergeben, wieviel es uns auch kosten mag. Unsere erste Pflicht ist es, den Befehlen Gottes zu gehorchen und eine herzliche Beziehung zu den Menschen anzustreben, denen wir vergeben haben. Die erste Bedingung, die Gott stellt, damit er unser Gebet erhören kann, ist, daß wir anderen ihre Kränkungen vergeben. Daß wir anderen vergeben, ist die Voraussetzung dafür, daß Gott auch uns vergeben kann (Mt. 6,14-15).

Es ist gar nicht so einfach, anderen ihre Vergehen zu vergeben. Aber weil Gott und andere Menschen uns vergeben haben, ist es unsere Pflicht und Verantwortung, anderen zu vergeben. Wie schwierig es auch sein mag, Vergebung muß in unseren Worten, Taten und Gedanken geschehen. Sonst wird auch Gott uns nicht vergeben. Für diese Aufgabe müssen wir den Heiligen Geist um Hilfe bitten.

Heute befinden sich viele Menschen in einer Sackgasse, wo sie anderen nicht vergeben können. Ehefrauen leiden unter der Untreue ihrer Männer, und Ehemänner sind verzweifelt wegen ihrer untreuen Ehefrauen. Andere leiden wegen ihrer ungehorsamen Kinder oder wegen Problemen mit der Familie oder Nachbarn. Durch Vergebung zerstören wir die Festung des Teufels und bauen das Reich Gottes. Vergebung ist deshalb so schwer, weil der Teufel alles daransetzt, die Erinnerung an

Verletzungen wachzuhalten, damit wir einander nicht vergeben. Der Heilige Geist jedoch steht uns immer zur Verfügung und seine Hilfe reicht vollkommen für jede solche Not.

Corrie ten Boom war eine berühmte holländische Evangelistin, die weltweit bekannt war. Während des Zweiten Weltkriegs waren Corrie ten Boom und ihre Schwester in einem deutschen Konzentrationslager, weil sie Juden versteckt hatten. Ihre Schwester starb an der brutalen Behandlung im Lager. Obwohl sie selbst schwer mißhandelt war, überlebte Corrie ten Boom und kehrte wieder in ihr Land zurück. Von da an predigte sie das Evangelium in der ganzen Welt.

Eines Tages wies sie der Heilige Geist an, nach Deutschland zu gehen und den Deutschen zu predigen, die unter der Niederlage und Schuld der Vergangenheit litten.

Deutschland war nun wirklich das letzte Land, in das sie gehen wollte. Aber da sie dem Befehl des Herrn gehorchen wollte, ging sie widerwillig und predigte den Deutschen das Evangelium. Die Menschen freuten sich über die Botschaft, und viele übergaben Gott ihr Leben. Viele Menschen empfingen durch ihre Predigt Heilung.

Eines Abends, als Corrie ten Boom ihre Predigt beendet hatte und von der Tribüne herunterstieg, kam eine lange Reihe von Menschen nach vorn, um ihr die Hand zu schütteln. Aus der Menge trat ein Mann hervor und streckte seine Hand aus. Ihr blieb fast das Herz stehen. Der Mann war kein anderer als einer der Aufseher im Konzentrationslager, der von ihnen verlangt hatte, daß sie sich nackt vor ihnen auszogen. Und jetzt streckte dieser Mann seine Hand nach ihr aus. Aber ihr Arm war wie Eis, und sie konnte sich nicht bewegen. Sie konnte ihm nicht die Hand geben. Er stand nur einige Sekunden vor ihr, aber ihr schien, als ob Jahre an ihr vorüberzogen, während ihre jagenden Gedanken die früheren Zeiten nacherlebten. Obwohl sie an diesem Abend kühn die Vergebung Christi gepredigt hatte, fühlte sie nun, daß sie diesem Mann gar nicht vergeben konnte, der sie und ihre Schwester damals so mitleidlos behandelt hatte. In ihrem Herzen betete Corrie, „Herr, ich kann diesem Mann einfach nicht vergeben. Hilf mir aus dieser

Schwierigkeit!“ Dann hörte sie die Stimme des Heiligen Geistes wieder: „Du weißt, daß ich denen vergab, die mich töteten, nicht wahr? Kannst du ihm nicht wenigstens die Hand geben?“

Als sie die Stimme des Heiligen Geistes vernahm, streckte sie ihre Hand aus, die ihr so schwer wie Blei erschien, und schüttelte ihm die Hand. Plötzlich strömte die Liebe Christi vom Himmel auf sie nieder. Überwältigt von dieser Liebe weinte sie und vergab dem ehemaligen Wachmann von ganzem Herzen. Sie fühlte sich um mehr als zehn Jahre verjüngt, als der heilende Geist Christi sie überströmte und in ihrem Herzen wirkte. Vergebung ist die einzige Voraussetzung für dauernde Heilung.

In Europa gab es nach dem Zweiten Weltkrieg unzählige Menschen, die krank wurden, weil sie dem deutschen Volk nicht vergeben konnten. Die Deutschen waren Feinde, die sie nicht vergessen konnten, und sie haßten sie sogar in ihren Träumen. Wenn wir jemanden hassen, ist das unsere persönliche Entscheidung; wir sollten jedoch wissen, daß Haß unsere Gesundheit auffrißt. Wenn die Heilungskraft Jesu Christi in unserem Geist und Körper offenbar werden soll, müssen wir zuerst Vergebung von Sünden erlangen und dann ein solches Leben führen, daß wir den anderen vergeben, wie uns vergeben wurde. Dies ist Gottes höchster Plan: „Alles aber (ist) von Gott, der uns mit sich selbst versöhnt hat durch Christus und uns den Dienst der Versöhnung gegeben hat, (nämlich) daß Gott in Christus war und die Welt mit sich selbst versöhnt hat, ihnen ihre Übertretungen nicht zurechnete und in uns das Wort von der Versöhnung gelegt hat“ *(2. Kor. 5,18.19)*.

Glaube

Die vierte Bedingung für Heilung, ist Glaube. In der Bibel heißt es: „Ist jemand krank unter euch? Er rufe die Ältesten der Gemeinde zu sich, und sie mögen über ihm beten und ihn mit Öl salben im Namen des Herrn. Und das Gebet des Glaubens wird den Kranken retten, und der Herr wird ihn aufrichten“ *(Jak. 5,15)*.

Das Gebet des Glaubens hat nichts mit Glück oder Zufall zu tun. Es ist vielmehr eine schöpferische Proklamation, bei der wir etwas sehen und erwarten, das noch nicht sichtbar ist, als ob es schon sichtbar wäre. „Der Glaube aber ist eine Verwirklichung dessen, was man hofft, ein Überführtsein von Dingen, die man nicht sieht" *(Hebr. 11,1).*

Das griechische Wort für „Zuversicht" in diesem Vers ist *hypostasis,* was sinngemäß bedeutet „Besitzurkunde" oder „Staatsverschreibung", die als Entschädigung für enteignetes Land herausgegeben wird. Wenn wir beten, daß unsere Krankheit geheilt wird, sollten wir mit Überzeugung und Glauben beten, als ob wir die Besitzurkunde in der Hand trügen. Wir sollten unsere Gesundheit fordern, wie ein Mann, der sein Land mit seiner Besitzurkunde einfordert. „Ohne Glauben aber ist es unmöglich, ihm zu gefallen; denn wer Gott naht, muß glauben, daß er ist und denen, die ihn suchen, ein Belohner sein wird" *(Hebr. 11,6).* „Er bitte aber im Glauben, ohne zu zweifeln; denn der Zweifler gleicht einer Meereswoge, die vom Wind bewegt und hin- und hergetrieben wird. Denn jener Mensch denke nicht, daß er etwas von dem Herrn empfangen werde, (ist er doch) ein wankelmütiger Mann, unbeständig in allen seinen Wegen" *(Jak. 1,6-8).*

Es gibt zwei Arten von Glauben. Die eine Art ist menschlicher Glaube, der natürlichen Gesetzen und sozialen Einrichtungen vertraut. Weil wir nun diese Art Glauben haben, vertrauen wir der Bank und legen unser Geld bei ihr an. Wir benutzen den Bus und vertrauen uns dem Busfahrer an. Wir glauben auch, daß der heutige Tag vom morgigen abgelöst wird und daß nach dem Winter der Frühling kommt. Diese Art Glauben ist natürlich und in jedem Menschen. Der Glaube jedoch, der durch den Heiligen Geist in unserem Herzen ist, ist übernatürlicher Glaube. Er bringt Wunder hervor. Wir können ohne Schwierigkeiten glauben und akzeptieren, daß sich die Erde bewegt; wenn wir jedoch nicht die Hilfe des Heiligen Geistes hätten, würde es uns schwerfallen, den biblischen Berichten zu glauben, daß Jesus der Sohn Gottes ist und daß wir durch seine Versöhnung gerettet sind. Wir könnten auch keine Wunder Gottes sehen, außer durch diesen Glauben. Deshalb sollten wir uns fest auf das Wort stützen. Und wir sollten den Heiligen Geist als den Einen, der Glauben zur Erlösung in uns bewirkt, willkommen heißen und annehmen.

Besteht ein Unterschied zwischen dem Glauben, der Errettung bringt und dem, der Wunder erlebt? Braucht ein Mensch, der schon errettet ist, eine andere, besondere Art von Glauben, um Zeichen und Wunder zu erleben? Wenn wir Jesu Worte in Markus sorgfältig lesen, erkennen wir, daß Glaube zur Errettung identisch ist mit Glauben für Zeichen und Wunder: „Wer gläubig geworden und getauft worden ist, wird errettet werden; wer aber nicht gläubig geworden ist, wird verdammt werden. Diese Zeichen aber werden denen folgen, die glauben" *(Mk. 16,16-17).*

In der obigen Schriftstelle stehen für „glauben" die beiden griechischen Worte *pisteusas* und *pisteusasi,* die beide dieselbe Wurzel haben. Der erste Begriff bezeichnet den Glauben, der zur Erlösung nötig ist und der zweite Begriff den Glauben, um Wunder zu erleben. Beides ist derselbe Glaube. Es ist von tiefer Bedeutung, daß unser Herr die Erlösung mit der Bedingung, Wunder zu erfahren, in demselben Glauben zusammenschloß. Ich möchte an dieser Stelle betonen, daß die Gnade von Wundern und göttlicher Heilung, zusammen mit der Gnade der Erlösung, in unserer Generation geschieht.

Wenn Zeichen und Wunder, die Gabe Wunder zu wirken und die Gabe der Heilung nur in der frühen Kirche existiert hätten und in der heutigen Zeit nicht geschehen würden, hätte die Gnade der Errettung auch schon im Zeitalter der Apostel aufgehört. Ebenso können wir sagen, wenn die Gnade der Erlösung Gottes weiterhin in der heutigen Kirche besteht, dann sollten Wunder und Heilungen auch hier geschehen wie im Zeitalter der Apostel.

Die letzten Worte unseres Herrn waren, „wer gläubig geworden und getauft worden ist, wird errettet werden, wer aber nicht gläubig geworden ist, wird verdammt werden." Damit drückt er aus, daß es sein göttlicher Plan ist, in seiner Kirche bis zum Ende der Welt fortlaufend sowohl Wunder und Heilungen, als auch Erlösung zu wirken (Mk. 16,16-17).

Heute gehören Sie zu den Menschen, die Jesus Christus als ihren Retter angenommen haben. Durch diesen Glauben erkannte Gott Sie als gerechtfertigt und besiegelte Ihre Errettung. Wenn Sie diese Tatsache erkennen und sie nie auch nur ein bißchen bezweifeln, dann sollte Ihr kranker Körper ebenfalls geheilt sein. Auch Wohlergehen sollte Ihr Teil sein. Der Glaube, der Sie zur Errettung führte, läßt Sie auch Zeichen und Wunder sehen.

Die Hauptschwäche so vieler Christen heute ist, daß sie keine sichere Erfahrung einer persönlichen Begegnung mit Christus als ihrem Retter haben. Einige denken, sie seien Christen, weil sie in eine christliche Familie hineingeboren wurden und in einem christlichen Elternhaus aufwuchsen. Andere sagen, daß die Bemühungen ihrer Verwandten und Freunde sie in die Kirche bringen. Diese Menschen mögen von manchen Kreisen als Christen bezeichnet werden, aber sie sind keine wiedergeborenen Gläubigen. Um ein wiedergeborener Christ zu sein, muß man eine persönliche Begegnung mit Jesus Christus gemacht haben. Die Erfahrungen von Familienangehörigen sind kein Ersatz für eine persönliche Beziehung zu Jesus Christus.

Wer kein Christ ist, das bedeutet nicht wiedergeboren ist, so daß Christus in ihm und er in Christus bleibt, steht noch nicht in der Gnade der Errettung. Diese Gnade ist noch nicht in seinem Herzen verwurzelt und hat deshalb auch keinen Glauben für Zeichen und Wunder. Menschen, die sich ihrer Errettung sicher sind, kennen die Kraft ihres Glaubens sehr gut: „Wahrlich, wahrlich, ich sage euch: Wer an mich glaubt, der wird auch die Werke tun, die ich tue und wird größere als diese tun, weil ich zum Vater gehe. Und was ihr bitten werdet in meinem Namen, das werde ich tun" *(Joh. 14,12.13).* „Alle Dinge sind möglich dem, der da glaubt" *(Mk. 9,23).* „Wahrlich, ich sage euch: Wer zu diesem Berg sagen wird: Hebe dich empor und wirf dich ins Meer! und nicht zweifeln wird in seinem Herzen, sondern glauben, daß geschieht, was er sagt, dem wird es werden" *(Mk. 11,23).*

Wir erleben Zeichen und Wunder durch den Glauben, den wir bei unserer Errettung erhielten. Glaube kann nicht durch menschliche Anstrengung entstehen. Ohne eine Begegnung mit Jesus kann niemand diesen Glauben erfahren. Menschen, die nicht an Zeichen, Wunder und Wunderwirkungen glauben, sondern nur kritisieren, haben keine Begegnung mit Jesus Christus gehabt. Sie haben nicht den Glauben, der bei der Errettung entsteht, obwohl sie zur Kirche gehen. Glaube, der bei der Errettung im Herzen geboren wird, bewirkt eine glühende Dankbarkeit und tiefe Liebe für alles Göttliche. Er erfüllt unser Herz mit großer Erwartung auf die neue Welt. Und wenn wir an Gott denken, der Jesus in diese Welt sandte, sind wir überwältigt und danken ihm für seine große Gnade und Liebe, die auch uns gilt.

Der Glaube, der Gottes Barmherzigkeit kennt, bewirkt in unserem kranken Körper Heilung. Gott ist der barmherzige Vater, der so sehr wünscht, uns gesund zu sehen, daß er es zuließ, daß sein eigener Sohn unseretwegen ausgepeitscht wurde. Wasser und Blut flossen von seinem gebrochenen Körper am Kreuz. Gott ist der liebende Vater, der heilt und die Schmerzen der Krankheit zugleich mit der Erlösung von Sünden wegnimmt. Unser Glaube und unsere Dankbarkeit über die Barmherzigkeit Gottes, unseres Vaters, bringt uns Heilung.

Außerdem glauben wir an die Autorität des Namens Jesu Christi. Wir finden in der Bibel, daß Dämonen ausgetrieben wurden und Lahme aufstanden, als Jesu Name ausgerufen wurde. Der Name Jesu bewirkt Wunder, Heilung und Erlösung: „Und es ist in keinem anderen [Namen] das Heil; denn auch kein anderer Name unter dem Himmel ist den Menschen gegeben, in dem wir errettet werden, [als allein der Name Jesus]“ *(Apg. 4,12)*. „Petrus aber sprach: Silber und Gold besitze ich nicht; was ich aber habe, das gebe ich dir: Im Namen Jesu Christi, des Nazoräers, geh umher“ *(Apg. 3,6)*.

Im Namen Jesu können wir den Teufel binden und den Geist der Heilung herabflehen. Der Name Jesu hat die Kraft, Gesundheit, Heilung und Errettung hervorzubringen. Es gibt

Mitleid und Erbarmen in dem Namen Jesu, der unsere Krankheit getragen hat.

Wir müssen in unseren Gedanken ein Bild von uns zeichnen, wie wir aufgrund der Autorität Gottes völlig geheilt sind. Dann werden das Bild (das Werk der Heilung findet statt) und der Glaube im Herzen stärker werden. Ebenso sollten wir auch Heilung mit dem Mund bekennen, so als ob wir die Gesundheit bereits wiedergewonnen hätten, denn es ist Heilkraft in dem, was wir aussprechen. Da die Sprache durch Gedanken entsteht und Glaube an Heilung unser Denken verändert, werden unsere Worte dem ganzen Nervensystem des Körpers befehlen, Gesundheit herzustellen. In Übereinstimmung mit diesem Befehl wird der ganze Körper mit Lebenskraft versorgt.

Mehr als alles andere müssen wir Glauben haben. Wenn wir ihn durch normale Gebete nicht erhalten, müssen wir Gebets- und Fastennächte besuchen, um diesen Glauben im Herzen zu haben. Wir erhalten Glauben nicht durch intellektuelles Verständnis. Auch ist Glaube keine unbestimmte Hoffnung für die Zukunft. Glaube hat immer mit der Gegenwart zu tun. Es ist jetzt Zeit für Sie, sich in Jesus zu verlieben, und durch diese aufregende Beziehung wird Ihr Glaube wachsen.

Aus diesem Grunde kennen nur die Menschen den biblischen Glauben, die ihn haben. Wenn Glaube in unserem Herzen entsteht, umhüllt der Heilige Geist unser Herz wie mit einer warmen Glut und vermehrt unseren Glauben, bis er uns zu Zeichen und Wundern führt.

Wenn Glaube in uns einströmt, bekommen wir eine andere Vorstellung von uns, nämlich ein Bild unseres Körpers in Gesundheit und völliger Wiederherstellung von Krankheit. Wie die Frau, die den Saum von Jesu Gewand berührte, sollten auch wir aus unserem Glauben heraus handeln. In der Bibel steht: „Wenn du glaubst. Dem Glaubenden ist alles möglich" *(Mk. 9,23).*

Nachdem wir einen Anfang im Glauben gemacht haben, dürfen wir nicht zurückgehen. Vielmehr müssen wir unseren Glauben praktizieren und immer neuen Siegen in Jesus entgegengehen.

Sündige nicht mehr

„Wenn der unreine Geist von dem Menschen ausgefahren ist, so durchwandert er dürre Orte und sucht Ruhe; und da er sie nicht findet, spricht er: Ich will in mein Haus zurückkehren, von wo ich ausgegangen bin. Und wenn er kommt, findet er es gekehrt und geschmückt. Dann geht er hin und nimmt sieben andere Geister mit, schlimmer als er selbst, und sie gehen hinein und wohnen dort; und das Ende jenes Menschen wird ärger als der Anfang" *(Lk. 11,24-26).*

Ein unreiner Geist kann Menschen sehr krank machen. Wenn wir glauben, daß Gott barmherzig ist und daß Jesus unsere Krankheiten trug, können wir das Wunder der Befreiung erfahren und geheilt werden. In diesem Fall bedeutet geheilt zu werden, daß der unreine Geist seinen Griff lockern und uns freilassen muß.

Der Mensch war ursprünglich dazu bestimmt, ein Gefäß zu sein. Dieses Gefäß enthält entweder den Geist Gottes oder einen unreinen Geist. Das Gefäß kann nicht leer bleiben. Wenn wir Jesus nicht in unser Leben eingeladen haben, nachdem wir geheilt und wiederhergestellt wurden, wird der unreine Geist versuchen, das auszunutzen und wieder in das gereinigte Gefäß hineinzukommen.

Wenn ich an die Erfahrungen in meinem Dienst zurückdenke, glaube ich, daß kranke Menschen, die geheilt wurden, im ersten Jahr ihrer Heilung am meisten gefährdet waren. Während dieses Zeitraums füllten einige dieser Menschen ihr Leben nicht mit dem Wort Gottes, sondern sorgten sich und gaben sich mit Gedanken ab, wie „wie schrecklich wäre es, wenn die Krankheit wiederkäme." So gelang es dem Teufel, der immer zu stehlen, zu zerstören und zu töten versucht, diese Menschen durch ihre Angst zu peinigen.

Wenn der unreine Geist ausgetrieben ist, müssen wir mit dem Heiligen Geist erfüllt werden. Von dem Tage an sollte unser Herz ein heiliger Tempel werden, in dem Gott wohnt. Wenn das geschieht, kann der unreine Geist nicht mehr in uns leben. Im Gebet sollten wir alle Vorstellungen und hochgeistigen Erkenntnisse, die sich über die Erkenntnis Gottes erheben, niederreißen und alle Gedanken unter den Gehorsam Christi gefangennehmen (2. Kor. 10,5).

Wir sollten immer wieder sagen: „Ich bin mit Christus gekreuzigt, und nicht mehr lebe ich, sondern Christus lebt in mir; was ich aber jetzt im Fleisch lebe, lebe ich im Glauben [und zwar im Glauben] an den Sohn Gottes, der mich geliebt und sich für mich hingegeben hat“ *(Gal. 2,20).*

Kapitel 5
Ein neues Leben

In den vorhergehenden Kapiteln haben wir das Innere eines wunderbaren Hauses besichtigt. Wir betraten das Haus durch die Eingangshalle, die den Namen trug: „Unser guter Gott". Danach kamen wir in den ersten Raum, in dem wir lernten, daß es unserer Seele wohlergehen soll. Anschließend gingen wir in den zweiten Raum, der uns hineinführte in den Erfolg in allen Dingen, die wir tun, und als letztes sahen wir uns den dritten Raum an, in welchem wir über körperliche Gesundheit belehrt wurden.

Ich nehme an, daß Sie jetzt ein schönes und deutliches Bild dieses Hauses des dreifachen Segens in Ihrem Herzen haben. Ich glaube, daß Sie den ernsthaften Wunsch haben, in allen Räumen des Hauses zu leben, egal, was andere Menschen tun mögen. Sie möchten nicht nur selbst in einem solchen Haus wohnen, sondern Sie wünschen dasselbe auch für Ihre Kinder und Enkel.

Dieses Haus kann Ihnen gehören. Ich habe Ihnen ja nicht das Haus von irgend jemand anderem gezeigt, sondern ein Haus, das wirklich das Ihre sein kann. Hätte es sich um ein Haus gehandelt, das Sie nicht haben können, wäre es Zeitverschwendung gewesen, sich damit zu beschäftigen. Dieses Haus ist neu eingerichtet und wartet nur darauf, in Besitz genommen zu werden. Wie schön und gesegnet sind diese Räume, die Sie angesehen haben! Dies ist das Haus des Segens, das

Ihrer Seele Wohlergehen in allen Dingen und Ihrem Körper Gesundheit und den Segen eines überfließenden Lebens bringt.

Sie brauchen nur zu bekennen: „Dieses Haus gehört mir", dann wird es in Ihrem Namen im Himmel und auf Erden registriert sein, und es wird sich beweisen. Wir laden Sie ein zu kommen. Schreiben Sie Ihren Namen auf Briefkasten und Haustüre, und ziehen Sie ein. Nachdem Sie eingezogen sind, müssen Sie Ihr Leben der Würde des Hauses entsprechend verändern. Sie müssen ein neues Leben beginnen und in allen Räumen des Hauses wohnen. Achten Sie sorgfältig darauf, daß Sie alles nutzen, was für Ihr Haus vorgesehen ist und womit es eingerichtet wurde, damit allen Ihren Nöten begegnet wird, bis Jesus wiederkommt. Wenn Sie das tun, werden Sie der Herr Ihres Lebens sein, sowohl dem Namen nach, als auch in Wirklichkeit.

Wir wollen nun die Bedingungen ansehen, die die Voraussetzungen sind, daß man der Herr des Hauses des dreifachen Segens wird. Wenn Sie sich an diese Bedingungen erinnern und sie sorgfältig praktizieren, werden Sie in jeder Beziehung Herr Ihres Lebens sein.

Hängen Sie neue Bilder auf

Obwohl unser Haus noch so gut gebaut sein mag, so können wir doch Regen, Wind und Stürmen nicht entgehen, die uns im Laufe der Jahrzehnte treffen. Das ist auch meine Erfahrung. Obwohl wir das Leben des dreifachen Segens leben, begegnen wir von Zeit zu Zeit Versuchungen und Leid. Wenn Ungläubige in der Welt dabei zusammenbrechen, werden wir im Haus des dreifachen Segens weder zittern noch uns fürchten. Warum nicht? Weil wir wissen, daß nicht wir uns verändern werden, sondern die Umstände um uns herum. Wir können Subjektivität von Objektivität unterscheiden; deshalb können die Geschehnisse um uns herum uns nicht ins Wanken bringen. Wir haben unsere Wurzeln in Christus und erhielten ein neues Bild von uns selbst.

Wenn Leid und Prüfungen uns treffen, opfern wir Dank und

Lobpreis, auf daß das Heil Gottes sich in unserem Leben offenbaren möge, während wir durch die Versuchungen gehen (Ps. 50,23). Wenn dunkle Wolken oder die Macht der Finsternis sich über unser Leben breiten, können wir immer noch weitergehen und singen wie Paulus, Silas und die Jünger (Mt. 26,30)

Die Menschen, die in Christus gegründet sind, haben in jeder Lage Vertrauen. Ihr Denken und Reden ist erfüllt von Verständnis, Geduld und Liebe. Sie werden nicht ungeduldig, brechen nicht aus Verzweiflung zusammen und bauen auch keinen babylonischen Turm aus Stolz. Sie wissen genau, woher sie kommen, wozu sie leben und wohin sie gehen.

Laßt uns einen Blick auf das Leben eines Christen werfen, dessen Fundament Jesus ist.

Wahre Freiheit

Alle, die sich im Hause des dreifachen Segens eingerichtet haben, sollten in wahrer Freiheit leben. Dieser Segen des Hauses, den wir gesehen und erkannt haben, hat seinen Grund in der Wahrheit des Wortes Gottes. Unser Herr sagte: „Und ihr werdet die Wahrheit erkennen, und die Wahrheit wird euch freimachen" *(Joh. 8,36).*

Wir wissen mit Sicherheit, daß Jesus uns durch seinen Tod am Kreuz freigemacht hat. Er trug alle unsere Sünden, Flüche und Krankheiten. „Wenn euch nun der Sohn freimacht, so seid ihr recht frei" *(Joh. 8,36).*

Zuerst einmal sind wir von Habsucht freigesetzt worden. „Deshalb tötet eure Glieder, die auf Erden sind, Unzucht, Unreinheit, Leidenschaft, böse Lust und Habsucht, die Götzendienst ist" *(Kol. 3,5).*

Da Habsucht Götzendienst ist und Gott Götzendiener zerstört, wären wir sicherlich getötet worden, wenn wir nicht von Habsucht befreit worden wären. Wegen ihrer Habsucht sind zahllose führende Persönlichkeiten und Geschäftsleute von der Bildfläche verschwunden. Immer wieder erleben wir, daß um uns herum Familien durch Habsucht zerstört werden.

Heute suchen tausende von Menschen nach Gott und erhalten göttliche Gnade. Andere sind voll Eifer, Jesus kennenzulernen, aber weil sie ihre Habsucht nicht aufgeben wollen, gehen sie traurig davon wie der reiche Jüngling im Neuen Testament (Lk. 18,24). Habsucht entsteht, wenn jemand etwas haben möchte, das einem anderen gehört und das er nicht haben kann. Habsucht ist Gier.

Wer verstanden hat, was der dreifache Segen beinhaltet, begreift wie kleinlich und oberflächlich menschliche Gier und Habsucht sind. Sie werden mir von Herzen zustimmen, daß es nichts Besseres gibt als die Segnungen dieses Hauses.

Wer sie bekommen hat, hat die Habsucht bereits aufgegeben und versteht die Worte Jesu: „Trachtet aber zuerst nach dem Reich Gottes und nach seiner Gerechtigkeit, und dies alles wird euch hinzugefügt werden" *(Mt. 6,33).*

Von Habsucht befreite Menschen kennen das Geheimnis der Erlösung und des Segens durch die Macht Jesu Christi.

Zweitens sind Menschen, die im dreifachen Segen gegründet sind, freigesetzt von der immer wiederkehrenden Gewohnheit der Sünde. Die Bibel sagt: „Da ist kein Gerechter, auch nicht einer" *(Röm. 3,10)* und „Alle haben gesündigt und erlangen nicht die Herrlichkeit Gottes" *(Röm. 3,23).*

Obwohl die Macht der Sünde gebrochen ist und wir von dem schuldigen Gewissen freigeworden sind, wird uns die Versuchung von Zeit zu Zeit über unsere alten Gewohnheiten verlocken wollen. Diese bleiben immer noch in uns, bis sie mit den Wurzeln herausgerissen werden. Sogar der Apostel Paulus beklagte diese Tatsache: „Also diene ich selbst mit dem Sinn Gottes Gesetz, mit dem Fleisch aber der Sünde Gesetz" *(Röm. 7,25).*

Da wir noch im Fleisch leben, können wir manchmal aus Schwachheit ins Stolpern geraten. Es gibt Zeiten, in denen wir sündigen, obwohl wir wissen, daß wir etwas Falsches tun. Deswegen seufzt der Heilige Geist in uns (Röm. 8,26). Er versucht, uns von Sünde zurückzuhalten. Wenn wir sündigen, möchte er uns zu Jesus zurückführen zur Buße und zur Reinigung.

Wenn wir allerdings willentlich dieselbe Sünde immer wieder begehen und darauf bestehen, unseren eigenen Weg zu gehen, wird seine Gegenwart aus unserem Leben verschwinden, und wir geraten unmerklich wieder in Gebundenheit. Gewohnheitssünden begeht man meist deshalb, weil man keine Reue empfindet. Wer jedoch schon in den dreifachen Segen Jesu Christi eingetreten ist, hat eine Belebung seines Geistes erfahren und steht in Verbindung mit Gott. Wenn eine Sünde sich zur Gewohnheit entwickelt, kann dieser Mensch es seines Gewissens wegen gar nicht aushalten. Gott schickt ihm möglicherweise auch eine Prüfung, die ihn zurückbringt. Der Mensch jedoch, der im Hause des dreifachen Segens lebt, kann frei von sündigen Gewohnheiten sein. Diese Segnungen ermöglichen ihm, oberhalb von Gewohnheitssünden zu leben.

Zum dritten sind wir freigesetzt von Unruhe und Ängsten. Die Bibel warnt uns, daß „in den letzten Tagen schwere Zeiten eintreten werden" *(2. Tim. 3,1).* Wie das Wort Gottes vorhersagt, werden sich zahllose Plagen und Schwierigkeiten ereignen. Es entsteht Nihilismus auf geistlichem Gebiet, die Bodenschätze sind erschöpft, es herrschen Arbeitslosigkeit, Armut, Krankheit und Kriege. Viele Menschen leben in dauernder Unruhe, Sorge, Angst und Ungeduld. Wer kann dieser Angst und Furcht entfliehen?

Niemand kann freikommen, außer dem Menschen, der in dem dreifachen Segen lebt. Gott, der in uns lebt, ist ein guter Gott, der wünscht, daß es unserer Seele wohlergehe und daß wir gesund seien. Was immer uns geschieht, wir nehmen es mit Freude an. Glückliche Umstände sind in sich gut, und unerfreuliche Situationen werden sich als gut herausstellen. Wie stark die Stürme in unserem Leben toben mögen, wir lassen uns nicht umwerfen, sondern greifen fest zum Wort Gottes, das uns ermutigt: „Wir wissen aber, daß denen, die Gott lieben, alle Dinge zum Guten mitwirken, denen die nach seinem Vorsatz berufen sind" *(Röm. 8,28).* Wir erklären kühn: „Wer wird uns scheiden von der Liebe Christi? Drangsal oder Angst oder Verfolgung oder Hungersnot oder Blöße oder Gefahr oder Schwert?" *(Röm. 8,35).*

Im Alten Testament zitterte Gehasi vor Angst, als er die ausschwärmenden Soldaten der syrischen Armee sah. Nachdem aber seine geistlichen Augen geöffnet wurden, konnte er mutig bekennen: „Zahlreicher sind die, die bei uns sind, als die, die bei ihnen sind“ *(2. Kön. 6,16)*. Wer glaubt, so wie wir es tun, daß Gott Himmel und Erde und alle Dinge darauf erschaffen hat, kann von allen Ängsten und Befürchtungen seines Lebens freigesetzt werden: „Denn wir wandeln durch Glauben, nicht durch Schauen“ *(2. Kor. 5,7)*.

Viertens sind wir vom Tod freigesetzt. Solange wir leben, hängt der Schatten des Todes über uns und verläßt uns nicht für einen Augenblick. Jederzeit und überall kann uns die Todesfurcht bedrängen. Gleich, wie gesund, intelligent, geschickt oder reich ein Mensch sein mag, wenn der Tod an seine Tür klopft, muß er alles loslassen. Wer hilft uns, dem Tod zu entkommen?

Im Verlauf der Geschichte kamen und gingen zahllose große, weise Männer und Heilige, aber keiner von ihnen kehrte jemals zurück. Keiner konnte uns erzählen, was nach dem Tode kommt.

Als Jesus Christus jedoch auf die Erde kam, zeigte er uns, was jenseits des Todes liegt. Durch seine Kreuzigung und Auferstehung am dritten Tag zeigte er uns, daß es eine Auferstehung vom Tode gibt. Er zeigte uns auch, daß die, die Sünde begehen, in den See des unlöschbaren Feuers und Schwefels geworfen werden, aber jene, die geheiligt sind durch den Glauben an Jesus Christus, in Glanz und Herrlichkeit mit dem Heer der Engel Gottes im Himmel auf ewig loben werden. Und er sagte zu uns: „Ich bin die Auferstehung und das Leben. Wer an mich glaubt, wird leben, auch wenn er gestorben ist; und jeder, der da lebt und an mich glaubt, wird nicht sterben in Ewigkeit. Glaubst du das?“ *(Joh. 11,25.26)*. „Euer Herz werde nicht bestürzt. Ihr glaubt an Gott, glaubt auch an mich. Im Hause meines Vaters sind viele Wohnungen“ *(Joh. 14,1.2)*.

Der Apostel Paulus erklärte mit Überzeugung: „Denn wir wissen, daß wenn unser irdisches Zelthaus zerstört wird, wir einen Bau von Gott haben, ein nicht mit Händen gemachtes ewiges Haus in den Himmeln“ *(2. Kor. 5,1)*.

Deshalb sage ich Ihnen noch einmal, daß wir, die wir in der Gnade des dreifachen Segens leben, das Recht der Freiheit vom

Tode haben. Das neue Haus, in dem wir leben, ist wunderbar, aber wieviel herrlicher wird das Königreich sein, auf das Gott uns vorbereitet! Mit tiefer Freude und Sehnsucht im Herzen rufen wir laut: „Amen, ja, komm, Herr Jesus" *(Offb. 22,20).*

Wir haben die dreifachen Segnungen erfahren und sind freigekommen von Habsucht, sündigen Gewohnheiten, Angst und Todesfurcht. Wir können frei von den Sorgen der Welt leben. Wenn wir an Jesus Christus glauben, ihn willkommen heißen und annehmen, können wir auf der Stelle diesen großen Frieden bekommen, den Tao und all die anderen religiösen Systeme zu finden hofften, aber niemals erreicht haben. Bekennen Sie mit dem Mund, daß Sie schon frei sind. Nur wirkliche Freiheit kann Ihnen diesen von Gott geschenkten Erfolg von jetzt an bis in Ewigkeit geben. „Der Herr aber ist der Geist. Und wo der Geist des Herrn ist, da ist Freiheit" *(2. Kor. 3,17).*

Das, was ewig dauert

Wie sollten die Menschen sein, die im Hause des dreifachen Segens wohnen, die ihre Namen auf den Vertrag, den Briefkasten und die Tür geschrieben haben? Wie unterscheidet sich ihr tägliches Leben von dem anderer Menschen? Um täglich siegreich leben zu können, müssen wir fortlaufend folgendes praktizieren:

Als erstes sollten wir einen vergebenden und liebenden Geist besitzen. Wir brauchen ihn im Umgang mit Gott und für gute Beziehungen mit unserem Nächsten. Wenn Gott uns nicht vergeben hat, können wir Gott nicht unseren Vater nennen. Weil uns vergeben wurde, müssen wir auch anderen vergeben.

Wenn Jesus die Welt nicht so geliebt hätte, wäre er nicht für uns auf die Erde gekommen. Um andauernd in der dreifachen Segnung leben zu können, müssen wir immer einen Geist der Vergebung und der Liebe haben, wie Jesus ihn hatte. Wenn wir anderen nicht vergeben und sie lieben können, müssen wir um die Hilfe des Heiligen Geistes bitten, und er wird uns dazu befähigen. „Wenn ich in den Sprachen der Menschen und der Engel rede, aber keine Liebe habe, so bin ich ein tönendes Erz geworden oder eine schallende Zimbel. Und wenn ich

Prophetengabe habe und alle Geheimnisse und alle Erkenntnis weiß und wenn ich allen Glauben habe, so daß ich Berge versetze, aber keine Liebe habe, so bin ich nichts. Und wenn ich alle meine Habe zur Speisung der Armen austeile und wenn ich meinen Leib hingebe, damit ich verbrannt werde, aber keine Liebe habe, so nützt es mir nichts" *(1. Kor. 13,1-3).*

Liebe ist eine Flamme, die unser Wesen belebt. Wie komfortabel und geschmackvoll unsere Häuser auch sein mögen, ohne Liebe wirken sie verlassen und kalt. Die Menschen, die den dreifachen Segen Christi erhalten und in ihm leben, sollten beharrlich jeden Tag Vergebung und Liebe praktizieren.

Zum zweiten sollten wir immer Glauben haben. Alle unsere menschlichen und sozialen Beziehungen werden augenblicklich zusammenstürzen, wenn wir den Glauben verlieren. Wir müssen glauben, daß Gott meint, was er sagt.

Wenn unser Glaube an Gott abkühlt, wird auch unsere Beziehung zu ihm abkühlen. Wenn wir für immer im Haus des dreifachen Segens leben wollen, müssen wir immer im Gebet aufmerksam sein, damit unser Glaube an Ihn nicht nachläßt.

Glaube bringt auch Hoffnung hervor. Wenn wir nicht glauben, daß Gott uns alle guten Dinge geben möchte, können wir auch keine Hoffnung haben. Wenn wir jedoch glauben, daß Gott unser guter Vater ist, sollten wir auch wünschen und glauben, daß Gott seine Kinder mit den guten Dingen, um die sie bitten, belohnen wird.

Weiter sollten wir auch eine ewige Hoffnung haben, nicht nur Hoffnung für unser Leben auf dieser Welt, sondern auch für unser Leben in der kommenden Welt: „Wenn wir allein in diesem Leben auf Christus gehofft haben, so sind wir die elendsten von allen Menschen" *(1. Kor. 15,19).*

„Gepriesen sei der Gott und Vater unseres Herrn Jesus Christus, der nach seiner großen Barmherzigkeit uns wiedergeboren hat zu einer lebendigen Hoffnung durch die Auferstehung Jesu Christi aus den Toten zu einem unvergänglichen und unbefleckten und unverwelklichen Erbteil, das in den Himmeln aufbewahrt ist für euch" *(1. Petr. 1,3.4).*

Vergebung, Glaube, Hoffnung und Liebe sind die charakteristischen Merkmale eines Lebens, das überfließend mit dem dreifachen Segen Christi erfüllt ist.

Der Mann im Spiegel

Es vergeht kein Tag, an dem wir nicht in den Spiegel sehen. Der Grund dafür ist nicht nur der, daß wir sauber und ordentlich aussehen möchten, vielmehr wollen wir, daß das reflektierte Bild und die Person, die in den Spiegel sieht, übereinstimmen. Ich bin erst zufrieden, wenn die Person, deren Bild mir aus dem Spiegel entgegensieht, identisch mit der Person ist, deren Bild in meinem Herzen ist. Dieses Beispiel gilt auch für das Leben von Christen. Wir können ein begeistertes und freudevolles christliches Leben nur dann führen, wenn Übereinstimmung besteht zwischen der wahren Person im normalen Leben (die in den Spiegel sieht) und der wiedergeborenen Person (die im Spiegel reflektiert wird). Wenn die beiden nicht übereinstimmen, dann ist die Person im Spiegel wie jemand, der die Schwelle der Kirche überschritten hat, um einen Gottesdienst zu besuchen und anschließend nach Hause geht, um unverändert weiterzuleben.

Als wir noch Kinder der Dunkelheit waren, machte es uns nichts aus, wer wir waren. Damals waren unsere Gedanken und Taten weder moralisch noch geistlich, weil wir Kinder des Teufels waren. Wenn wir jedoch bekennen, daß Jesus Christus unser Herr und Retter ist und an die Kraft seines Blutes glauben, sollten wir täglich in unseren geistlichen Spiegel sehen, nämlich das Wort Gottes, und dem Heiligen Geist erlauben, uns uns selbst zu offenbaren. „Wir alle aber schauen mit aufgedecktem Angesicht die Herrlichkeit des Herrn an und werden so verwandelt in dasselbe Bild von Herrlichkeit zu Herrlichkeit, wie es vom Herrn, dem Geist, geschieht" *(2. Kor. 3,18)*.

Wenn wir nun in sein Bild verwandelt worden sind, wo und wie können wir die Herrlichkeit des Herrn in unserem Leben erkennen?

Sie ist nicht in meinem „alten Menschen", aber ich finde sie in der neuen Person, die ich in Jesus Christus bin, die durch den Tod und die Auferstehung Christi umgewandelt wurde. In diesem neuen Bild, das von einem schuldigen Gewissen gereinigt, von der Unterdrückung des Teufels, von Fluch, Krankheit und Tod befreit wurde, sehen wir das herrliche Bild Christi. Durch seine Sühne am Kreuz bekommen wir einen Blick für eine ganz neue und andere Welt, die durch Ihn entstanden ist. Wenn wir täglich diesen neuen inneren Menschen ansehen und uns täglich mit ihm identifizieren, können wir erstmals das Bild Christi tragen. Dies ist Gottes Vorstellung von uns, geschaffen nach seinem Ebenbild und Plan.

Wir sind Menschen und müssen täglich in die Welt hinaus, um unsere Arbeit zu tun. Kein Tag vergeht, an dem wir nicht sündige Reden hören und Böses um uns herum sehen. Wenn wir nicht jeden Tag und jeden Augenblick erneuert werden, verlieren wir unsere neue Identität und gehen verloren.

Wie kann unser Bild fortwährend erneuert werden? Sollen wir ein Porträt oder eine Statue anfertigen lassen und sie täglich ansehen? Nein, das ist nicht nötig. Durch Gottes Wort und Gebet erneuern wir unsere Gedanken täglich und beziehen daraus eine frische und neue Vorstellung darüber, wer wir in Christus sind. Auf diese Weise wird unser Leben immer wieder umgewandelt.

Nun haben wir das Bild eines Christen gezeichnet, der sich nicht nur im dreifachen Segen eingerichtet hat, sondern der verändert und geistlich erwachsen wurde. Jeder, der Christus annimmt und im dreifachen Segen lebt, ist auch im Herrn gegründet.

„Macht ihn frei und laßt ihn gehen"

Lazarus war tot und begraben. Im Grab war es still. Draußen vor dem Grab standen Maria und Martha und weinten bitterlich. Die Zuschauer unterhielten sich und sagten: „Seht, wie lieb er (Jesus) ihn gehabt hat! ... Könnte er, der die Augen des Blinden auftat, nicht machen, daß auch dieser nicht gestorben wäre?" *(Joh. 11,36.37)*. Jesus, der die Szene beobachtete, gab mit lauter Stimme den schöpferischen Befehl: „Lazarus, komm heraus!" *(Joh. 11,43)*.

Auf das Wort Jesu hin stand Lazarus auf und kam heraus. Da aber seine Hände und Füße in mehreren Lagen mit Grabtüchern umwickelt waren, und sein Gesicht mit einem Schweißtuch bedeckt war, konnte er weder sprechen noch gehen. Hätte Lazarus in diesem gebundenen Zustand verharrt, wäre er wie im Zustand des Todes geblieben. Jesus aber sagte: „Macht ihn frei und laßt ihn gehen!" Dieser Befehl unseres Herrn ist ein gutes Wort für uns heute. Jesus rief und belebte uns, als wir in Sünden tot waren. Er öffnete unsere Augen für den dreifachen Segen und schenkte uns Hoffnung auf sein ewiges Königreich. Aber Wissen allein bewirkt wenig, wenn es nicht in die Tat umgesetzt wird. Sie sollten Ihre Kenntnisse so viel wie möglich einsetzen, damit Sie gesegnet werden. Denn wenn Sie gerade eben an dem dreifachen Segen vorbeigehen, ihn mit Namen kennen, aber nicht in ihm leben, werden Sie Ihr Leben kein bißchen verändern.

Sie sollten nicht nur erkennen, daß diese Segnungen für Sie sind. Sie sollten vielmehr die Kraft des dreifachen Segens freisetzen und in ihm leben! Wenn Sie den Heiligen Geist willkommen heißen und annehmen, wird er Sie umwandeln, daß Sie darin wandeln können. Bitten Sie Jesus, Ihre Gedanken, Worte und Taten mit der dreifachen Segnung zu versiegeln, und dann lassen Sie sie einfach in Ihrem Leben arbeiten.

Bekennen Sie den dreifachen Segen mit Ihrem Mund! Sagen Sie jetzt, daß es Ihrer Seele wohlgeht! Bezeugen Sie es mutig Ihrem Nächsten! Auf diese Weise setzen Sie die Kraft des dreifachen Segens frei, daß es Ihrer Seele wirklich wohlgeht. Bekennen Sie, daß es Ihnen in allen Dingen wohlgeht. Verhalten Sie sich wie jemand, der Erfolg hat, und Sie werden die Kraft des Wohlergehens im täglichen Leben freisetzen. Bekennen Sie mit dem Mund und glauben Sie, daß Sie umfassend heilgeworden sind, und der Heilige Geist wird eine Heilung auslösen, die Sie vollkommen macht.

Betrachten Sie nun Ihr verändertes Bild! Hören Sie Ihre veränderte Sprechweise! Sie sind jetzt erfüllt mit der dreifachen Segnung Christi. Wohin Sie auch gehen, Sie werden mit Segen überschüttet, Sie fließen über vor Lebenskraft, und Sie sind ein großer Sieger durch das Wort Gottes!